21世纪全国应用型本科电子商务系列规划教材

浙江省普通高校"十三五"新形态教材

浙江省线上线下混合式一流课程建设教材

浙江省线上一流课程建设教材

网络营销方法策略与实践

陈晴光　编著

ZHEJIANG UNIVERSITY PRESS

浙江大学出版社

·杭州·

图书在版编目（CIP）数据

网络营销方法策略与实践 / 陈晴光编著. —杭州：
浙江大学出版社，2021.9（2024.7 重印）
ISBN 978-7-308-20878-9

Ⅰ. ①网… Ⅱ. ①陈… Ⅲ. ①网络营销－高等学校－
教材 Ⅳ. ①F713.365.2

中国版本图书馆 CIP 数据核字（2020）第 241133 号

网络营销方法策略与实践

陈晴光　编著

责任编辑	杜希武
责任校对	董雯兰
封面设计	刘依群
出版发行	浙江大学出版社
	（杭州市天目山路 148 号　邮政编码 310007）
	（网址：http://www.zjupress.com）
排　　版	杭州好友排版工作室
印　　刷	广东虎彩云印刷有限公司绍兴分公司
开　　本	787mm×1092mm　1/16
印　　张	13.5
字　　数	337 千
版 印 次	2021 年 10 月第 1 版　2024 年 7 月第 2 次印刷
书　　号	ISBN 978-7-308-20878-9
定　　价	49.00 元

内容提要

　　本书按知识结构特征及其内在联系分为四大板块共 16 章,系统地介绍了网络营销的常用方法、策略以及典型行业网络营销应用实践。各种网络营销方法、策略借助导入案例介绍其在实践中的具体应用和营销效果,并通过案例评析揭示在其他场景应用该方法策略的一般规律或启示。各章中通过二维码链接了大量针对相关知识点和重点难点内容的授课视频、知识卡片、习题参考答案等数字资源,本书同时还配套开发了在线课程(网络营销MOOC)。

　　本书既可作为电子商务、市场营销专业以及电子商务与法律、国际经济与贸易、金融学、国际商务等开设网络营销课程的相关专业本科生教材,也可作为企、事业单位的网络营销培训教材,以及从事网络营销、市场营销相关工作的企业管理人员、业务人员的参考书。

前　言

随着网络经济的迅速发展,企业、社会急需大量通晓网络营销导论,能熟练运用网络营销方法、策略帮助企业进行网络营销项目运营实施的应用型人才。知识与能力并重、善于独立思考、长于沟通合作、具有实践和创造能力等,已成为社会对人才的共性要求。

本书系统地介绍网络营销的常用工具方法和策略,并以代表性行业的网络营销实践将其贯穿起来综合应用。同时,本书倡导课堂教学以学生为中心的教学理念,结合编者自身多年教学实践的成功经验,通过每章的教学目标要求和章末的研讨作业,引导学生组成合作研讨学习小组,通过相互协作共同完成各章末给出的研讨作业,加强学生之间的相互交流,突出网络营销实际应用能力和团队协作精神的培养,以适应社会经济发展对网络营销人才的新需求。

本书融入本学科与课程相关的最新理论研究成果和实践成果。对于首次出现、而在书中又不会再专门介绍的一些关键名词术语、重要概念等,以"知识卡片"形式通过二维码插入在正文的相关处。这种穿插的知识卡片既能辅助学生学习了解相关知识,又引导教会其进行知识积累的方法。

本书内容新颖,体系完整。全书内容按知识结构特征及其内在联系划分为网络营销导论、常用方法、组合策略和综合应用四大板块。

第一篇:网络营销导论,包括第 1 章和第 2 章。介绍网络营销的概念与特点、常用工具,长尾理论。

第二篇:网络营销常用方法,包括第 3 章至第 12 章。介绍企业网站营销、搜索引擎营销、许可 E-mail 营销、网络广告营销、病毒式营销、微博营销、微信营销、网络直播营销、移动营销、威客营销等内容,分别结合导入案例让学生了解各种网络营销方法的应用流程或特征。

第三篇:网络营销组合策略,包括第 13 章和第 14 章。主要介绍网络环境下 4P 组合策略、4C 组合策略的含义、特点、功能、应用方法等内容,并对各组策略的核心营销理念进行分析比较。

第四篇:网络营销综合应用,包括第 15 章和第 16 章。主要介绍和分析旅游行业、食品行业的网络营销应用案例,分别从不同角度展示网络营销方法、策略的综合应用。

本书主要适用于电子商务等开设网络营销课程的相关专业本科生,高职高专相关专业对教材第 3 章"营销型网站的专业性诊断"、第 4 章"搜索引擎优化"以及第三篇的部分内容酌情裁剪后也适合使用。

本书由陈晴光编著。全书从开始酝酿编写、素材收集到完成付梓,凝聚了编著者多年来主讲网络营销及相关课程的教学心得和课程开展研究性教学改革、线上线下混合式一流课程建设的经验积累。编者主讲的网络营销课程 2019 年被认定为浙江省线上线下混合式一流课程,2020 年获浙江省高校"互联网＋教学"混合式课程优秀案例特等奖,2021 年网络营销 MOOC 被认定为省级线上一流课程。

在本书的编写过程中,参考了大量国内外同行的著作和文献,引用的案例以及对同类书刊和互联网相关资料的参考,在文中注明资料来源,或以参考文献的方式在书末列出,在此向诸位作者表示敬意和感谢! 本书在出版过程中,得到了浙江大学出版社的鼎力支持,在此一并致以诚挚的谢意!

由于网络营销实践在不断发展,网络营销的许多方法也处于不断完善和发展的过程中,对本书的疏漏和不当之处,欢迎业内专家、专业教师和广大读者不吝赐教。十分愿意听到各位对本书的评价,欢迎任何有助于改善未来工作的反馈,无论是赞扬的还是批评的。本书作者的联系方式:chenqingg2002@hotmail.com 或微信 Sunlight20131007。

本书配有相应的电子课件、电子教案、教学大纲(课程思政版)、实验项目及指导、课后习题参考答案、考试试题及参考答案等教辅资料,任课教师可向出版社或作者免费索取。本书配套开发的在线课程(网络营销 MOOC)网址为 www.zjooc.cn,欢迎访问。

编　者
2021 年夏

目　　录

第一篇　网络营销导论

第二篇　网络营销常用方法

第四篇　行业网络营销综合应用

第一篇　网络营销导论

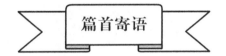

篇首寄语

　　营销学不仅适用于产品和服务,也适用于组织与人,所有的组织不管是否进行货币交易,事实上都需要搞营销。

——现代营销学之父:菲利普·科特勒

第 1 章　网络营销概述

 导入案例：第一起互联网赚钱事件

第一起利用互联网赚钱的事件发生在 20 世纪 90 年代。1994 年 4 月 12 日，美国亚利桑那州一对从事移民签证咨询服务的律师夫妇 Laurence Canter 和 Martha Siegel 把一封"绿卡抽奖"的广告信发到他们当时可以发现的每个新闻组，一时引起了轩然大波，因为这种带有广告信息的电子邮件首次在互联网上短期内大量发布，一下子让 6000 多个新闻组的服务器处于瘫痪状态，他们的电子邮件被戏称为"邮件炸弹"，对很多用户造成了广告滋扰。

两年后，这两位律师以此次事件为基础，写了一本名为《网络赚钱术》(*How to Make Fortune on the Internet Superhighway*)的书。在书中他们介绍了通过"邮件炸弹"事件赚钱的经历：利用互联网发布广告的信息，只花费了 20 美元的上网通信费用就吸引来 25000 多个客户，赚了 10 万美元。他们认为通过互联网进行 E-mail 营销是前所未有的几乎无需任何成本的营销方式。当然他们并没有考虑别人的感受，也没有计算别人因此而遭受的损失。

1997 年 7 月，Laurence Canter 被吊销律师执照一年，其中部分原因就是发送垃圾邮件。

这个事件虽然已过去了许多年，但直到现在，仍然有一些公司与个人以发送垃圾邮件或出售非法收集的电子邮件地址牟利。当前的网络环境和网民对互联网的认知已经发生了很大变化，发送垃圾邮件除了对网民造成滋扰，已无法产生任何神奇效果了！

（资料来源：www. wird. com/thisdayintech，作者有删改）

 点评：网络营销一定要遵守网络伦理道德

尽管 Canter 和 Siegel 这种网络赚钱的思想引发了互联网商业应用的开端，并且为通过互联网赚钱提供了巨大的想象空间，但是业界并未将此事件作为网络营销诞生的标志，而是倾向于将其后半年多时间于 1994 年 10 月 27 日出现在网页上的一个横幅广告作为网络营销正式诞生的标志。实际上，无论是 Canter 和 Siegel，还是至今仍然在出售邮件地址或发送垃圾邮件者,也无论这些邮件是否产生了营销效果,这种做法都不能称为真正的E-mail营销。但从上述案例中,我们还是可以得到一些有益的启示。

(1)案例事件启示我们:互联网具有营销价值!这可以看作是网络营销思想的萌芽。

(2)通过互联网赚钱是可能的,但需要采用合理合法的方式,决不能损人利己,否则会为人所不齿,甚至可能受到法律的制裁。

(3)发送垃圾邮件(垃圾信息)违背网络营销原则,有悖职业操守,而且时间长了会让消费者产生强烈的厌烦之感,反而会彻底毁灭企业在人们心中良好的形象。

因此,在开始学习网络营销时,就要注意维护互联网营销环境,坚持规范的网络营销原则,反对一切不正当的网络赚钱行为,培养良好的网络营销职业道德。

网络营销是以互联网为主要载体,以符合网络传播的方式、方法和理念,为实现组织目标或社会价值开展的各种经营活动。目前,网络营销已贯穿于企业网上经营的全过程,从互联网应用于商务领域初期各种市场信息的收集与发布,到以开展网上交易为主和供应链整合的电子商务阶段,网络营销一直都是企业商务活动的核心内容。

1.1　网络营销的概念

网络营销诞生于20世纪90年代,属于现代营销学范畴。网络营销的产生和发展主要基于以下三个方面的原因:一是现代信息技术的发展与普及应用;二是消费者价值观的改变;三是激烈的商业竞争。

1.1.1　网络营销的含义

网络营销主要借助互联网和其他数字媒体来开展营销活动,有人称之为数字营销(Digital Marketing),即通过使用数字技术使营销目标得以实现(戴夫・查菲等,2015);也有人称之为电子营销(E-marketing),就是将信息技术应用到传统的营销活动中去(朱迪・施特劳斯等,2015)。

二维码
（视频 1-1）
如何给网络营销下
个科学严谨的定义？

本书认为,网络营销(Web Marketing)是借助以互联网为主的各种电子网络,向目标客户传递有价值的信息和服务,更有效地促成组织交易或个体价值实现的各种策划宣传与运营实施活动。广义的网络营销还包括营销网站设计、搜索引擎优化等为营销活动顺利实施所提供的各种辅助性服务活动。简单地说,网络营销就是借助电子网络所进行的各种策划宣传与运营实施活动和过程。

随着网络营销环境的变化和网络营销实践的发展,网络营销的内涵和方法策略已在不断地丰富和完善。因此,不要把网络营销理解为僵化的概念,也就是说,本书所介绍的有关网络营销的概念及方法策略不是固定不变的;也不必把网络营销方法策略作为固定的模式照搬,在实践中应根据企业的具体状况灵活运用。

对于网络营销概念的理解,需要把握以下几点(参见图 1-1)。

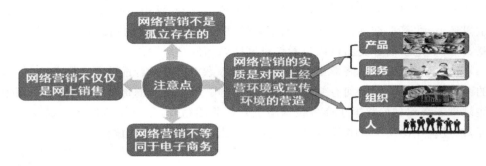

图 1-1　理解网络营销概念应注意的问题

(1)网络营销不是孤立存在的。网络营销是一种新型的营销模式,是企业整体营销策略的一个组成部分,网络营销活动不可能脱离一般营销环境而独立存在。

(2)网络营销不仅仅是网上销售。网上销售是网络营销发展到一定阶段产生的结果,也是网络营销的一项重要职能。网络营销的一个重要目的就是为了促进销售,既可能促使网上直接销售量大幅度上升,也可能会导致线下销量的增加。

(3)网络营销不等于电子商务。网络营销和电子商务是一对紧密相关又具有明显区别的概念,从电子商务的角度来看,网络营销是电子商务的一种重要的应用形式。电子商务强调的是交易方式和交易过程各个环节的电子化;网络营销本身并不是一个完整的商业交易过程,无论传统企业还是基于互联网开展业务的企业,也无论是否具有电子化交易的发生,都需要网络营销。

(4)网络营销的实质是对网上经营与宣传环境的营造。开展网络营销,主要是基于互联网所创造的营销环境,综合利用各种网络营销工具、方法和资源,协调各参与方的相互关系,更加有效地实现组织或个体的经营与宣传目标。

1.1.2　网络营销与电子商务的区别

网络营销和电子商务紧密相关又有明显区别,二者在研究范围、关注重点、策略选择等方面,都存在明显的不同。

(1)研究范围不同。网络营销以互联网为主要手段为达到一定营销目的而进行的一系列营销活动,注重的是以互联网为主要手段的营销活动过程;而电子商务研究的核心是电子化交易,强调的是交易方式和交易过程中各个环节的电子化。网络营销与电子商务的这种关系表明:电子商务体系中所涉及的安全、法律等问题不适合全部包括在网络营销中;而发生在电子交易过程中的网上支付和交易之后的商品配送等问题,也并不是网络营销所能包含的内容。

二维码
(视频 1-2)
网络营销与电子商务
的主要区别是什么?

(2)关注重点不同。网络营销关注的重点在交易前的宣传和推广;电子商务关注的重点之一则是电子化交易。网络营销是企业整体营销战略的一个组成部分,无论传统企业还是基于互联网开展业务的电子商务企业,都需要网络营销。也就是说,一个企业在没有完全开展电子商务之前,同样可以开展不同层次的网络营销活动。但是,网络营销本身并不是一个完整的商业交易过程,而是为了促成交易提供支持,在交易过程中网络营销成为电子商务的一个重要环节,尤其在交易发生之前,网络营销往往发挥着主要的信息传递作用。因此,从这种意义上说,电子商务交易可以被看作是网络营销的高级阶段。

(3)策略选择不同。网络营销策略一般主要考虑如何选择合适的网络服务商,如何树立企业的网络形象和信誉,如何有效地进行企业品牌、产品、服务的宣传推广等;电子商务策略则往往侧重于考虑如何将电子商务技术与主营业务相结合,尽可能地提高传统业务的数字化程度,以及企业网站创建和运营维护的人员构成、长远战略合作伙伴等问题。

1.2 网络营销的基本特点

网络营销中最重要的活动是组织和个人之间进行信息传播和交换。如果没有信息交互,那么交易也就无从谈起。随着计算机技术、网络技术、现代通信技术发展的成熟与应用的普及,联网成本日益低廉,互联网将企业、团体、组织以及个人跨时空联结在一起,营销活动的范围和方法变得更加灵活,使得相互之间信息的交换唾手可得。网络营销与传统营销相比,表现出以下特点(如图 1-2 所示)。

二维码
(视频 1-3)
网络营销的主要特点是什么?

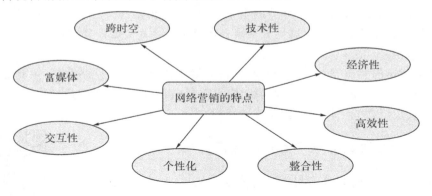

图 1-2　网络营销的特点

(1)跨时空。网络营销的最终目的是占有市场份额,由于互联网能够超越时间约束和空间地域限制进行信息交换,使得网络营销脱离时空限制进行交易变成可能,企业可以每周 7 天每天 24 小时随时随地提供全球性营销服务。

(2)富媒体。互联网上传递营销信息可以通过文字、声音、图形、图像等多种媒体进行,使得为达成交易进行的信息交换能以多种形式存在和传输,充分发挥营销人员的创造性和能动性,从而提高网络营销对顾客的影响力。

(3)交互性。网络营销的信息传递具有交互性,用户可以主动、实时地参与到营销活动中去,这种参与可以是有意识的询问或在一定程度上对原有信息和程序进行改变,也可以是随机的、无意识的点击等行为。在网络营销过程中,交互式广告、带营销信息的网络游戏、智能查询、在线实时服务等都有不同程度的交互性。因此交互性是网络营销的重要特点之一。

（4）个性化。网络营销可以提供一对一的个性化宣传与服务，表现出很强的个性化色彩。例如，通过在线客服，借助即时通信工具，可以实现一对一的在线交流与服务，与消费者建立长期良好的关系。

（5）整合性。网络营销渠道是一种从商品信息发布至售后服务全程的营销渠道，兼具电子交易、互动促销、顾客在线服务、市场信息提供与分析等多种功能。同时，网络营销可以借助互联网将企业不同的营销资源与营销活动进行统一设计规划和协调实施，以统一的口径向消费者传达一致的营销信息，避免不同渠道传播不一致产生的消极影响。值得注意的是，网络营销除了可以整合线上的多种营销资源和方法以外，还包括线上线下各种渠道资源、各种方法手段等的整合利用。

（6）高效性。网络营销借助计算机系统可储存大量的信息以供消费者查询，其传送的信息数量与精确度远远超过传统媒体，并能应市场需求及时更新产品或调整价格，及时有效地了解并满足顾客的需求。

（7）经济性。网络营销通过互联网进行信息交换，代替传统市场营销的实物产品目录，一方面可以减少印刷与邮递成本，节约水电与人工成本；另一方面可以减少由于迂回多次交换带来的资源损耗。

（8）技术性。网络营销建立在以现代信息技术作为支撑的电子网络基础之上，企业实施网络营销必须有相应的技术投入和技术支持，需要拥有营销知识、掌握网络通信技术的复合型人才。技术性也是网络营销区别于传统营销的一个重要特点。

1.3　网络营销的常用工具

网络营销工具，实质上就是互联网上的一些满足相应条件的典型应用。互联网的发展表明，许多具有信息传递功能的互联网应用，都具有一定的网络营销价值，因而都可能成为网络营销的工具，并且形成相应的营销方法。随着互联网应用领域的日益普及和应用程度的不断深入以及现代信息技术的飞速发展，新型的信息交互和传递模式层出不穷，使得网络营销的工具也越来越丰富。

作为网络营销工具的互联网应用，需要具备以下条件：

（1）具有信息发布、传递、交互等基本功能；

（2）有广泛的网络用户基础，所有用户都可以免费使用或有条件使用；

（3）有明确的用户价值（即能满足用户的某种需求）；

（4）应用过程中具有一定的规律性。

在 Web 1.0 时代，常见的网络营销工具主要有企业网站、搜索引擎、网络广告、电子邮件等，其共性特征是用户只能被动地浏览信息；在 Web 2.0 时代出现的网络营销工具主要是一些社会化媒体，常见的包括博客、微博、即时信息、电子书、网络视频、论坛、维基（Wiki）等，其共同特征是：用户既是信息的浏览者，也能参与信息的制造。

这些网络营销工具可以分别派生出相应的许多网络营销方法，例如借助搜索引擎工具开展搜索引擎营销（SEM），借助电子邮件工具开展病毒式营销、许可 E-mail 营销、发送电邮件广告等，各种方法的具体内容将在本书第二篇详细介绍。

借助这些网络营销工具和方法,可以进而实现网站推广、网络品牌建设、营销信息发布、网上销售、销售促进、在线顾客服务、网上市场调研等基本营销职能。

1.3.1 企业网站

企业网站是企业在互联网上进行网络品牌建设和形象宣传的平台,相当于企业的网络名片,既是企业形象宣传和产品信息传播的渠道窗口,同时也可以辅助企业通过网络直接实现产品的销售。企业可以利用网站发布产品与服务等信息,向世界展示企业风采,加强客户服务,与潜在客户建立商业联系。企业网站作为综合性网络营销工具,其特点如图 1-3 所示。

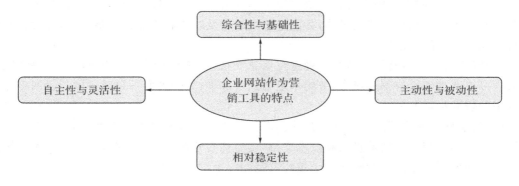

图 1-3 企业网站作为营销工具的特点

（1）企业网站营销价值的综合性与基础性。企业网站是一个综合性的网络营销工具,综合汇聚了企业各方面的信息,是企业最完整的信息源。这也就决定了企业网站在网络营销中的作用不是孤立的,企业网站的网络营销价值,需要通过网站的各种功能以及其他网络营销方法综合体现出来;同时,企业网站的信息和功能往往是其他网络营销手段和方法顺利展开的基本应用条件,不仅与其他营销方法具有直接的关系,也构成了其开展网络营销的基础。

（2）企业网站建设规划具有自主性与灵活性。企业网站通常是根据企业自身需要建立的,并非由其他网络服务商所经营,因此在功能上有很大的自主性和灵活性。也正因为如此,每个企业网站的内容和功能会有较大的差别。企业网站经营效果的好坏,主动权掌握在自己手里,其前提是对企业网站有正确的认识,这样才能适应企业营销策略的需要,并且从经济上、技术上有实现的条件。因此,企业网站应适应企业的经营需要。

（3）企业网站信息传递具有主动性与被动性。企业通过自建的网站可以主动地发布信息,这是企业网站传递信息主动性的一面;但是发布在网站上的信息不会自动传递到用户,只能"被动地"等待用户前来获取信息,这又表现出企业网站传递信息具有被动性的一面。这种同时具有主动性与被动性的特点也是企业网站与搜索引擎和电子邮件等网络营销工具在信息传递方式上的主要差异。搜索引擎传递营销信息完全是被动的,只能被动地等待用户检索,只有用户检索使用的关键词和企业网站相关,并且在检索结果中的信息可以被用户看到并被点击的情况下,这一次网络营销信息的传递才得以实现。电子邮件传递营销信息则基本上是主动的,发送什么信息、什么时候发送,都是营销人员自己可以决定的。

(4)企业网站结构功能应具有相对稳定性。企业网站的结构和功能的相对稳定性具有两方面的含义:一方面,一旦网站的结构和功能被设计完成并正式开始运行,在一定时期内将基本稳定,只有在运行一个阶段后进行功能升级的情况下才能拥有新的功能;另一方面,功能的相对稳定性也意味着,如果存在某些功能方面的缺陷,在下次升级之前的一段时间内将影响网络营销效果的发挥。网站功能的相对稳定性对于网站的运营维护和一些常规网络营销方法的应用都很有必要,一个不断变化中的企业网站是不利于网络营销的。因此,在企业网站策划过程中应尽量做到在一定阶段内网站功能适用并具有一定的前瞻性。

1.3.2　搜索引擎

搜索引擎(Search Engine)是指根据一定的策略、运用特定的计算机程序从互联网上搜集信息,在对信息进行组织和处理后,为用户提供检索服务,并将相关信息展示给用户的应用系统。

搜索引擎有多种类型,按其工作原理可分为全文搜索、目录索引、元搜索三类;按适用范围划分,可分为通用搜索引擎、垂直搜索引擎、集合式搜索引擎、门户搜索引擎与免费链接列表等。百度和谷歌是全文搜索引擎的典型代表,也是通用搜索引擎的典型代表。

搜索引擎作为互联网的基础应用,是网民获取信息的重要工具,是引导用户访问企业网站的重要入口,常被用作网站推广的工具。目前主要的中文搜索引擎有:百度(www.baidu.com)、搜狗(www.sogou.com)、360 搜索(www.so.com)、神马搜索(m.sm.cn)、SOSO 搜搜(www.soso.com)、有道搜索(www.youdao.com)、Google 谷歌(www.google.com.hk)、Bing 必应(bing.com.cn)等(如图 1-4 所示)。

图 1-4　常用的主要中文搜索引擎 logo

1.3.3　电子邮件

电子邮件(E-mail),又称电子信箱,是一种用电子手段提供信息交换的通信方式,是互联网应用最广的服务。通过电子邮件系统,用户可以借助文字、图像、声音等各种信息表达方式用非常低廉的价格快速地与世界上任何角落的网络用户联系。

电子邮件服务由建立在相应电子邮件服务器基础之上的电子邮件系统提供,大型邮件服务系统一般是自主开发或二次开发实现。电子邮件服务器是处理邮件交换的软硬件设施的总称,包括电子邮件程序、电子邮箱等。电子邮件服务器程序通常不能由用户启动,而是一直在系统中运行,它一方面负责把本机器上发出的 E-mail 发送出去,另一方面负责接收其他主机发过来的 E-mail,并把各种电子邮件分发给每个用户。

当前常用的主要邮件系统如网易邮箱、QQ 邮箱、新浪邮箱、Gmail 以及 Hotmail 邮箱等,图 1-5 所示为当前常用电子邮件系统的 LOGO。

图 1-5 常用的主要邮件系统

如果是需要经常与国外客户联系,建议使用国外的电子邮箱。比如 Gmail、Hotmail、MSN mail、Yahoo mail 等。如果是想将电子邮箱当作经常存放一些数据、图片等资料的网盘使用,那么就应该选择存储量大的邮箱,例如 163 mail、126 mail 以及 Hotmail、Yahoo mail、TOM mail 等,都是不错的选择。

1.3.4 社会化媒体

社会化媒体(Social Media)是人们彼此之间用来分享意见、见解、经验和观点的工具和平台,现阶段主要包括社交网站、博客、微博、论坛、即时信息(包括微信)、百科、图片(如 Flickr)和视频分享等。社会化媒体近年来在互联网上蓬勃发展,其传播的信息已成为人们浏览互联网的重要内容,制造了人们社交生活中争相讨论的一个又一个热门话题,并吸引传统媒体竞相跟进,已成为一类极具营销价值和市场前景的网络营销工具。中国社会化媒体格局如图 1-6 所示。

1. 微博

微博即微博客(MicroBlog)的简称,是一个基于用户关系、通过关注机制分享、传播与获取简短信息的社交网络平台。用户可以通过 Web、WAP 以及各种客户端组建个人社区,一般以 140 左右的文字更新信息,并实现即时分享。著名的微博平台,如美国的 Twitter(推特),我国的新浪微博等。

最早的微博是美国的 Twitter(推特)。我国自 2010 年开始,基于微博的新型互联网信息交互方式席卷全国,以新浪微博为代表的国内各大微博成为网民关注的焦点。微博营销也是中国重要的互联网应用之一。

2. 即时信息

即时信息(Instant Messaging,IM)是指可以在线时实交流的工具,是进行在线客服、维

图 1-6   中国社会化媒体营销雷达图

护客户关系等有效沟通的利器。借助即时信息工具,企业可以实现与客户零距离、无延迟、全方位的沟通,既可以与客户保持密切联系、促进良好关系,也可以有效促进销售、实现商务目的。

常见即时信息工具有 QQ、微信、阿里旺旺、慧聪发发、移动飞信以及 Skype、MSN 等。

3. 社交网站

社交网站(Social Network Site,SNS)专指旨在帮助人们建立社会性网络的互联网应用服务,它是基于六度分割理论发展起来的社会网络关系系统的网络形态,以网络人际关系为核心,能够无限扩张其人脉,为用户提供随时、随地的互动沟通和人际关系管理。

社交网站以 QQ 空间、人人网、开心网、抖音、Facebook 等平台为代表。

4. 网络视频

网络视频是在网络上以 WMV、RM、RMVB、FLV 以及 MOV 等视频文件格式传播的动态影像,包括各类影视节目、新闻、广告、FLASH 动画、自拍 DV、聊天视频、游戏视频、监控视频等。

网络视频随着近年来网络媒体的迅速发展而成长为一种重要的广告媒体,并逐渐成为企业开展网络营销的重要工具和实现广告目的的主要形式。网络视频广告的形式和内容表现出较之传统电视广告不同的特点,具有巨大的发展空间。

1.4　网络营销环境

　　企业作为社会经济组织,其营销活动总是处于一定的社会环境中,既受外部环境的影响,也受到内部条件的制约。网络营销环境既能为企业提供机会,也能给企业的网络营销乃至生存发展造成威胁。因此,企业开展网络营销时,必须首先对其网络营销环境进行正确的评估,以便使企业在市场竞争中获得或保持其竞争优势。

1.4.1　网络营销环境的定义

　　网络营销环境是指与企业网络营销活动有关联的所有因素的集合。传统的**营销环境**包括两个独立的部分:宏观环境(Macro-environment)和微观环境(Micro-environment)(据《竞争战略》,波特,1980;《营销策略》,科特勒等,2001)。

二维码
(文本 1-1)
科特勒"营销环境"

　　基于电子网络构成的网络营销整体环境,也同样包括宏观环境和微观环境两个部分,并以其影响范围广、可视性强、公平性好、灵敏度高、交互及时等优势,给企业网络营销创造良好的发展机遇。网络营销环境的构成如图 1-7 所示。

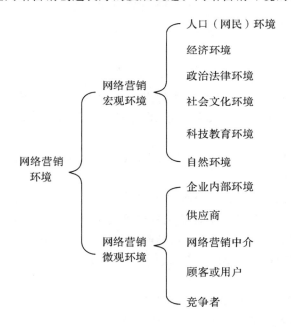

图 1-7　网络营销环境的构成

　　环境的变化是绝对的、永恒的。随着现代信息技术快速发展及其在营销中深入应用,网络营销环境更加复杂多变。虽然对营销主体而言,环境及环境因素往往是不可控的,但也有一定的规律性,可通过对营销环境构成要素进行分析以对其变化和发展趋势进行评估,进而确定合适的应对策略。

1.4.2　网络营销的宏观环境

网络营销的宏观环境是指潜在影响企业网络营销活动的一些大范围重大方面的各种社会约束因素的总称,主要包括人口(网民)、经济、社会文化、政治法律、科学技术、自然地理等多方面因素(如图 1-8 所示)。宏观环境对企业短期的利益可能影响不大,但对企业长期的发展具有重大影响。所以,企业一定要重视宏观环境的分析研究。

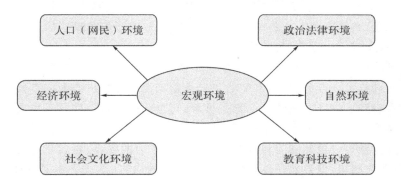

图 1-8　网络营销宏观环境因素

(1)人口(网民)环境。人是企业营销活动的直接和最终对象,是产品的购买者和消费者。网络营销的人口环境包括**网民**数量规模、网民年龄结构、网民性别结构、网民地理分布等。在其他条件固定或相同的情况下,网民规模决定着市场容量和潜力;网民结构特征影响着消费结构和产品构成。

(2)经济环境。经济环境是指企业开展营销活动所面临的各种经济条件,其运行状况及发展趋势对市场具有广泛和直接的影响。经济环境不仅包括经济体制、经济增长、经济周期与发展阶段、经济政策体系等体制策略层面的内容,同时也包括收入水平、市场价格、利率、汇率、税收等经济参数和政府调节取向等运行实施层面的内容,内部分类多,具体因素复杂。网络营销不仅需要有相当规模的网民环境,还需要有强劲的购买力。因此,网民收入水平的变化、网民支出模式和消费结构的变化,都会对网络营销活动产生显著的影响。

二维码
(文本 1-2)
网民

(3)社会文化环境。社会文化环境是指在一定社会形态下已形成的信念、价值观念、宗教信仰、道德规范、审美观念以及世代相传的风俗习惯等被社会所公认的各种行为规范。社会文化环境所蕴含的内容十分丰富,并且在不同的国家、地区、民族之间差别非常明显。以网络信息技术为基础的网络文化,是现实社会文化在网络空间的延伸和多样化的展现,同时也形成了其自身独特的文化行为特征、文化产品特色、价值观念及思维方式,如**网络礼仪**、网络习俗、网络语言等。任何企业都处于一定的社会文化环境中,同时企业又是社会成员所组成

二维码
(文本 1-3)
网络礼仪

的一个社会团体,企业营销活动必然受到所在社会文化环境的影响和制约。为此,企业应了解和分析社会文化环境,针对不同的文化环境制定不同的网络营销策略,组织不同的网络营

销活动。

（4）政治法律环境。政治法律环境是指对企业网络营销活动有一定影响的各种政治法律因素的总和，主要包括国家政治体制、政治局势、国际关系、法制体系、方针政策等。政治法律环境对企业开展网络营销活动具有保障和规范作用，直接或间接地影响着经济和市场。我国与网络营销及电子商务相关的法律法规主要有国家颁布的《中华人民共和国电子签名法》(2005年4月1日起施行)、《中华人民共和国电子商务法》(2019年1月1日正式实施)；由各部委先后发布的如《电子认证服务密码管理办法》《网上交易平台服务自律规范》《电子支付指引（第一号）》《关于网上交易的指导意见（暂行）》《电子商务模式规范》《网络购物服务规范》等。此外，还有行业标准如《网络营销服务技术规范》等。

（5）教育科技环境。教育与科技是网络营销宏观环境的基本组成部分。教育是科学技术的基础，在信息技术产业中，教育水平的差异是影响需求和用户规模的重要因素。在当今世界，科学技术对经济社会发展的作用日益显著，与企业网络营销的联系也更为密切。

（6）自然环境。自然环境是一个国家或地区的客观环境因素，主要包括自然资源、气候、地形地质、地理位置等。虽然随着科技进步和社会生产力的提高，自然状况对经济和市场的影响整体上呈下降趋势，但自然环境制约经济和市场的内容、形式在不断变化，其影响仍然不容忽视。

1.4.3　网络营销的微观环境

网络营销微观环境是指与企业网络营销活动联系较为密切、作用比较直接的各种因素的总和，由企业及其周围形成直接交易市场的参与者组成。不同企业网络营销的微观环境是不同的，因此，微观营销环境又称行业环境因素或任务环境（Task Environment）。

网络营销的微观环境主要包括企业内部环境、供应商、网络营销中介、顾客或用户、竞争者、在线商业模式等因素（如图1-9所示），直接影响着企业为顾客服务的能力。

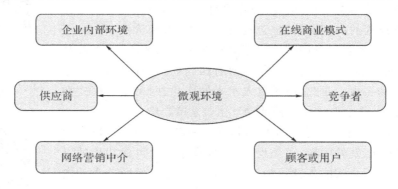

图 1-9　网络营销微观环境因素

（1）企业内部环境（Enterprises Interior Environment）。企业内部环境是指企业内部的物质、文化环境的总和，包括企业资源、企业能力、企业文化等因素，也称企业内部条件。企业网络营销的内部环境因素有广义与狭义之分（如图1-10所示）。狭义的内部环境因素主要包括企业网站的专业水平、对网站推广的方法和力度、企业内部网络营销资源的拥有和利

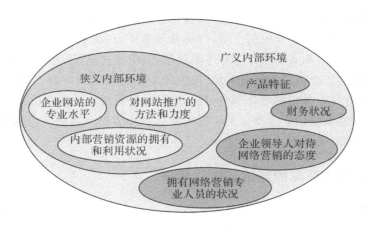

图 1-10　网络营销内部环境的构成

用状况等；广义的内部环境因素还包括产品特性、财务状况、企业领导人对待网络营销的态度、拥有网络营销专业人员的状况等。企业内部环境涉及网络营销部门之外的其他众多部门，诸如企业最高管理层、财务以及产品研发、采购、生产、销售部门等，这些部门与网络营销部门密切配合、协调，构成企业网络营销的完整过程。

（2）供应商。供应商是指向生产企业及其竞争者提供生产经营所需原料、部件、能源、资金等生产资源的公司或个人。在网络经济条件下，为了适应网络营销的要求，企业与供应商的关系主要表现出下述变化：一是企业对供应商的依赖性增强；二是企业与供应商的合作性增强。企业与供应商之间既有合作又有竞争，这种关系既受宏观环境影响，又制约着企业的网络营销活动。

（3）网络营销中介。营销中介是协调企业促销和分销其产品给最终购买者的机构，主要包括各种中间商，如销售商品的网络批发商、网络零售商、网络经纪人等；交易服务商，如配送中心、网络金融机构等；网络市场营销机构，如产品代理商、网络市场咨询企业等。广义的营销中介还包括行业市场、分销渠道、市场后勤保障性服务机构等。

（4）顾客或用户。顾客或用户是企业产品销售的市场，是企业直接或最终的营销对象。网络技术的发展极大地消除了企业与顾客之间的地理位置的限制，创造了一个让双方更容易接近和交流信息的机制。顾客可以通过互联网得到更多需求信息，使其购买行为更加理性化。虽然在网络营销活动中，企业不能控制顾客与用户的购买行为，但可以通过有效的营销给顾客留下良好印象，处理好与顾客和用户的关系，促进产品的销售。

（5）竞争者。竞争是商品经济活动的必然规律，企业在网络营销过程中不可避免地要遇到业务与自身相同或相近的竞争对手，认真研究对手特点，取其所长补己之短是在营销中克敌制胜的好方法。竞争者有多种类型，如满足消费者目前各种愿望的愿望竞争者、以不同的方法满足消费者同一需要的一般竞争者、满足消费者对同类商品质量与价格需求的产品形式竞争者、能满足消费者某种需要的同种产品但不同品牌的品牌竞争者等。

（6）在线商业模式（Online Business Models）。在线商业模式，简单地说，是指因网络而获利的商业模式，如电子商店、电子采购、虚拟社区等。关于商业模式的定义，欧盟电子商务委员会负责人保罗·蒂姆斯认为：商业模式应包括产品成本、服务和信息流的体系架构等多

15

种商业要素和对其作用的描述,以及对多种商业要素的潜在利益和收入来源的描述。现在普遍认为商业模式一般包含企业价值主张、市场或服务受众、盈利模式和成本基础、竞争性环境、价值链和市场定位、现实和虚拟世界中的表现、组织结构、管理等8个关键要素。综合而言,商业模式是指为实现客户价值最大化,把能使企业运行的内外各要素整合起来,形成一个完整的高效率的具有独特核心竞争力的运行系统,并通过最优实现形式满足客户需求、实现客户价值,同时使系统达成持续盈利目标的整体解决方案。在线商业模式是企业开展网络营销活动的重要市场基础。

1.4.4 网络营销环境的评估与协调策略

企业的营销观念、消费者的需求和购买行为,都是在一定的经济社会环境中形成并发生变化的。因此,在网络营销中对营销环境进行评估分析与协调是十分必要的。

1. 网络营销环境的评估策略

对网络营销环境的评估,可以借助相应的环境评价指标进行。不同类型环境因素对营销活动和营销过程的影响不同,因此需要针对不同类型的环境因素分别建立相应的评价指标。网络营销环境评估常用评价指标如表 1-1 所示。

表 1-1　企业网络营销环境评估常用评价指标

一级指标	二级指标	指标描述	备注
宏观指标	宏观经济指标	个人收入、物价水平、储蓄和信贷等	
	人口统计指标	网民人数、网民结构、网民地理分布等	
	生态环境指标	自然资源、能源成本和前景、污染防止和环境保护等	
	技术指标	企业的产品技术、加工技术以及新技术指标	
	法律法规指标	影响企业营销战略和营销策略执行的法律、法规等	
	文化背景指标	公众对企业产品的态度、企业对公众的生活方式和价值观念产生的相关影响等	
微观指标	市场指标	市场规模、市场成本、区域分销和盈利等的变化以及主要细分市场	
	行业指标	行业主要的经济特性、竞争驱动因素、关键成功因素、盈利前景等	
	竞争者指标	竞争者的目标、战略、优势、劣势、规模、市场份额等	
	供应商指标	各供应商的实力、企业与各供应商的关系、供应商的行销策略等	
	分销渠道指标	企业产品传送渠道、各种渠道的效率和成长潜力等	
	客户指标	客户的购买理由、购买方式和习惯、购买决策过程;客户对企业声誉、产品质量、服务和价格等的评价	包括潜在客户
	市场后勤指标	运输服务和成本、仓储设备的成本及前景等	
	企业内部环境指标	企业网站的专业水平、网站推广的方法和力度、企业内部网络营销资源的拥有和利用状况;产品特性、财务状况、领导层对待网络营销的态度、拥有专业人员的状况等	

2. 网络营销环境的协调策略

有效开展网络营销需要宏观环境与微观环境的相互作用和相互协调。网络营销环境协调的一般策略是:对于宏观环境积极适应和选择;对于微观环境努力创造和利用。

（1）宏观环境的适应和选择。由于网络营销的宏观环境是企业不可控的因素,企业自身无法去改变它,因此,实践中企业需要在充分了解各种宏观环境因素的基础上,积极学习、适应并合理选择宏观资源,尽可能达成与宏观环境的协调,这样才能有效地营造企业所需的和谐的经营与宣传环境,进而实现网络营销的目标。

（2）微观环境的创造和利用。网络营销的微观环境因素比宏观环境对企业经营的影响更为直接,而且其中有许多因素(例如,企业内部环境因素)企业在很大程度上是可以掌握和控制的。因此,企业应该根据网络营销原理和方法发挥作用的条件,努力创造并充分利用微观环境中有价值的网络营销资源,改善各种可以影响网络营销效果的可控因素,只有这样才能真正让网络营销发挥其应有的作用。

例如,搜索引擎在网络营销中具有非常重要的作用,企业一般利用搜索引擎服务商所提供的服务进行网站推广,为了获得最理想的效果,就必须研究各个搜索引擎的算法规则、对网站设计的一般要求、搜索广告投放技巧等。因为搜索引擎为企业提供了被用户发现的机会,但并非每个网站都能获得搜索引擎的收录并在搜索结果中位居前列而受到用户关注。合理利用这种机会也就是营造企业网络营销与相关环境因素相适应的过程。可见,企业与网络营销环境的协调性也反映了网络营销的专业程度。

正确理解网络营销宏观环境和微观环境协调的观点,有助于用全面的观点来考察网络营销的效果,制定合理的网络营销策略。一些企业网络营销没有取得明显效果,可能受宏观环境因素制约,也可能受制于微观环境因素,或者两者均有关系。这就需要从宏观环境和微观环境两个方面来进行评估诊断,分别找出其中的关键因素,并采取合理的手段加以改进。

本章小结

本章介绍的主要内容包括:网络营销的概念、基本特点、常用工具、环境构成。网络营销是借助电子网络所进行的各种策划宣传与运营实施活动和过程,常用工具包括企业网站、搜索引擎、电子邮件、各种社会化网络媒体等;网络营销环境包括宏观环境和微观环境。此外,本章还讨论了理解网络营销概念应注意的问题、网络营销与电子商务的区别等。

复习思考题

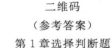

二维码
（参考答案）
第1章选择判断题

1. 选择题(有一项或多项正确答案)
（1）网络营销与电子商务的区别主要表现在(   )。
   A. 研究范围不同   B. 关注重点不同
   C. 策略选择不同   D. 使用的网络不同
（2）对于网络营销环境通常采用协调策略,正确的做法是(   )。
   A. 对宏观环境进行创造与充分利用
   B. 对微观环境进行创造与充分利用
   C. 对宏观环境应该合理选择或适应
   D. 只能采取措施适应微观环境
2. 判断正误
（1）网络营销本身并不是一个完整的商业交易过程,在电子商务交易过程中的网上支付

和交易之后的商品配送等问题并不是网络营销所能包含的内容。（　　）

（2）没有开展网上销售业务的企业没有必要开展网络营销。（　　）

（3）企业网站信息传递具有主动性与被动性,搜索引擎传递营销信息完全是被动的,电子邮件传递营销信息则基本上是主动的。（　　）

（4）网络营销环境更加复杂多变,这种环境的变化是绝对的、永恒的。（　　）

3．简答题

（1）什么是网络营销？试联系实际谈谈你对网络营销概念的理解。

（2）网络营销有什么特点？讨论网络营销与电子商务的联系和区别。

（3）网络营销的常用工具有哪些？分析比较其各自的特点。

4．讨论题

网络营销环境的构成要素有哪些？其对网络营销分别会产生什么影响？请查阅相关资料分小组展开讨论,并将研讨结果向全班报告。

第2章 长尾理论

 导入案例:长尾理论的出现

克里斯·安德森是美国《连线》杂志主编,喜欢从数字中发现趋势。在一次安德森跟 eCast 首席执行官范·阿迪布会面时,后者提出一个让安德森耳目一新的"98 法则",改变了他的研究方向。范·阿迪布声称自己从数字音乐点唱数字统计中发现了一个秘密:听众对 98%的非热门音乐有着无限的需求,非热门的音乐集合市场无比巨大,无边无际。听众几乎盯着所有的东西! 他把这称为"98 法则"。

安德森意识到阿迪布那个有悖常识的"98 法则",隐含着一个强大的真理。于是,他系统地研究了亚马逊、狂想曲公司、Blog、Google、eBay、Netflix 等互联网零售商的销售数据,并与沃尔玛等传统零售商的销售数据进行了对比,观察到一种符合统计规律(大数定律)的现象。这种现象恰如以销量、品种为轴的二维坐标系上的一条需求曲线,拖着长长的尾巴,向代表"品种"的横轴尽头延伸,长尾由此得名。

《长尾》(long tail)在 2004 年 10 月号《连线》发表后,迅速成了这家杂志历史上被引用最多的一篇文章,并通过吸纳无边界限制的博客平台上的智慧,不断积累着新的素材和案例。安德森沉浸其中不能自拔,终于打造出一本影响商业世界的畅销书《长尾理论》。

(资料来源:www.cec-ceda.org.cn,编者略有删改)

 点评:敏锐的市场观察和感知能力是获得商机的动力源泉

长尾所涉及的冷门产品涵盖了更多人的需求,当有了需求后,会有更多的人意识到这种需求,从而使冷门不再冷门。通过对市场的细分,企业集中力量于某个特定的目标市场,或严格针对一个细分市场,或重点经营一个产品和服务,创造出产品和服务优势。

长尾理论的出现,源于现代商业社会的巨大改变。互联网应用的普及和个性化消费的兴起,深刻影响着市场的供需模式,打破了传统的消费观念,长尾理论所反映的也正是市场

二维码
（知识卡片 2-1）
富足经济

环境的变化。过去由传媒主导公众需求喜好的方式实际上是不对称供需关系的产物，是市场对产品分销能力不足的回应。如今大规模市场已经粉碎为无数小市场，在富足经济下消费者有更多的选择权，个性化时代已经来临。企业的发展要符合市场和消费者的需求，市场愈发显示出更多元化、利基化的趋势，迫切需要企业在网络营销方式上也做出相应的改变，长尾理论给网络营销带来了创新视角。实际上，Amazon、eBay、Yahoo、阿里巴巴、Google 等互联网企业的崛起，自觉或不自觉，或多或少都有基于长尾理论的应用。

2.1　长尾理论的基本思想

2.1.1　长尾理论的原始含义

长尾理论(The Long Tail)是网络时代兴起的一种新理论，由美国人克里斯·安德森提出。安德森认为，网络时代是关注"长尾"、发挥"长尾"效益的时代。由于成本和效率的因素，过去人们只能关注重要的人或重要的事，如果用幂律分布曲线(如图 2-1 所示)来描绘这些人或事，人们只能关注曲线的"头部"(即图中左部的浅色区)，而忽略处于曲线"尾部"(图中右下部深色区)、需要更多的精力和成本才能关注到的大多数人或事。

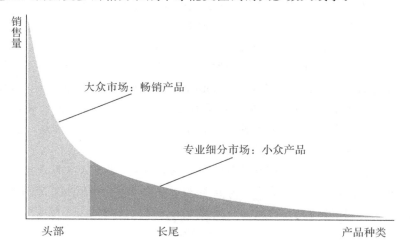

图 2-1　长尾理论模型图

就营销领域而言，在传统市场营销环境下销售产品时，厂商通常关注的是少数几个所谓"VIP"客户或为数不多的"畅销产品"(相当于幂律分布曲线的"头部")，而无暇顾及在人数上居于大多数的普通消费者或品类繁多但销量不旺的"小众产品"(相当于幂律分布曲线的"尾部")。在网络环境下，由于关注的成本大大降低，人们有可能以很低的成本关注幂律分布曲线的"尾部"，并且关注"尾部"所产生的总体效益会与关注"头部"相当甚至会超过"头部"。例如，某著名网站是世界上最大的网络广告商，它没有一个大客户，收入完全来自被其他广告商忽略的中小企业。

长尾理论原始含义：只要存储和流通的渠道足够大，需求不旺或销量不佳的产品共同占据的市场份额就可以和那些数量不多的热卖品所占据的市场份额相匹敌甚至更大，即众多小市场汇聚成可与主流大市场相匹敌的市场能量。也就是说，当商品储存、流通、展示的场地和渠道都足够宽广，并且商品生产和销售成本都急剧降低时，几乎任何以前看似需求极低的产品，在网络环境下只要有卖就都会有人买。这些需求和销量不高的产品所共同占据的市场份额，累积起来就可以和主流产品的市场份额相当，甚至更大。

2.1.2　长尾理论内涵的理解

正确理解长尾理论的内涵，应把握以下几点：

（1）"长尾"实际上是统计学中幂律和帕累托分布特征的一个口语化表达。在网络营销中"长尾"代表处于幂律分布曲线"尾部"的需要更多精力和成本才能关注到的市场上为数为众多的"冷门商品"。举例来说，一家大型书店通常可摆放 10 万本书，但亚马逊网络书店的图书销售额中，有四分之一来自排名 10 万以后的书籍，这些"冷门"书籍销售量的总和几乎占到了整个书市销售总量的一半。这意味着消费者在面对无限的选择时，真正想要的东西、和想要取得的渠道都出现

二维码
（知识卡片 2-2）
幂律和帕累托分布

了重大的变化，一套崭新的商业模式也跟着崛起。简而言之，长尾所涉及的冷门产品涵盖了更多人的需求，当有了需求后，会有更多的人意识到这种需求，从而使冷门小众产品不再受冷落。

（2）长尾理论统计的是销量而非利润。销售每件产品都需要一定的成本，增加销售品类也会带来成本，管理成本是有效应用长尾理论的关键因素。一般来说，一个品类商品的销售利润与其销量成正比，当销量低到一定限度就会亏损。传统超市通常是通过降低单品销售成本，从而降低该品类的止亏销量。为了吸引顾客和营造货品齐全的形象，有些超市甚至可以承受亏损销售一些商品，但迫于仓储、配送等成本压力，这种承受亏损销售的能力通常是十分有限的。互联网企业则可以进一步降低单品销售成本，甚至没有真正的库存，而且网站流量和维护费用远比传统店面运营费用低，所以能够极大地扩大销售品类，如 Amazon 就是如此。由于互联网经济有赢者独占的特点，许多网站在前期可以不计成本、疯狂投入，这更加剧了品类的扩张。如果互联网企业销售的是虚拟产品，则支付和配送成本几乎为零，可以把长尾理论发挥到极致，如 Google adwords、QQ 音乐下载就属于这种情况。因此，虚拟产品销售尤其适合长尾理论。

2.2　长尾理论与二八定律的关系

随着网络经济和个性化消费的兴起，市场愈发显示出更加多元化、利基化的趋势，企业的发展要符合市场和消费者的需求，迫切需要企业在营销方式上也做出相应的改变。长尾理论的出现，给网络营销带来了新视角。因此，当看到以亚马逊网上书店等为代表的一批关注长尾市场的企业取得极大成功以后，有人甚至发出"长尾理论大行其道，二八定律过时了"

的感叹。实际情况确实如此吗？

2.2.1 二八定律的含义

二八定律又名帕累托定律、80/20定律、最省力法则、不平衡原则等，是19世纪末20世纪初意大利经济学家帕累托归纳出的一个统计结论。1897年，意大利经济学者帕累托从英国人的财富和收益模式调查取样研究中发现，大部分的财富流向了少数人手里，而且在数学上呈现出一种稳定的关系：社会上20%的人占有80%的社会财富。后人把帕累托的这项发现命名为二八定律，并推而广之，认为在任何一组东西中，最重要的只占其中一小部分，约20%，其余80%的尽管是多数，却是次要的。它是一种量化的实证法，不管结果是不是恰好为80%和20%。

此后人类就一直在用二八定律来界定主流，计算投入和产出的效率，它几乎贯穿了整个生活和商业社会。当然，二八定律并不是一个准确的比例数字，只是表现一种不平衡关系，即少数主流的人或事物可以造成主要的、重大的影响。在市场营销中，厂商们为提高效率习惯于把精力放在那些有80%客户去购买的20%的主流商品上，着力维护购买其20%商品的80%的主流客户，这其中被忽略不计的80%商品就是长尾。

在互联网环境下，经济驱动模式呈现从主流市场向非主流市场转变的趋势，被奉为传统商业圣经的二八定律开始有了被改变的可能性，这在媒体和娱乐业尤为明显。

2.2.2 长尾理论与二八定律的辩证关系

长尾理论并不是对传统二八定律的彻底否定，二者是既对立又统一的辩证关系。

二维码
（视频2-1）
长尾理论与二八
定律的关系

从产生的先后顺序看，二八定律先于长尾理论出现，并在管理学中被广泛运用。随着长尾理论的出现，有人认为二八定律已经过时，甚至认为长尾理论是对二八定律的彻底颠覆，提醒管理者在运用中要谨防"二八定律陷阱"，声称如果二八定律应用不当，资源过分倾斜，其结果很可能适得其反而掉进二八定律陷阱。于是出现一些企业盲目地追求创新思维弃"二八"，避热就冷走"长尾"的现象。

其实，片面地理解二八定律和长尾理论，单纯的二八定律或者单纯的长尾理论都不能促进企业的健康发展。如本书2.1.1节图2-1所示，如果用横轴代表供给产品或品类，纵轴代表产品需求或销量，典型的情况是只有少数产品销量较高，其余多数产品销量很低。传统的二八定律关注供求曲线高高的"头部"（图中浅色部分），认为20%的品类带来了80%的销量，所以应该只保留这部分，其余应舍弃。长尾理论则关注供求曲线中长长的"尾巴"（图中深色部分），认为这部分积少成多，可以积累成足够大、甚至超过浅色部分的市场份额。二八定律与长尾理论是同一曲线上前后相连的两个部分，并非相互对立，水火不容，它们共同构成了一个统一的整体。

二八定律要求在管理中抓大放小，短期内抓住重点；长尾理论则要求重视利基市场，把服务做到最细微处。长尾理论并非仅仅关注曲线的尾部，而是认为头尾可以并存，提出了另一种思维和分析的方式。因此，长尾理论并未改变和否定二八定律，而是对过去强调的二八定律在互联网络环境下的一个很好的补充和完善。

2.3　长尾销售的实现条件及企业类型

互联网作为信息社会的主体表现形式,在企业的各个部门中得到了广泛的应用,使得企业产品的 99% 都有机会进行销售,许多非热门商品成为企业可以寄予厚望的新的销售量和利润的增长点。据统计,亚马逊网上书店有超过一半的销量来自于在它排行榜上位于 13 万名开外的图书;美国著名的在线 DVD 影碟租售商 Netflix 公司有 1/5 的出租量来自于其排行榜 3000 名以后的影碟。但是,要达到长尾理论所述的效应,需要满足一定的长尾销售条件,以及具有从事长尾销售的企业。

2.3.1　长尾销售的实现条件

实现长尾销售的条件,可以归纳为以下三点。

1. 需要具有低成本提供的产品无限扩充空间

实现长尾销售首先需要具有低成本提供的产品无限扩充空间,也就是说,提供大量的、无限多的产品品类给消费者选择时,不会增加太多的成本,这样的情况下可以考虑实施长尾销售。传统的实体店面经营者,往往因场地租金昂贵而要每一点空间都发挥其效用,一般不会为只有很少人问津的商品提供上柜机会,即使上柜往往也是为营造产品齐全的店面形象或作为陪衬以吸引消费者,为此经营者要承受部分商品的亏损。事实上不少消费者的需求,表现为过于分散的状态,要完全满足这部分消费者的需求需要付出巨大的经营成本,压缩了利润空间,因此传统经营者所能提供的产品选择空间是有限的。通过互联网进行销售的企业,则可以把生产、仓储和物流配送等外包给其他企业,从而降低了每种产品的平均销售成本;而网站流量和维护费用也远远比传统的店面经营费用低,扩大产品销售品种无需投入过大的成本,甚至可以忽略成本,这样就为产品的扩充提供了无限的空间。使用长尾理论必须保证任何一项成本都不随销量的增加而激增,最理想的长尾商业模式是,成本是定值而销量可以无限增长。

2. 销售平台需要有强大的信息过滤能力

为方便每一个消费者在海量商品中挑选出合适的产品,经营长尾产品的销售平台需要提供功能强大的信息过滤器。例如,可借助互联网的各种功能强大的搜索引擎、推荐工具等信息技术的支持,很好地满足单个消费者进行有效商品信息的过滤,寻找出其满意的产品。再如,可以采用评测过滤方式。一般来说,传统的事前预测过滤方式广泛性过于狭小,及时性相对滞后,对长尾营销有巨大的局限性;而博客、网络评论、网络推荐、草根意见等事后评测过滤方式,其最大的优势就是群体智慧的评测能力,蕴藏着无穷无尽的信息,通过比较商品质量的好与坏、价格的高与低、使用的喜与恶,能在很大程度上影响潜在消费者的需求倾向。另外,这种社会化网络的事后评测过滤方式能应对长尾的低信噪比和极端个人化的兴趣趋向,借助互联网的各种功能强大的搜索引擎、推荐工具等信息技术的支持,可以很好地满足单个消费者进行有效商品信息的过滤,寻找出自己满意的产品。

3. 小批量、多品种以及个性化定制的生产方式

规模化生产是工业化大生产的主流方式,但这种同时生产出上百万的产量,以同一品种、同一规格就能满足消费者需求的时代已逐步消失,进而是转向大规模定制的生产,这是满足长尾消费者需求的生产基础。例如,在网络环境下,服装制造企业往往需要用信息化手段来实现大规模定制,以满足消费者对服饰的个性化需求。

二维码
(知识卡片 2-3)
大规模定制

2.3.2 应用长尾销售的企业类型

长尾销售有其实施前提条件和实施环境,产品存储和物流成本必须降到足够低的程度,否则,企业无法满足消费者差异化需求所带来的高昂成本。根据上述长尾销售的实现条件,一般来说,适合做长尾销售的企业主要可分为以下两类。

(1)无须承担库存和物流费的企业。该类企业通常以经营虚拟产品为主,比如音乐、电影、电视节目、新闻报道、信息等各种在线服务和各种声像广告等,通过各类信息发布、信息咨询和信息加工等引导需求,搭建供需各方信息交流平台。在此过程中,企业无需进行有形产品的生产和存储,也不需要实质上的产品运输。更重要的是,随着用户访问量的增加,企业的边际成本呈现不断下降的趋势。代表性企业如国内的百度、阿里巴巴 B2B 交易平台等,国外的谷歌、Net flix 公司等。

(2)有库存但无须承担物流费的企业。该类企业主要从事产品的销售和采购,旨在为数量众多的消费者提供个性化的服务。如美国的亚马逊网络公司、中国的当当网等,这些平台上购物发生的物流费用一般由消费者承担或者通过谈判以让利的方式让消费者与物流公司共同承担。

2.4 利基市场以及长尾理论应用策略

【微型案例 2-1】 Google 的长尾策略。Google 是一个最典型的"长尾"公司,其成长历程就是把广告商和出版商的"长尾"商业化的过程。以占据了 Google 半壁江山的 AdSense 为例,它面向的客户是数以百万计的中小型网站和个人。对于普通的媒体和广告商而言,这个群体的价值微小得简直不值一提,但是 Google 通过为其提供个性化定制的广告服务,将这些数量众多的群体汇集起来。之前,普通个人网站几乎没有盈利机会,Adsense 通过在小网站上发布相关广告,带给站长们一种全新的低门槛的盈利渠道。同时,把众多小网站的流量汇集成为统一的广告媒体,形成了非常可观的经济利润。目前,Google 的市值已超过 1200 亿美元,被认为是"最有价值的媒体公司",远远超过了那些传统的老牌传媒。(资料来源:www.baike.com,编者有删改)

2.4.1 利基市场的含义

"利基"是英文 Niche 一词的音译,意译为"壁龛",有拾遗补阙或见缝插针的意思。菲利普·科特勒在《营销管理》中给利基下的定义为:利基是更窄地确定某些群体,这是一个小市场并且它的需要没有被服务好,或者说有获取利益的基础。

利基市场(Niche Market)是指向那些被市场中的统治者或有绝对优势的企业所忽略的某些细分市场。通常企业选定一个很小的产品或服务领域,集中力量进入并成为领先者,从当地市场到全国再到全球,同时建立各种壁垒,逐渐形成持久的竞争优势。也就是说,通过对市场的细分,企业可以集中力量于某个特定的目标市场,或重点经营一个产品和服务,创造出产品和服务优势。

针对利基市场的营销策略称为利基营销。利基营销是指企业为避免在市场上与强大竞争对手发生正面冲突,选择由于各种原因被强大企业轻视或忽略的小块市场(即"利基市场"或称"补缺市场")作为其专门的服务对象,对该市场的各种实际需求全力予以满足,以达到牢固地占领该市场的营销策略。利基营销通常借助网络广告进行精准定位。

2.4.2 利基市场的特征

就目前来看,理想的利基市场主要有以下特征:

(1)具有狭小的产品市场和宽广的地域市场。利基战略的起点是选准一个比较小的产品(或服务),集中全部资源在局部形成优势,这也是利基战略的核心思想。利基产品开始可能只局限于某个比较狭小的应用范围,在局部形成优势。这个产品要有非常大的市场容量,才能实现规模经济,基于因特网的经济全球化市场环境正好为其提供了良好条件。

(2)具有持续发展的潜力。这里持续发展潜力有两方面的含义,一是指这个市场的目标顾客有持续增多的趋势,市场还可以进一步细分,企业有可能在这个市场上持续发展。二是可以延长企业在市场上的领导地位。企业进入市场后能够建立起强大的壁垒,使其他企业无法轻易模仿或替代;或是可以通过有针对性的技术研发和专利,引导目标顾客的需求方向,引领市场潮流。

(3)市场过小、差异性较大,以至于强大的竞争者对该市场不屑一顾。利基市场既然被强大的竞争者忽视,则一定是其弱点,利基产品就可以在强大的竞争对手的弱点部位寻找发展空间。所谓弱点,就是指竞争者在满足该领域消费者需求时所采取的手段和方法与消费者最高满意度之间存在的差异。消费者的需求没有得到很好地满足,这正是足可取而代之的市场机会。因此,被强大竞争者忽视的地方正是利基产品可以发展的市场空间。

(4)企业具备的能力和资源与对这个市场提供优质的产品或服务相称。这就要求企业审时度势,要随时测试和了解市场的需求,根据自身的能力和资源状况量力而行。

(5)企业已在客户中建立了良好的品牌声誉。企业凭借其良好的品牌声誉,能够抵挡强大竞争者的入侵。

(6)这个行业最好还没有统治者。即行业还没有形成占统治地位的龙头企业。

2.4.3 长尾理论对利基市场的意义

长尾理论对利基市场的意义主要体现在以下方面:

(1)利基市场是被无限细分的长尾市场。在知识经济条件下,网络技术的普及使市场被无限的细分。长尾市场所重视的挖掘细小需求聚沙成塔的价值贡献,正是利基市场的追求。

利基市场的分销商利用网络搜索引擎提供的信息过滤器能帮助消费者找出所需要的产品或服务信息,减少消费者的"搜寻成本"从而发掘"长尾市场"上的潜在需求,延展"长尾"。这是利基市场营销的重要方向。例如,亚马逊公司利用协同式信息过滤的做法,通过用户的浏览模式和采购模式来引导个体消费者,从而把过去的大众市场转变成"长尾市场"。

(2)长尾理论使非主流的小众市场获得了关注。许多企业致力于开发那些标准化的产品并鼓励消费者购买,使大众市场停留在同质化的状态,不利于消费者个性化需求的满足;同时,众多追求主流热点的企业都拥挤在一起,往往会导致主流畅销产品也走向滞销。长尾理论强调关注那些没有被满足的利基市场,例如 Amazon 的网上书店、腾讯的 QQ 音乐、百度的搜索引擎等,它们都一改过去的面向大众化的商业运营模式,经营个性化"非热点流行服务"的利基市场,反而表现出了巨大的盈利潜力。

(3)长尾理论揭示了富足经济状态下利基市场的存在价值。富足经济意味着各种特征的商品数量繁多、消费者可选择的余地很大,市场呈现出繁荣的状态。在富足经济状态下,大众主流产品不能满足消费者个性化的需求,消费者需求大量个性化产品。由于互联网降低企业经营成本,使小企业效率提升;另外,经营成本的降低也使得以前看起来难以经营的个性化产品或服务的生产成为可能。企业的类型会越来越多样化、专业化,而企业的规模方面,一部分企业将会越来越庞大,而同时又有大量的小企业涌现,这正好解释了长尾理论提及的众多利基市场。

2.4.4　长尾理论在利基市场应用的策略

长尾理论在利基市场应用,可以考虑主要从以下四个方面着手。

(1)建立强大的存储和流通渠道。长尾理论要想发挥效果必须具备足够的商品品类和渠道,这是长尾理论发挥作用的前提条件。首先,要让所有东西都可以获得。即尽量增多商品品类,让消费者有足够的选择。其次,将热门商品和利基产品有效整合。即结合大众热门商品已有的渠道优势,借助虚拟网络把那些小利基市场连接起来,例如利用已有的"头"部大众热门产品引流,将消费者吸引到小众冷门产品的"长尾"上,实现其商业价值。

(2)关注热卖品向利基市场的转变,不要盲目追求畅销商品而忽略长尾产品。在传统经济思维模式影响下,企业往往不遗余力地关注热门商品,并为获得一时的高额利润扩大生产。然而,这些热门商品并不能确保永远畅销,一旦过时就会导致滞销库存增加,以至于出现非畅销产品永远比畅销产品要多的局面。特别是处在一个急速变化的多元消费时代,企业一旦步入滞销困境,往往只得低价处理这些产品,将收回的部分资金,再投入到新一轮畅销品的生产与开发中。事实上,一方面随着消费者个性化需求的日益突出,畅销商品带来的利润越来越薄,当大量的企业都盯着少量的畅销品时,很可能就会发生价格战,形成恶性竞争;另一方面,不是只有追求畅销产品才能令企业在现今竞争激烈的环境中获得较高的利润回报。那些愿意关注长尾商品的企业,也可能积少成多,累积庞大商机。企业可以选定某些很小的产品或服务的细分市场(利基市场),集中力量进入并成为领先者,从当地市场到全国再到全球,同时建立各种壁垒,逐渐形成持久的竞争优势。

(3)实施多品牌策略,实现品牌长尾化,给消费者提供更多的品牌和更多的选择。极其多样化的长尾市场正在随着网络社会的兴起而形成,如今消费者喜欢更多的品牌和更多的选择,对上市的新产品也有足够的好奇心,因此营销人员必须要考虑多品牌策略。实际上,靠简单的大品牌延伸已很难再聚合与以前一样多的消费者了,需要挖掘众多以前被隐藏的顾客需求和价值,甚至让顾客参与到品牌创建的过程之中,真正实现品牌长尾化。

（4）利用网络低成本的推广宣传,改变边际成本效益,实现潜在市场利润空间。电子商务环境下,产生了大量低成本的、无限量的"网络货架",使得网络卖家可以摆放只有少量人购买的商品,从而通过长尾市场获得收益。同时,企业可以利用互联网边际成本几乎为零、传播速度快、范围广的特点,降低非标产品在推广宣传方面的边际成本,提高推广宣传的力度和效果。例如,企业可以把个性化的非标产品资料以数字化的方式放在网页上,让有需求的客户能很详细地了解其基本情况,取消制造样品的做法,从而进一步降低非标产品生产制造的成本。此外,企业还可以从降低噪音和节约电能方面重点研究对非标的"长尾产品"绿色化,因为节约能源也是产品成本的重要组成部分。

总之,长尾理论应用到利基市场营销的策略,其实是一种价值创新,为企业面对更多元化、利基化的市场趋势开启了新的发展思路,能为企业寻找到新的利润增长点。

二维码
（知识卡片 2-4）
边际成本

二维码
（知识卡片 2-5）
非标产品

本章小结

本章着重介绍了长尾理论的基本思想、应用策略,讨论了长尾理论与二八定律的辩证关系。正确理解长尾理论的原始含义、长尾理论与二八定律的辩证关系,是有效应用长尾理论、充分发挥长论营销作用的基础。企业在营销中适当运用长尾理论,往往可以发现新的商机,使其避免陷入恶性竞争的泥淖。

复习思考题

1. 选择题（有一项或多项正确答案）

（1）在网络营销中应用长尾理论,正确的说法是（　　）。

　　A. 销售成本较大的产品比较适合做长尾销售

　　B. 虚拟产品销售尤其适合长尾理论

　　C. 热买品的销售比较适合长尾理论

　　D. 所有冷门产品都适合做长尾销售

（2）关于长尾销售的实现条件,下列说法正确的是（　　）。

　　A. 需要具有低成本提供的产品无限扩充空间

　　B. 销售平台需要有强大的信息过滤能力

　　C. 需要有小批量、多品种以及个性化定制的生产方式

　　D. 传统的事前预测过滤方式对长尾营销有巨大的促进性

2. 判断正误

（1）长尾理论统计的是利润与销量之和。（　　　）

（2）长尾理论要求在管理中抓大放小,短期内抓住重点,把服务做到最细微处。（　　　）

（3）长尾理论并未改变和否定二八定律，而是对过去强调的二八定律在互联网络新环境下的一个很好的补充和完善。（　　）

（4）长尾理论揭示了富足经济状态下利基市场的存在价值。（　　）

3．简答题

（1）长尾理论的原始含义是什么？正确理解长尾理论的含义应注意哪些问题？

（2）长尾理论与二八定律是什么关系？如何理解二者的这种关系？

（3）应用长尾销售的企业类型常见的有哪些？试举例说明。

4．讨论题

长尾理论在利基市场的应用，可以考虑主要从哪些方面着手？请查阅相关资料，结合具体企业在利基市场应用长尾理论的实例，分小组展开讨论，并将研讨结果向全班报告。

二维码
（参考答案）
第2章选择判断题

第二篇　网络营销常用方法

篇首寄语

营销与创新创造绩效,其他的均属"成本"。

——现代管理学之父:彼得·德鲁克

第3章 企业网站营销

教学目标

➤ 理解企业网站营销、网站可信度的含义；

➤ 熟悉营销型企业网站的基本构成要素、网站优化的内容与原则、网站易用性与搜索引擎友好性之间的关系；

➤ 掌握网站推广的常用方法、阶段特征、推广技巧；

➤ 熟悉营销型网站的专业性诊断方法。

 导入案例："西湖龙井"网站优化

总部坐落于杭州西子湖畔的龙牌茶叶股份有限公司的龙井茶网购平台是一个产品商城型网站，主营茶品，专注西湖龙井"狮（翁家山）、龙（龙井村）、云（梵村云栖）、虎（满觉陇）、梅（梅家坞）"五大核心产区以及西湖产区龙坞龙门区域的优质西湖龙井茶叶，试图全面、透明、公正地展示"西湖龙井"的正统品质。

网站优化前出现的问题：网站百度权重一直为 2，网站长尾关键词排名很少，只有 60 多个；因为是商城类网站，光靠产品内页很难取得好的排名，网站设置的价格区间页面基本上没有实质内容，产品内页基本上是图片展示为主。网站栏目页面三大标签基本上没有设置优化问题。

网站优化后的成果：网站百度权重上升到 3，网站长尾词提升到 100 个左右；考虑到商城类型的网站内页没有实质内容很难取得好的排名，设置相应的新闻模板增高内容的更新频率以及给相应的产品内页、首页做锚文本链接突出产品优势，提升关键词排名。针对相应的内页都是图片设置 ALT 标签描述等，进一步提升整个网站的排名和流量。网站进行站内优化后，还能够有效地结合天猫淘宝店铺实现流量转化。

（资料来源：http://www.tianying888.com/anli/2.html，2021，编者有删改）

 点评：突出网站产品优势是提升 SEO 引流的好法宝

网站优化推广是网络营销发展趋势中一种重要的营销推广方式。愈来愈多的领域和公司都在建立网站关字优化，这种情况造成了许多领域关键字排名的市场竞争，SEO 得到排行和总流量的难度系数也越来越大。那么怎样对网页页面 SEO 的关键字开展排行呢？本案例通过突出网站产品优势来提升 SEO 引流，是一种十分值得借鉴的思路。网络营销的高度繁荣仍在继续，SEO或将成为营销推广的主要方式。

企业网站营销是指依托营销型企业网站开展营销，是一种网络技术和营销策略相结合的营销手段或方法，目的是较大程度地提高潜在客户的转化率。

3.1 营销型网站的构成要素

营销型网站是指以网络营销理念为核心，以搜索引擎的良好表现、用户良好体验为标准，能够更好地将访客转化为顾客的企业网站。营销型网站主要是为了满足企业营销需求而构建的，以网络营销为核心目标。

所有营销型企业网站首先必须对搜索引擎友好，即网站能让搜索引擎很方便地搜索到，并方便用户浏览。完整的营销型企业网站一般都包括网站结构、网站内容、网站功能、网站服务四个要素。

3.1.1 企业网站的结构

网站结构是指为了向用户传达企业信息所采用的网站栏目设置、网页布局、网站导航、网址（URL）层次结构等信息的表现形式。

（1）网站栏目结构。企业网站栏目可分为一级、二级、三级、四级等多个层次，营销型企业网站的一级栏目一般以8～11个为宜，而栏目层次则以三级以内比较适合。这样对于大多数信息，用户可以在不超过3次点击的情况下浏览到该内容页面，不至于因栏目数量或者栏目层次过多给浏览者带来麻烦。

（2）网页布局。网页布局是在网站栏目结构确定之后，为了满足栏目设置要求而进行的网页模板规划，包括网页结构的定位、网站菜单和导航的设置、网页信息的排放位置等。网页信息排列一般是将最重要的信息（如产品促销信息、新产品信息）放在首页最显著的位置，与网络营销无关的内容尽量不要放在主要页面，企业LOGO一般放置在页面左上角，公司介绍、联系信息、网站地图等网站公共菜单一般放在网页最下方。

网页布局设计时应考虑用户浏览网页时注意力的"F现象"。人们在浏览页面的时候，一般会按照从左到右、从上到下的顺序进行，但在整个视域内视线注意力并非一直均匀分布，而是往往呈现左上→右上→左→中→左下这样的移动轨迹。也就是说，用户浏览网页时，其视线注意力会习惯性地呈"F"型，这种现象称为注意力的"F现象"。

二维码

（视频3-1）

注意力的"F"现象

【微型案例3-1】美国一家专门研究网站和产品易用性的公司（Nielsen Norman Group）曾使用精确的"眼球跟踪设备"来研究网页浏览者的网页浏览行为，并发布了一个关于用户网页浏览行为的研究结果：用户对网页的浏览视线呈"F"形。用户更倾向于在网页顶部阅读长句，随着网页越往下，他们越不会阅读长句。这项研究发现的内容具体包括：①用户擅长于筛选出一页中无关的信息，将注意力集中到小部分突出的网页元素中。②访问者对图片中有人物直视自己的内容非常注意。但如果图片中的人物犹如职业模特则没有吸引力,因为这样的人不具有亲和力。③图片放在网页正中间会对访问者产生阻碍。④消费者对于搜索引擎结果中的广告链接几乎不注意。为此,可以得出这样的结论:对于任何一个页面,用户往往关注某些重要的区域,在这些区域中应该放置最希望用户接受的信息,而不应该是用户登录注册的信息。

3.1.2 企业网站的内容

网站内容是网站向用户传递的所有信息,包括所有可以在网上被用户通过视觉或听觉感知的信息,如文字、图片、视频、音频等。营销型企业网站的一般内容主要包括:公司信息、产品信息、顾客服务信息、促销信息、销售和售后服务信息等。

3.1.3 企业网站的功能

网站功能是为实现发布各种信息、提供服务等必需的技术支持系统,网站功能直接关系到可以采用的网络营销方法以及所获得的网络营销效果。

营销型企业网站的常见功能主要包括信息发布、会员管理、订单管理、在线调查、产品管理、在线帮助、邮件列表、流量统计等。

3.1.4 企业网站的服务

网站服务是网站可以提供给用户的价值,如问题解答、优惠信息、资料下载等,网站服务是通过网站功能和内容实现的。

营销型网站的常见服务包括产品说明书、常见问题解答、产品选购和保养知识、在线问题咨询与即时信息服务、优惠券下载、会员社区、会员通讯、RSS 订阅等。

二维码
(知识卡片 3-1)
RSS 订阅

3.2 营销型网站的可信度建设

网站可信度(Website Credibility),就是用户对网站的信任程度,它是影响用户转化的重要因素之一。网站可信度建设是营销型网站建设与维护的重要内容,直接制约着网络营销的最终效果。

3.2.1 网站可信度建设的影响因素

影响营销型网站可信度的因素有多个方面,如网站或企业的知名度、网站的功能和服务等,此外还有很多细节问题会或多或少影响用户的信心。

(1)影响网站可信度建设的关键因素。一般来说,网站域名的类型和域名主体的选择、网站的设计风格与设计水准、网站内容的价值和质量、网站运行的安全维护管理等,对网站的功能和服务会产生重大作用,是影响网站可信度建设的关键因素。

(2)影响网站可信度的细节问题。研究表明,影响网站可信度的细节问题主要有:网站基本信息不完整、产品介绍过于简略、没有明确的个人信息保护声明、没有固定联系方式、商业网站使用免费邮箱、网站信息久不更新、网站首页的计数器显示浏览量很小等。

3.2.2 增加网站可信度的策略

二维码
（知识卡片 3-2）
价值客户

如果企业花了大量功夫让访问者通过搜索引擎找到其网站，最终却因信任问题未能促成购买使其转化为价值客户，那么之前的营销努力就失去了实质性的意义。所以，网站可信性对于一个营销型企业网站来说非常重要。增加网站可信度可从以下几方面着手考虑：

（1）明确网站身份。营销型网站应给出网站身份信息，包括基本的联系信息（如企业地址、电话号码、电子邮件）、网站的所有者、目的和使命等。

（2）区分广告和其他信息。营销型网站的广告应通过标签或其他可视标识，将其与新闻和产品信息明确地区分开来。

（3）说明顾客服务内容。营销型网站的顾客服务内容，应说明本营销型网站与其他网站之间的财务关系、购物的所有费用、退换货政策等。

（4）声明个人信息保护。营销型网站应该尽量用明白、简短的语言陈述网站的个人信息保护政策，并发布在显著位置。

此外，网站应该经常检查，以发现那些错误的、容易造成误解的信息，并及时进行修改。

3.2.3 斯坦福大学提出的网站可信性建设十大准则

斯坦福大学曾经通过三年研究，提出了网站可信性建设的十大准则。中国的大量实践也证明，遵循这十大准则可以增强网站访问者对网站的信任度。斯坦福大学提出的网站可信性建设十大准则是：①网站信息的准确性易于验证。②网站显示出有一个真实的企业或组织存在。③强调团队中的专家和你提供的内容及服务的专业性。④显示出网站背后有值得信任的团队存在。⑤让用户很方便联系到你。⑥网站设计的专业性。⑦网站易于使用并且对用户有用。⑧经常更新网站内容（或者至少要显得网站最近被更新过）。⑨促销性内容要适可而止。⑩避免文字错误，无论是多么微小的失误。

斯坦福大学的研究者认为，如果希望通过网站赚钱，让网站访问者通过网站形成对公司的信任是促成客户转化的关键因素。斯坦福大学所提出的这十大准则，对于网站可信性建设目前仍然具有一定的指导意义。

3.3 营销型网站的优化与推广方法

网站优化是指在充分考虑用户的需求特征、清晰的网站导航、完善的在线帮助等因素的基础上，使得网站功能和信息发挥最好的效果。换言之，网站优化是以企业网站为基础，在网络营销环境中与网络服务提供商（如搜索引擎网站等）、合作伙伴、顾客、供应商、销售商等各方建立良好关系，通过对网站结构、内容、功能和服务等关键要素的合理设计，使得网站的功能和表现形式达到最优效果。

3.3.1　网站优化的主要内容

网站优化是一项系统性很强的工程,关系到网络营销的总体策略,既要考虑网站各项功能的实现,又要适应用户的浏览习惯、对搜索引擎友好,还要兼容不同类型的浏览器,确保网站维护的便利性。网站优化的具体内容主要包括以下三方面:

(1)对用户获取信息的优化。即以用户需求为导向,设计方便的网站导航功能,并使网页下载速度尽可能快,网页布局尽量合理并且适合保存、打印、转发,网站信息丰富、有效,有助于用户产生信任。

(2)对网络环境的优化。即让网站能够很方便地被搜索引擎检索到(网站对搜索引擎友好),便于积累网络营销资源,并在同类网站中容易建立可信度等。

(3)对网站运营维护的优化。即能充分体现网站的营销功能,使各种网络营销方法可以发挥最大效果;网站便于日常信息更新、维护和改版升级,便于获得和管理注册用户资源等。

3.3.2　营销型企业网站优化的原则与目标

(1)营销型企业网站优化设计原则。总体原则是:网站优化应以网站结构、网站内容、网站功能和服务为基础,坚持用户导向而不仅仅是搜索引擎优化。网站优化设计中具体应做到以下几点:①网站结构设计合理,信息有效;②网页下载速度快,尽量采用静态网页,至少保证网站重要信息页面为静态网页;③网站简单易用,尤其要注意网站导航方便(复杂网站可以设计一个网站地图);④网站功能运行正常、链接有效,用户注册或退出方便;⑤为每个网页设计一个合适的标题,设计META 标签中的关键词和网站描述。

二维码
(知识卡片 3-3)
META 标签

(2)营销型企业网站优化的目标。网站优化期望达到的主要目标是:第一,用户可以方便地浏览网站的信息、使用网站的服务,即增强网站的易用性;第二,网页内容可以更顺利地被搜索引擎索引,即网站要对搜索引擎友好;第三,当用户通过搜索引擎检索时,相关网页内容可以出现在理想的位置并且提供给用户有吸引力的摘要信息,使得用户能够发现有关信息并引起兴趣,进而通过检索结果的引导进入网站获取详细信息;第四,对于网站运营人员则可以对网站方便地进行管理维护、有助于各种网络营销方法的应用。

3.3.3　网站易用性和搜索引擎友好性的关系

网站优化要求增强网站的易用性和搜索引擎的友好性。其实,网站易用性和搜索引擎友好性是同一问题的两个方面,两者的最终目的是一致的。网站易用性从用户获取信息的角度描述网站设计;搜索引擎的友好性从网站容易被搜索引擎收录并且获得好的检索效果的角度说明网站设计应该关注的重要因素。

搜索引擎友好意味着网站的网页内容更容易被搜索引擎收录,搜索引擎友好的最终目的同样是为了用户可以更加方便地获取信息。

3.3.4 网站推广的常用方法

网站推广是网络营销的一项主要业务内容,其基本思想是建立尽可能多的网络营销信息传递渠道,为用户发现网站并吸引用户进入网站提供方便。网站建设是网站推广的基础,虽然网站推广工作通常在网站发布之后进行,但在网站建设规划阶段就应拟定网站推广计划。网站推广方法实际上就是对网站推广工具和资源的合理利用,常用的基本方法主要包括搜索引擎推广、电子邮件推广、资源合作推广、信息发布推广、快捷网址推广、网络广告推广、综合网站推广等。

(1)搜索引擎推广。搜索引擎推广是指利用全文搜索引擎、分类目录等具有在线检索信息功能的网络工具进行网站推广的方法。由于搜索引擎的基本形式可以分为网络蜘蛛型搜索引擎(简称搜索引擎)和基于人工分类目录的搜索引擎(简称分类目录),因此搜索引擎推广的形式也相应地有基于搜索引擎的方法和基于分类目录的方法,前者包括搜索引擎优化、关键词广告、竞价排名、固定排名、基于内容定位的广告等多种形式(相关详细内容请参阅本书4.2),后者则主要是在分类目录合适的类别中进行网站登录。随着搜索引擎形式的进一步发展变化,也出现了其他一些形式的搜索引擎,不过大都是以这两种形式为基础。

(2)电子邮件推广。即以电子邮件为主的网站推广手段,包括电子刊物、会员通讯、专业服务商的电子邮件广告等方法。有关许可 E-mail 营销的详细内容请参阅本书第 5 章。

(3)资源合作推广。每个企业网站都拥有自己的资源,如网站的访问量、注册用户信息、网络广告空间、有价值的内容和功能等,这些网站资源可通过网站交换链接、交换广告、内容合作、用户资源合作等方式与合作伙伴之间开展资源共享,实现相互推广扩大收益的目的。在这些资源合作形式中,交换链接是一种最简单、有效的合作推广方式。

(4)信息发布推广。信息发布推广是将有关网站推广信息发布在其他潜在用户可能访问的网站上,利用用户在这些网站获取信息的机会达到网站推广的目的。适用于信息发布的网站平台包括供求信息平台、行业网站以及论坛、博客网站、社交网站等。

(5)网络广告推广。网络广告本身并不能独立存在,需要与各种网络工具相结合才能实现信息传递的功能。应用网络广告进行网站推广,具有可选择网络媒体范围广、形式多样、适用性强、投放及时等优点,适合于网站发布初期及运营期的任何阶段。关于网络广告的详细介绍请参阅本书第 6 章的相关内容。

(6)快捷网址推广。快捷网址推广即合理利用网络实名、通用网址以及其他类似的关键词网站快捷访问方式来实现网站推广的方法。快捷网址使用自然语言和网站 URL 建立对应关系,为习惯于使用中文的用户提供了极大的方便,用户只需输入比英文网址更要加容易记忆的快捷网址就可以访问网站,用简单的词汇为网站"更换"一个更好记忆、更容易体现品牌形象的网址。例如,选择企业名称或者商标、主要产品名称等注册为快捷中文网址,可以弥补英文网址不便于宣传的缺陷。

(7)综合网站推广。除了上述常用推广方法外,还有许多专用性、临时性的网站推广方法,如有奖竞猜、在线优惠券、有奖调查、针对在线购物网站推广的比较购物和购物搜索引擎等,有些甚至建立一个辅助网站进行推广。有些网站推广方法可能别出心裁,有些网站甚至采用有一定强迫性的方式来达到推广的目的,如修改用户浏览器默认首页设置、自动加入收藏夹等。真正值得推广的是合理的、文明的网站推广方法,应拒绝和反对带有强制性、破坏性的网站推广手段。

　　需要指出的是,网站推广是个系统工程,而不仅仅是各种网站推广方法的简单应用。在网站推广实际解决方案中,通常是在网站推广总体策略指导下,将上述网站推广方法根据其特点选用相应的方式进行有机组合,或者综合应用更高级的网站推广手段。

3.4　营销型网站的发展阶段与推广技巧

3.4.1　营销型网站的发展阶段

　　营销型网站从建设规划到稳定运行发展一般要经历四个基本阶段,即建设期、初发期、成长期、稳定期。网站发展阶段与各阶段访问量增长关系曲线如图 3-1 所示。

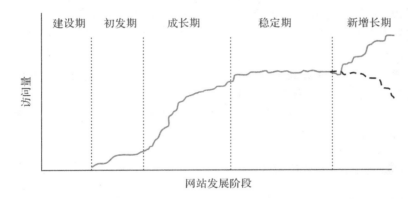

图 3-1　网站发展阶段与访问量增长曲线示意图

　　(1)建设期。建设期是指从网站建设规划开始到网站建成发布之前的这段时间。
　　(2)初发期。初发期即网站发布初期,通常是指网站正式对外宣传之日开始到大约半年左右的时间。
　　(3)成长期。网站成长期是指网站通过发布初期的推广拥有了一定的访问量,并且访问量仍处于快速增长中。不同网站这个阶段持续的时间会有较大的不同。
　　(4)稳定期。网站进入稳定期的标志是访问量增长率明显减缓,但访问量维持在历史较高数量水平上下波动。网站从发布到进入稳定发展,一般需要一年甚至更长时间。

3.4.2　营销型网站推广的阶段特征

　　网站推广在网站发展的不同阶段,其工作目的和特点都有所不同,呈现出阶段性特征。
　　(1)建设期网站推广的特点:①这个阶段网站并没有建成发布,真正意义上的网站推广并没有开始,网站推广工作很可能被忽视;②网站推广实施操作存在一定的困难,过程控制比较复杂;③网站推广效果需要在网站发布之后得到验证。
　　(2)初发期网站推广的特点:①这个阶段网络营销的经费预算还比较富裕;②网络营销人员有较高的热情;③网站推广具有一定的盲目性;④网站推广的主要目标是扩大用户对网

站的认知程度。

(3)增长期网站推广的特点：①这个阶段网站推广方法具有一定的针对性；②网站推广方法需要进行相应的调整；③相关人员开始重视网站推广效果的管理；④网站推广的目标将由用户认知向用户认可转变。

(4)稳定期网站推广的特点：①这个阶段网站访问量增长速度减慢；②访问量增长不再是网站推广的主要目标；③网站推广的工作重点将由外向内转变，保持网站的稳定并谋求进入新的增长期。

稳定期网站推广的特点表明，网站推广是一项持续的工作，网站发展到稳定阶段并不意味着推广工作的结束，仅意味着初级推广工作达到阶段目标，是新一个推广工作周期的开始。

3.4.3 网站推广四阶段的主要任务

(1)网站规划与建设阶段：主要任务是网站总体结构、功能、服务、内容的设计方案与网站推广策略的制定；网站优化设计的贯彻实施；网站的测试和发布准备等。

(2)网站发布初期：主要任务是常规网络网站推广方法实施，尽快提升网站访问量，获得尽可能多的用户的了解。

(3)网站增长期：主要任务是常规网站推广方法效果的分析，制定和实施更有效的、针对性更强的推广方法，重视网站推广效果的管理。

(4)网站稳定期：主要任务是保持用户数量的相对稳定，加强内部运营管理和控制工作，提升品牌和综合竞争力，为网站进入下一轮增长做准备。

3.4.4 营销型网站推广技巧

网站推广的目的之一是为网站带来更大的流量，而在众多的推广方法中，几乎都发现推广后存在着网站流量变动非常大，呈现出不稳定的趋势，可能前一天的流量很高，过了一到两天网站的流量又跌到推广前的状态，这种不稳定的状态称之为流量流动。做网站推广是为了获得有效稳定的流量，让网站能够留得住用户，才能产生后续的经济效益。那么如何使网站推广发挥最大的效益，获取网站稳定的流量呢？

(1)锁定网站精准客户端。对于营销型的商务网站来说，获得精准的流量能够帮助企业节省成本，为产品带来潜在客户和目标客户。这种精准的流量能够十分明显地转化为成交率，非常有利于产品的销售。通过搜索引擎关键词或网络广告访问网站的客户通常都是非常有意向的客户，对产品有咨询和了解的欲望能促使其产生搜索和点击的动作。可以在网站关键词优化、竞价关键词和网络广告制作和投放方面需要做精心的选择和策划以获得这种访问精准的客户。

(2)编辑精炼的网站内容。网站用户主动访问网站是为了浏览网站上对其有用的内容，一个网站的内容能否让用户驻足并不是因其内容很多很广，而主要看这个网站的内容是否精炼。"精炼"在网站内容上可以理解为以下几种意思：①网站的内容都是精华，精华一部分来自于网络搜集，更大的一部分应来自于网站的原创；②网站的内容是精选某一行业或者其他几个相关行业的内容；③网站的内容是精明地利用用户的浏览心理来选定。

(3)持之以恒地进行网站基础推广工作。网站基础推广工作是指日常所进行的网站推广工作,包括软文推广、友情链接推广、论坛推广、博客推广、网摘推广、百科推广、邮件推广以及微博推广等。网站推广想要取得明显的效果需要持之以恒、坚持不懈地进行网站的基础推广工作,才能为网站带来更多的流量。

(4)适当利于搜索引擎竞价排名。网站推广如果想在短时间内达到预期效果,搜索引擎竞价排名是个不错的选择,如百度、Google 竞价排名的效果非常明显,当然都是需要付费的。竞价获得流量的质量非常高,但必须把握相关的关键字选择和设置技巧。

(5)合理运用网络广告。付费广告也是获取稳定流量的方式之一,通过购买或者与其他网站互换广告位来实现网络广告的投放,让潜在客户通过广告点击来访问企业网站,让目标客户通过网站发现其产品。选择网络广告这种形式尤其需要注意考察投放网站的访问客户群、网站流量等,这是直接影响广告投放效果的因素,也是广告投放能否为网站带来稳定流量的关键因素。

(6)交换链接。交换链接或称互惠链接,是具有一定互补优势的网站之间的简单合作形式,即分别在自己的网站上放置对方网站的 LOGO 或网站名称并设置对方网站的超级链接,使得用户可以从合作网站中发现自己的网站,达到互相推广的目。交换链接的作用主要表现在获得访问量、增加用户浏览时的印象、在搜索引擎排名中增加优势、通过合作网站的推荐增加访问者的可信度等几个方面。同时,获得其他网站的链接也就意味着获得了合作伙伴和该领域同类网站的认可,已经超出了是否可以增加访问量本身的意义。

3.5　营销型网站的专业性诊断

网站专业性诊断可以从网站规划与网站栏目结构、网站内容及网站可信度、网站功能和服务、网站优化及运营评价四个方面进行。

3.5.1　网站规划与网站栏目结构诊断

可以从以下问题入手,考查网站规划与栏目结构设计的合理性和建设的完善程度。

(1)网站建设的目标是否明确? 网站要为用户提供哪些信息和服务?

(2)网站导航是否合理? 用户通过任何一个页面是否可以回到上级页面以及回到首页?

二维码
（视频 3-2）
网站规划与栏目结构
的专业性诊断——望

(3)各个栏目之间的链接关系是否正确? 是否有一个简单清晰的网站地图?

(4)通过最多 3 次点击,是否可以从首页到达任何一个内容页面,是否可以通过任何一个页面到达站内其他任何一个网页?

(5)网站栏目是否存在过多、过少,或者层次过深等问题?

3.5.2　网站内容及网站可信度诊断

可以从以下问题入手,考查网站内容及网站可信度建设方面的完善程度。

（1）网站是否提供了用户需要的详尽信息，如产品介绍和联系方式？是否提供了产品销售信息、售后服务信息和服务承诺？

（2）网站内容是否更新及时？过期信息是否及时清理？

（3）网站首页、各栏目首页以及各个内容页面是否分别有能反映网页核心内容的网页标题？是否整个网站都用一个网页标题？

（4）网站首页、各栏目首页以及各个内容页面 HTML 代码是否有合理的 META 标签设计？

（5）公司介绍是否详细，是否有合法的证明文件？

3.5.3 网站功能和服务诊断

可以从以下问题入手，考查网站功能和服务的完善程度。

（1）网站是否可以稳定运行，访问速度是否过慢？

（2）为用户提供了哪些在线服务手段？用户关心的信息是否能在网站首页直接找到？

（3）网站是否可以体现出产品展示、产品促销、顾客服务等基本的网络营销功能？

3.5.4 网站优化及运营评价诊断

可以从以下问题入手，考查网站优化的合理性以及网站的运营状况。

（1）网站总共有多少个网页？被主流搜索引擎收录的网页数量是多少？占全部网页数量的百分比是多高？是否有大量网页未被搜索引擎收录或者在搜索结果中表现不佳？

（2）网站的PR值是多少？如果首页 PR 值低于 3，那么是什么原因造成的？是否有某些栏目页面 PR 值为 0？

（3）网站搜索引擎优化是否存在不合理的现象，是否有搜索引擎优化作弊的嫌疑？

（4）网站是否采用静态网页？如果采用动态网页技术，是否进行了合理的优化？

（5）网站对搜索引擎的友好性如何？网站首页、各栏目首页以及各个内容页面是否有合理的有效文字信息？

（6）网站访问量增长状况如何？网站访问量是否很低？是否因网站优化不佳所致？

（7）与主要竞争者比较，网站在哪些方面存在明显的问题？

本章小结

本章着重介绍了营销型企业网站的基本构成要素、网站可信度建设的影响因素与策略、营销型企业网站的优化与推广技巧、营销型网站的专业性诊断等问题。企业网站的结构、内容、功能、服务是营销型网站的四个基本构成要素，网站优化一般也围绕这四个方面展开；网

二维码
（视频 3-3）
网站内容及可信度的
专业性诊断——闻

二维码
（视频 3-4）
网站功能和服务的
专业性诊断——问

二维码
（视频 3-4）
网站优化和运营评价
诊断——切

二维码
（知识卡片 3-4）
PR 值

站可信度是影响网站访客转化为企业顾客的重要因素之一；营销型网站的生命周期一般可分为四个阶段，每个阶段网站的推广工作重点有所不同；营销型网站的专业性诊断评价可以借用类似中医的"望""闻""问""切"技能，从四个角度进行诊断评价。

复习思考题

1. 选择题(有一项或多项正确答案)

(1)完整的营销型企业网站一般都包括(　　　)几个要素。

    A. 网站结构　　　　B. 网站内容　　　　C. 网站功能　　　　D. 网站服务

(2)网站结构是指为了向用户传达企业信息所采用的(　　　)等信息的表现形式。

    A. 网站栏目设置　　　　　　　　　B. 网页布局

    C. 网站导航　　　　　　　　　　　D. URL 层次结构

(3)网站优化内容主要包括以下(　　　)几个方面。

    A. 对用户获取信息的优化　　　　　B. 对网络环境的优化

    C. 对网络营销资源的优化　　　　　D. 对网站运营维护优化

(4)网站专业性可以从以下几个方面进行诊断(　　　)。

    A. 网站内容及网站可信度诊断　　　B. 网站功能和服务诊断

    C. 网站优化及运营评价诊断　　　　D. 网站规划与网站栏目结构诊断

2. 判断正误

(1)网站优化要求增强网站的易用性和搜索引擎的友好性。(　　　)

(2)网站功能直接关系到可以采用的网络营销方法以及所获得的网络营销效果。(　　　)

(3)网站发布初期推广工作的主要任务是尽快提升网站访问量，获得尽可能多的用户的了解，制定和实施更有效的、针对性更强的推广方法。(　　　)

(4)网站推广工作一般在网站发后才进行，在网站建设规划期就开始考虑毫无意义。(　　　)

3. 简答题

(1)什么是用户浏览网页注意力的"F 现象"？

(2)营销型网站可信度的影响因素有哪些？斯坦福大学提出的网站可信性建设十大准则是什么？

(3)目前营销型网站推广的常用方法有哪些？试简要说明之。

(4)营销型网站从建设规划到稳定运行一般要经历哪几个基本阶段？每个阶段的推广工作有什么特点？

4. 讨论题

选择一个自己感兴趣的营销型网站，运用本章 3.5 节所学的有关"营销型企业网站专业性诊断"知识，对该网站的专业性进行诊断、评价，并分小组展开讨论。

二维码

(参考答案)

第 3 章选择判断题

第4章 搜索引擎营销

教学目标

➤ 熟悉常用的搜索引擎类型和搜索引擎营销方式、目标层次与一般流程；

➤ 掌握搜索引擎优化的定义、基本原则，熟悉搜索引擎优化内容；

➤ 了解搜索引擎营销效果评估方式。

 导入案例：同程艺龙的搜索关键词营销

同程艺龙是于2017年由艺龙旅行网与同程网络合并而成的一家在线旅行服务公司，依靠网站和呼叫中心为会员提供旅游资讯及预订等一站式服务，其业务范围覆盖全球酒店及机票预订、休闲度假产品、特约商户、集团差旅等服务。

经过多年来的经验沉淀，同程艺龙公司逐渐摸索出了适合自身的搜索引擎策略：选择关键词采取竞价排名与搜索引擎优化推广两者相结合的方式进行，对竞标价格在承受范围内的关键词，如"北京酒店"、"香格里拉酒店"等，采用竞价排名广告形式；而对价格较贵的关键词，如通用类关键词"旅游"、"酒店"等，则采用搜索引擎优化进行推广。同时，同程艺龙公司将搜索引擎不仅仅看作一种广告方式，而是从建立企业品牌的角度去考虑相关问题。公司选择关键词的具体方式如下：

（1）选择相关的关键词。同程艺龙公司选择的是与自己的产品或服务相关的关键词，如"北京酒店"、"香格里拉酒店"等。对于相关热门核心词，通过艺龙自有竞价系统竞价，修改竞价系统的参数，将关键词对应广告维持在可承受出价的广告位置。

（2）选择具体业务的关键词。在挑选关键词时还有一点要注意，就是避免拿含义宽泛的一般性词语作为主打的关键词，而是要根据业务或产品的种类，尽可能选取具体的词。如艺龙公司曾经选择很广泛的关键词"酒店"、"旅游"、"机票"，结果发现这类关键词的搜索量非常大，但转化率却极低。分析用户的行为习惯，会发现用户在寻找信息时，更会从具体的词开始，如"北京酒店"、"上海打折机票"等。这类具体的关键词，不仅竞争商家相对少一些，价格可以更低，而且对用户的感受也更好，因为用户会觉得这是其直接需要的信息。

（3）选择品牌类关键词。公司刚开始做搜索引擎营销时，只选择产品属性类关键词。在后面的跟踪分析中，发现很多用户对艺龙或同程品牌有一定认识，寻找信息时可能会直接找艺龙或同程，而这些用户不一定都知道同程艺龙网站的地址，于是可能会通过搜索引擎寻找艺龙或同程的相关信息。搜索引擎营销时应该考虑这部分用户的需求。因此，除了属性类关键词,还应考虑品牌类关键词。所以同程艺龙公司在选择搜索引擎关键词时,还包含了"e龙""e龙旅行网""e龙酒店""同程""同程酒店"等品牌类关键词。

(4)选择错拼词。在品牌类关键词的选择中,需要考虑一些用户可能会错拼的词,这种错拼来自于用户对艺龙品牌的不确定。因为用户很可能是从线下的某个广告或者朋友推荐知道了艺龙,在其搜索信息时不一定知道准确的艺龙公司品牌名字,而且即使知道也因输入习惯不同会有不同的输入方式,如中英文的不同或同音字的不同等。在实际中监测到的用户在寻找艺龙旅行网时产生的输入有"e龙网"、"e龙机票"、"易龙网"、"艺龙"、"e-long"、"同乘"等。所以应全面收集这些用户可能会考虑的关键词,而且这些词会非常便宜,因为不会有别的公司去竞争购买。

(5)选择组合型关键词。同程艺龙公司十分注意对组合型关键词的选择,如"打折北京酒店"、"特价北京机票"等。这样淘来的客户是有一定价格敏感度的用户,会更渴望像同程艺龙这样的提供低价酒店和机票的信息。当用户在搜索这类信息时能找到同程艺龙,时间长了搜索到同程艺龙的人多了,知名度就会逐渐提高。当知名度提高到一定程度时,消费者就会目的明确地缩小搜索范围搜索这类信息,以便更快速准确地找到相应的站点,例如把公司和产品的名字一同作为搜索的关键词,也可能把公司名字和其提供的服务连在一起。(资料来源:sem.baidu.com/award,编者有删改)

 点评:分析目标用户行为并重视搜索引擎对品牌的影响

对于同程艺龙公司来说,搜索引擎营销是一种有效获取新用户的营销方式。从同程艺龙公司搜索引擎营销的案例中,可以得到如下启示:

(1)不仅将搜索引擎看作是广告发布的渠道,还应重视搜索引擎对品牌的影响;选择竞价排名的付费搜索引擎付费方式,并同时重视对搜索引擎的优化。

(2)要分析目标用户行为,在关键词的选择上要注意品牌类关键词、错拼词、相关联的关键词和组合关键词,用更多便宜的长尾词,去平衡竞争激烈的热门词的成本;从搜索引擎上可发现竞争对手,在广告语上应注意产品和服务的差异化和排名优势。

(3)不要用那些靠毫不相干的热门关键词吸引更多访问量的宣传,那样做不仅会浪费金钱,还会让消费者对产品感到模糊。例如,如果同程艺龙公司选择热门的"游戏""5G"等关键词,虽然可能带来更大的流量,但这并不是要求旅游类服务的目标用户人群,其点击只会带来浪费。

(4)对于经济状况能够负担竞价排名开销的公司,竞价排名广告可以作为首选;对于广告预算比较受限的公司,则可把搜索引擎优化作为搜索引擎营销的首选。另外,可采用两种推广方式的有机结合。竞价排名广告具有见效快,效果稳定的优势,但如果只用竞价排名广告进行推广,则会减少利润空间。搜索引擎优化虽不如竞价排名广告见效快,但从长远来看,它却具有投资回报高的优势,两者的有机结合可取长补短,有效降低广告成本。

搜索引擎营销(Search Engine Marketing,SEM)是根据人们使用搜索引擎的行为方式,利用其检索信息的机会尽可能地将营销信息传递给目标用户。广义的搜索引擎营销,泛指基于搜索引擎平台的一切网络营销活动、过程和结果,包括搜索引擎优化等为开展搜索引擎营销所提供的相关辅助服务。搜索引擎营销的核心思想是利用人们对搜索引擎的依赖和使用习惯,基于网站的有效文字信息进行推广。因此,搜索引擎营销的前提是网页内容可以被搜索引擎检索并成为其可见网页。

4.1 搜索引擎的主要类型

搜索引擎按其工作原理可分为三种类型,即全文索引类搜索引擎、目录索引类搜索引擎和元搜索引擎。

4.1.1 全文搜索引擎

二维码
(视频 4-1)
全文搜索引擎的
基本工作原理

全文搜索引擎(Full Text Search Engine)从互联网上提取各个网站的信息(以网页文字为主)建立起数据库,并能检索与用户查询条件相匹配的记录,按一定排列顺序返回结果,向用户提供查询服务。人们通常所说的搜索引擎习惯上就是指全文搜索引擎,这类搜索引擎能收集因特网上几千万到几亿个数量不等的网页,并且每个网页上的每一个词都会被搜索引擎所收录,也就是全文检索。典型的全文搜索引擎国内有百度、搜狗、360 搜索等,国外有 Google、Altavista(2013 年关闭)、Inktomi(2003 年被雅虎收购)、Infoseek(1998 年转型为门户网站)等。

全文搜索引擎的自动信息搜集功能一般通过定期搜索和提交网站搜索这两种方式实现。

1. 定期搜索

定期搜索即每隔一段时间(比如 Google 一般是 28 天),搜索引擎定期主动派出"蜘蛛"程序,对一定 IP 地址范围内的网站进行检索,一旦发现新的网站,它会自动提取网站的信息和网址加入自建的数据库。

2. 提交网站搜索

提交网站搜索即由网站所有者主动向搜索引擎提交网址,然后搜索引擎在一定时间内(2 天到数月不等)专门向该网站派出"蜘蛛"程序,扫描并将有关信息存入自建数据库,以备用户查询。

当用户使用搜索服务时,全文搜索引擎会在其自建的数据库中搜寻用户输入的关键词,如果找到与用户要求内容相符的网站,便采用特殊的算法(通常根据网页中关键词的匹配程度,出现的位置或频次,链接质量等)计算出各网页的相关度及排名等级,然后根据关联程度高低,按顺序将这些网页链接制成索引返回给用户。

需要说明的是,由于近年来搜索引擎索引规则发生了很大变化,主动提交网址并不一定能保证网站可以进入搜索引擎数据库,因此最好的办法是多获得一些外部链接,让搜索引擎有更多机会找到指定网站并自动将其收录。

4.1.2 目录索引搜索引擎

目录索引搜索引擎(Index/Directory Search Engine),顾名思义就是将网站分门别类地存放在相应的目录中,用户在查询信息时,可以选择关键词搜索,也可以按分类目录逐层查找。如果以关键词搜索,返回的结果与全文搜索引擎类似,也是根据信息关联程度排列网站,只不过其中人为因素要多一些。如果按分层目录查找,某一目录中网站的排名则是由标题字母的先后顺序决定(也有例外)。目录索引中代表性的有 Yahoo、新浪分类目录搜索。

目录索引类搜索引擎虽然有搜索功能,但严格意义上不能称为真正的搜索引擎,只是按目录分类的网站链接列表而已。用户完全可以按照分类目录找到所需要的信息,不依靠关键字进行查询。

目录索引与全文搜索引擎的主要区别:其一,全文搜索引擎是按一定的收录规则,由计算机程序自动完成网站检索;目录索引则完全依赖手工操作,用户提交网站后,目录编辑人员会根据一套自定评判标准或主观印象,决定是否接纳该网站。其二,全文搜索引擎收录网站时,只要网站本身没有违反有关的规则,一般都能登录成功;而目录索引对网站的要求则高得多,有时即使登录多次也不一定成功。其三,在登录全文搜索引擎时,一般不用考虑网站的分类问题;而登录目录索引时则必须将网站放在一个最合适的目录中。其四,搜索引擎中各网站的有关信息都是从用户网页中自动提取的,所以从用户角度看拥有更多的自主权;而目录索引则要求必须手工另外填写网站信息,而且还有各种各样的限制,如果工作人员认为所提交网站的目录、网站信息不合适,可以随时对其进行调整。

目前,全文搜索引擎与目录索引有相互融合渗透的趋势,原来一些纯粹的全文搜索引擎现在也提供目录搜索,而一些老牌目录索引则通过与知名搜索引擎合作扩大搜索范围。

4.1.3　元搜索引擎

元搜索引擎(Metasearch Engine)是通过调用其他搜索引擎来实现搜索的一种网络检索工具。元搜索引擎一般没有自己独立的数据库,在接受用户查询请求后,会同时在多个搜索引擎上搜索,通过对多个独立搜索引擎的整合、调用、控制和优化,将所有检索结果按某种策略集中起来以统一的格式返回给用户。

元搜索引擎通过一个统一界面,帮助用户选择和利用合适的搜索引擎来实现检索操作。国外著名的元搜索引擎有 InfoSpace、Dogpile、Vivisimo 等;国内常见的元搜索引擎有 360 综合搜索等。在搜索结果排列方面,有的直接按来源排列搜索结果,如 Dogpile;有的则按自定的规则将结果重新排列组合,如 Vivisimo 等。

4.2　搜索引擎营销的常用方式

常用的搜索引擎营销方式主要包括竞价排名、关键词广告、分类目录登录、搜索引擎登录、搜索引擎优化、网页内容定位广告、付费搜索引擎广告、地址栏搜索广告等。

4.2.1　竞价排名

竞价排名(Bidding Ranking)是按付费最高者排名靠前的原则,对购买了同一关键词的网站进行排名的一种搜索引擎关键词广告形式。竞价排名服务一般由客户为自己的网页购买关键字排名,按点击计费,具体实现方式是:以用户在检索结果中点击某广告信息的次数为计费标准,而广告信息在检索结果中的排名先后则取决于广告主愿意为此付出的单次点击费用的高低,为每次点击支付价格最高的广告会排在第一位,然后依次排列。搜索引擎将根据统计的用户点击该广告的次数来向广告主收取广告费用。当然,若网络用户没有点击某广告,即使该广告排在第一位也不收取任何费用。

客户可以通过调整每次点击付费价格,控制其在特定关键字搜索结果中的排名,并可以通过设定不同的关键词捕捉到不同类型的目标访问者。目前最流行的点击付费搜索引擎主要有百度等。竞价排名按点击收费的方式,使其可以方便地对用户的点击情况进行统计分析,也可以随时更换关键词以增强营销效果。

4.2.2 关键词广告

关键词广告(Keyword ads)也称"关键词检索",简单来说就是一种在搜索引擎的搜索结果中发布广告的方式,与一般网络广告不同之处仅仅在于,关键词广告出现的位置不是固定在某些页面,而是当有用户检索到广告方所购买的关键词时,才会出现在搜索结果页面的显著位置。购买关键词广告在搜索结果页面显示广告内容,实现高级定位投放,用户可以根据需要更换关键词,相当于在不同页面轮换投放广告。

不同搜索引擎有不同的关键词广告显示,有的搜索引擎让付费关键词检索结果出现在搜索结果列表最前面,也有的让其出现在搜索结果页面的专用位置。由于关键词广告具有较高的定位程度,可以随时修改有关信息,具有合理的收费模式等,因而已成为搜索引擎营销的常用形式。

4.2.3 分类目录登录

分类目录登录包括免费和收费两种形式。免费登录分类目录是最传统的网站推广手段,目前只有少数搜索引擎可以免费登录,已经逐步退出网络营销舞台。收费登录分类目录则需要网站缴纳费用之后才可以获得被搜索引擎收录的资格和一些固定排名服务。

随着搜索引擎收录网站和网页数量的增加,用户通过分类目录检索信息的难度也在加大,同时由于大量信息没有登录到搜索引擎,也使得一些有价值的信息无法被检索到。这种情况意味着分类目录型搜索引擎营销效果在不断降低,即使付费登录也避免不了这种状况。

4.2.4 搜索引擎优化

目前较为流行的搜索引擎优化(SEO)方式是搜索引擎定位(Search Engine Positioning)和搜索引擎排名(Search Engine Ranking),主要目的是增加特定关键词的曝光率以增加网站的能见度,进而增加销售的机会。搜索引擎优化分为站外 SEO 和站内 SEO 两种,有关搜索引擎优化的详细内容请参阅本书 4.4 节。

4.2.5 网页内容定位广告

网页内容定位广告(Content-Targeted Advertising)是搜索引擎营销模式的进一步延伸,广告载体不仅仅是搜索引擎的搜索结果网页,也延伸到这种服务的合作伙伴的网页。

4.2.6 地址栏搜索广告

地址栏搜索广告是指广告客户将其公司名、产品名注册为网络实名,用户输入这些实名就可以直达相关网站,从而实现营销。利用地址栏搜索广告,用户无须记忆复杂的域名,直接在浏览器地址栏中输入中文名字,就能直达企业网站或者找到企业或产品信息,为企业带来更多的商业机会。地址栏搜索广告有很强的目标针对性,主要是为了抓住对企业已有一定知晓度的受众。因此,投放这类广告,若仅仅选择太过宽泛的关键词,效果可能不一定理想。

从发展趋势来看,搜索引擎在网络营销中处于十分重要的地位,受到越来越多企业的认可。同时,搜索引擎营销的方式也在不断发展演变,因此应根据环境的变化选择搜索引擎营销的合适方式。

4.3 搜索引擎营销的目标层次与一般流程

4.3.1 搜索引擎营销的目标层次

搜索引擎营销追求高性价比,即以最小的投入,获得最大的来自搜索引擎的访问量,并产生商业价值。搜索引擎营销在不同阶段具有不同的目标,其最终的目标是将浏览者转化为真正的顾客,实现销售收入的增加。搜索引擎营销的目标一般可分为四个层次,即存在层、表现层、关注层和转化层,这四个层次从下到上目标依次提高,其中存在层是实现搜索引擎营销其他目标的基础(如图 4-1 所示)。

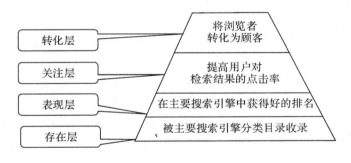

图 4-1　搜索引擎营销的目标层次

第一层:存在层。存在层的含义就是增加网页的搜索引擎可见性。因此,存在层的目标就是让网站中尽可能多的网页获得被主流搜索引擎或分类目录收录的机会。存在层是搜索引擎营销的基础,离开这个层次,搜索引擎营销的其他目标也不可能实现。

第二层:表现层。表现层的目标是在被搜索引擎收录的基础上尽可能获得好的排名,即在搜索结果中有良好的表现。因为用户关心的只是搜索结果中靠前的少量内容,如果利用主要的关键词检索时网站在搜索结果中的排名靠后,那么就有必要利用关键词广告、竞价广告等形式作为补充手段来实现这一目标。同样,如果在分类目录中的位置不理想,则需要同时考虑在分类目录中利用付费等方式获得排名靠前。

第三层:关注层。关注层的目标直接表现为网站访问量指标方面,也就是通过搜索结果点击率的增加来达到提高网站访问量的目的。由于只有受到用户关注、经过用户选择后的信息才可能被点击,仅仅做到被搜索引擎收录并且在搜索结果中排名靠前并不一定能增加用户的点击率,更不能保证将访问者转化为顾客。因此,要通过搜索引擎营销实现访问量增加的目标,需要从整体上进行网站优化设计,并充分利用关键词广告等搜索引擎营销方式。

第四层:转化层。转化层是前述三个目标层次的进一步提升,是各种搜索引擎营销方式所产生效果的集中体现,其目标是将访问量的增加转化为企业最终收益的提高。从访问量转化为收益是由网站功能、服务、产品等多种因素共同作用所决定的,因此转化层的目标在搜索引擎营销中属于战略层次的目标,其他三个层次的目标则属于策略范畴。

4.3.2 搜索引擎营销信息传递的一般流程

搜索引擎实现营销信息传递的基本过程:首先,企业将信息发布在网站上成为以网页形式存在的信息源,并使网站或网页信息能被搜索引擎收录到索引数据库;然后,用户利用关键词或分类目录进行检索,搜索引擎则在检索结果中罗列相关的索引信息及其链接 URL;最后,用户根据对检索结果的判断选择有兴趣的信息并点击 URL 进入信息源所在网页,完成企业从发布信息到用户获取信息的全过程。具体流程可按以下步骤进行:

(1)构造适合于搜索引擎检索的信息源。信息源通常是指企业网站中的各种信息,但适合搜索引擎检索的信息源必须短小精悍、言简意赅,方便在检索结果中展现并能引起用户兴趣。由于用户通过检索后要访问信息源获取更多信息,因此信息源的构建不能只是站在搜索引擎友好的角度,应该包含用户友好。

(2)创造网站或网页被搜索引擎收录的机会。网站建设完成并发布到互联网上,这并不意味着就能自然达到搜索引擎营销的目的。无论网站设计多么精美,如果不能被搜索引擎收录,用户便无法通过搜索引擎发现这些网站中的信息,当然就不能实现营销信息传递的目的。因此,让尽可能多的网页被搜索引擎收录是网络营销的一项基本任务,也是搜索引擎营销的基本步骤。

(3)让企业信息出现在搜索结果中靠前位置。网站或网页仅仅被搜索引擎收录还不够,还需要让企业信息出现在搜索结果中靠前的位置,这也是搜索引擎优化所期望的结果。因为搜索引擎收录的信息很多,当用户输入某个关键词检索时通常都会反馈大量结果,如果企业信息出现的位置靠后,被用户发现的机会就大大降低,搜索引擎营销的效果也就无法保证。

(4)以搜索结果中有限的信息获得用户关注。由于搜索引擎检索反馈大量的结果,用户通常并不能点击浏览检索结果中的所有信息,需要进行判断从中筛选一些相关性较强,能引起用户关注的信息进行点击,然后进入相应网页获得更为完整的信息。因此,需要针对每个搜索引擎收集信息的特点,尽量通过检索结果中有限的信息引起用户关注。

(5)用户通过点击搜索结果而进入网站或网页。用户通过点击搜索结果而进入网站或网页,是搜索引擎营销产生效果的基本表现,用户的进一步行为决定了搜索引擎营销是否可以最终获得收益。在此阶段,在为用户获取信息提供方便的同时,应与用户建立密切关系,促使其成为潜在顾客或者直接购买产品。

4.4　搜索引擎优化

企业网站是搜索引擎营销的基础,对于搜索引擎营销的效果具有很大影响。但有时由于网站设计本身的严重问题导致其不能被搜索引擎检索,或者网站虽然可以被检索但反馈信息对用户没有吸引力,或者用户检索反馈的信息与点击后看到的内容可能不一致等,此时就必须进行搜索引擎优化。

4.4.1　搜索引擎优化的定义

搜索引擎优化(Search Engine Optimization,SEO)是网站优化的组成部分,是通过对网站栏目结构、网站内容、网站功能和服务、网页布局等网站基本要素的合理设计,使得用户能更加方便地通过搜索引擎获取有效信息。搜索引擎优化注重网站内部基本要素的合理化设计,为用户获取信息和服务提供方便,并非仅仅只考虑搜索引擎的排名规则。

二维码
（视频 4-2）
搜索引擎优化的含义

搜索引擎优化一般根据搜索引擎抓取网站面页、对特定关键词检索结果排名等算法的特点,尽量创造条件让网站的各项基本要素符合搜索引擎的检索规则,使网站有尽可能多的网页被搜索引擎收录,并在搜索引擎自然检索结果中排名靠前,从而提高网站访问量,最终达到网站推广、提升网站销售能力等营销目的。搜索引擎优化是网站建设专业水平的自然体现,通常采用白帽技术实现。

4.4.2　搜索引擎优化对网络营销的价值

搜索引擎优化对网络营销的价值主要体现在以下方面:

(1)提高网站访问量。搜索引擎优化后,网站通过搜索引擎自然检索获得的用户访问量会显著提高(通常提高幅度可能超过80%)。

二维码
（知识卡片 4-1）
白帽技术

(2)增加网站的曝光率。对网页内容的优化,能使用户通过搜索结果中有限的摘要信息感知网站,这也是网络品牌创建的内容和方法之一。

(3)帮助用户获取有价值的信息和服务。当用户通过搜索引擎检索结果信息的引导来到网站之后,可以获得有价值的信息和服务。

(4)增强企业竞争力并促进用户转化。搜索引擎优化可以对竞争者施加营销壁垒,并对提高用户转化率提供最大的支持。

搜索引擎优化的最高境界是忘记搜索引擎优化,让每个网页都带来潜在顾客。

4.4.3　搜索引擎优化的原则

(1)坚持用户导向。要始终坚持用户导向的网站优化思想,原创高质量的营销信息,丰富网站内容。

（2）尊重建站指南和专家建议。要按照搜索引擎给网站管理员的建站指南行事,听取那些愿意分享搜索引擎优化专业知识的专家提供的搜索引擎优化建议。

（3）杜绝优化作弊行为。不要在网页中夹带隐藏文本,不要与违规网站链接,否则网站很可能会被搜索引擎认定为优化作弊而被永久性删除;不要过度运用内部链接和锚文本链接;不要大量复制拷贝其他网站内容,这样不仅侵犯他人的著作权,也影响自己网站的形象。

（4）不要随意进行搜索引擎优化。搜索引擎优化要在充分准备的基础上进行,不要自行随意对网站进行搜索引擎优化,除非确信自己100%明确搜索引擎优化的专业知识和优化步骤及优化技巧。

4.4.4 搜索引擎优化的基本内容

搜索引擎优化的内容可归纳为以下方面:网站栏目结构和导航系统优化、网站内容优化、网页布局的优化、网站链接策略等其他问题的搜索引擎优化。

（1）网站栏目结构和导航系统优化。网站结构优化需要考虑以下问题:从搜索引擎优化的角度看,什么样的网站结构是合理的？网站结构要素优化对用户获取信息有哪些影响？合理的网站栏目结构的主要表现:①通过主页可以到达任何一个一级栏目首页、二级栏目首页以及最终内容页面;②通过任何一个网页可以返回上一级栏目页面并逐级返回主页;③通过任何一个网页可以进入任何一个一级栏目首页;④通过网站首页一次点击可以直接到达某些最重要内容网页(如核心产品、用户帮助、网站介绍等);⑤通过任何一个网页经过最多3次点击可以进入任何一个内容页面。主栏目清晰并且全站统一,有一个表明了站内各个栏目和页面链接关系的网站地图,每个页面有一个辅助导航。另外,如果产品类别或信息类别较多,设计一个专门的分类目录也是必要的。

（2）网站内容的优化。网站内容优化包括网页标题、META标签设计、网页正文内容的优化等。

网站内容优化的主要指标:每个网页都有独立的、概要描述网页主体内容的网页标题;每个网页都应该有独立的反映网页内容的META标签(关键词和网页描述);每个网页标题应该含有有效关键词;每个网页主体内容应该含有适量的有效关键词文本信息;对某些重要关键词应保持其在网页中相对稳定。

营销型网站网页标题设计的常见问题:第一,大多数网页没有独立的标题;第二,网页标题设计不包含有效关键词;第三,网页标题与网页主体内容的相关性不高,表现为通用网页标题无法保证网页标题与每个网页内容都具有相关性,或者过于"优化"网页标题包含大量"重要关键词",造成网页标题臃肿而且与网页正文内容相关性不好。

网页标题设计的一般原则:其一,网页标题不宜过短或者过长,一般来说6～10个汉字比较理想,最好不要超过30个汉字;其二,网页标题应概括网页的核心内容;其三,网页标题中应含有丰富的关键词。

（3）网页布局优化。网页布局的搜索引擎优化包括网页格式和网页URL层次等方面,需要从用户和搜索引擎两个角度来考虑。有些动态网页无法被搜索引擎检索,为此,应采取"静动结合"的策略,即尽可能采用静态网页,将动态发布的信息转化为静态网页。但采用静态网页格式只是有助于搜索引擎索引信息,并不意味着只要是静态网页就一定会被搜索引擎收录,其是否会被收录还取决于网页中文字信息和网页的链接关系等因素。因此,动态网页若希望被搜索引擎收录,还需要增加该网页 URL 被连接的机会,这种链接可以是在自建网站上,也可以是在其他网站上。

营销型网站网页布局的一般原则:①最重要的信息要出现在最显著的位置。②希望搜索引擎抓取的网页摘要信息出现在页面最高的位置。③网页最高位置的重要信息以及首页滚动更新的信息宜保持相对稳定,以便搜索引擎抓取信息。④一些重要信息的位置安排和表现形式应考虑用户浏览网页注意力呈"F 现象"等访问习惯。

二维码
(知识卡片 4-2)
URL

网页 URL 层次的搜索引擎优化原则:①网站首页必须保证把 index 文件放在根目录下;②一级栏目首页的网页 URL 最好不超过两个层次;③详细信息页面(例如企业信息和产品)最好不超过 4 个层次。

(4)网站链接策略的优化。由于 Google、百度等技术型搜索引擎把一个网站被其他相关网站链接的数量作为评估网站级别的因素之一,因而在搜索引擎优化中需要适当考虑网站链接。增加链接广度不仅是为了搜索引擎优化,同时也是网站推广的常用方法。但要注意搜索引擎并不把链接广度作为考察被外部网站链接的唯一因素,它同时还要考察外部链接网站的质量。因此,搜索引擎优化时网站内容的相关性是最重要的因素,网站链接处于次要地位。

4.4.5　搜索引擎优化中的作弊问题

什么是搜索引擎优化作弊? 搜索引擎优化作弊是指为达到增加网站收录、权重和排名靠前等目的,利用搜索引擎的算法漏洞而采取的欺骗性优化手段。例如,通过攻击搜索引擎的某个主要因素来确定具体关键词的排名。由于技术型搜索引擎在网站排名过程中完全由蜘蛛程序自动完成,未有人工参与,为那些针对排名原理而采用欺骗蜘蛛程序的手段提供了成功的可能性。搜索引擎优化作弊也有内部与外部之分,外部作弊多以链接建设为主,内部作弊主要指的是关键词堆砌、镜像网站、跳转页和重定向等黑帽技术。

1. 搜索引擎优化中的常见作弊行为

许多企业为了提升企业网站在搜索引擎的排名,往往会进行搜索引擎优化,但有些却在无意间做了被搜索引擎认为是"优化作弊"的行为,当然也有些企业是有意为之。因此,企业在进行搜索引擎优化的时候,首先要对搜索引擎优化作弊行为有个清晰的认识。以下是一些常见的搜索引擎优化作弊行为:

二维码
(知识卡片 4-3)
黑帽技术

(1)隐藏文本或隐藏链接。即网页专为搜索引擎所设计,但普通访问者无法看到的文本内容或链接。在形形色色的隐藏技术中,最常见的就是把文本或链接文字的字体颜色设置为与背景色相同或十分接近,或通过样式表把文字放在不可见层上面等。隐藏文本内容意欲在不影响网站美观的前提下通过包含大量关键词的网页提高关键词相关性得分,有的关键词与网站内容无关但很热门,只是希望网页能在这些热门关键词下得到好的排名和流量,从而达到改善搜索引擎排名的目的;隐藏链接意欲在不影响网站美观的前提下通过在其他页面添加指向目标优化页的隐形链接,通过提升链接得分而改善搜索引擎排名。现在大多数搜索引擎都能检测隐藏技术并视为作弊,因而包含隐含文本的网页将会面临被搜索引擎降低排名甚至删除列表的惩罚。

(2)网页与搜索引擎描述不符。这种情况一般发生于先向搜索引擎提交一个网站,等该网站被收录后再以其他页面替换该网站。例如,创建一个优化页和一个普通页,然后把优化页提交给搜索引擎,当优化页被搜索引擎收录后再以普通页取而代之。

(3)误导性或重复性关键词。误导性关键词(Misleading Words),即在页面中使用与该网页毫不相干的关键词来误导查询该主题的访问者访问网站。这种做法严重影响了搜索引擎所提供结果的相关性和客观性,为搜索引擎所深恶痛绝。重复性关键词(Repeated Words)也被称为关键词堆砌欺骗(Keyword Stuffing),它利用搜索引擎对网页正文和标题中关键词的高度关注来对关键词进行不合理的(过度)重复以提高关键词密度,从而提高网页针对关键词的相关度。类似的其他做法还包括在 HTML 元标识中大量堆砌关键字或使用多个关键字元标识来提高关键词的相关性。随着搜索引擎算法的改进,关键词密度已经不是一个重要的因素,这种作弊手法很容易被搜索引擎察觉并受到相应惩罚,只能给网站带来麻烦。

(4)隐形页面。即对实际访问者或搜索引擎任一方隐藏真实网站内容,向搜索引擎提供非真实的搜索引擎友好的内容以提升排名。这种作弊方式一般使用程序或脚本来检测来访者是搜索引擎还是普通用户,如果是搜索引擎,网页就返回经过优化的网页版本;如果来访的是普通用户,则返回另一个版本,通常用户无法发现。检测某网页是否为隐形页面的方法是,看一下这个网页的快照。

(5)欺骗性重定向。指把用户访问的第一个页面(着陆页)迅速重定向至一个内容完全不同的页面。"鬼域(Shadow Domain)"是最常见的欺骗性重定向技术,通过欺骗性重定向使用户访问另外一个网站或页面,一般利用 HTML 刷新标识来实现。还有一种情况就是当用户打开某个网站,该网站声称其网站已移至新域名下,并请用户点击新域名链接进入网站,但当用户进去后发现这个链接是一个"会员"链接,这也属欺骗性重定向行为。

(6)门页或桥页。通常是用软件自动生成大量包含关键词的网页,或对某一关键词专门制作一个优化的页面,然后从这些网页做自动链接指向或重定向到目标页面。有时候为动态页面建立静态入口,或为不同的关键词建立不同网页也会用到类似方法,但与桥页有本质的不同。动态页面的静态入口是按网站实际内容所需而建立的,包含访问者所需要的内容;而桥页本身无实际内容,只针对搜索引擎作了一堆充斥关键词的链接而已,大部分情况下这些桥页都是由软件生成的杂乱无章的文字。

(7)复制的站点或网页。最常见的当属镜像站点,即通过复制网站或网页的内容并分配以不同域名和服务器,以此欺骗搜索引擎对同一站点或同一页面进行多次索引。现在大多数搜索引擎都提供有能够检测镜像站点的过滤系统,一旦发觉镜像站点,则源站点和镜像站点都会被从索引数据库中删除。

(8)作弊链接技术或恶意链接。典型的作弊链接方式包括链接工厂(link farms)、大宗链接交换程序(bulk link exchange programs)、交叉链接(Cross Link)等。链接工厂亦称"大量链接机制",指由大量网页交叉链接而构成的一个网络系统。这些网页可能来自同一个域或多个不同的域,甚至可能来自不同的服务器。一个站点加入这样一个"链接工厂"后,一方面它可得到来自该系统中所有网页的链接,同时作为交换它需要"奉献"自身的链接,借此提升链接得分而达到干预链接得分的目的。如今搜索引擎已能很容易地发现这类作弊方式,而且只要发现不管有意还是无意,"链接工厂"中的所有站点都将受到搜索引擎的处罚。

(9)日志欺骗行为。通过对一些页面等级较高的站点进行大量的虚假点击以求名列这些站点的最高引用者日志中,从而获得它们的导入链接。

(10)购买的链接。虽然在其他网站买广告是很正常的一件事,但有的时候如果所购买的广告链接纯粹是为了提高网页级别或为了操纵搜索引擎排名的话,也会被当作作弊手段。目前怎样区别正常广告和作弊手段之间的界限很模糊,但如果网站被认为是通过购买链接来作弊,也没办法去和搜索引擎争辩。

2. 搜索引擎优化作弊的后果

优化作弊会导致后期网站有可能被搜索引擎严厉惩罚。一旦被搜索引擎认定网站有作弊行为,一般将会受到以下两种惩罚:

(1)网站被降级。即原来好的排名大部分会下降,搜索引擎收录网站的页面也会减少。

(2)网站被封杀。一旦网站被某个搜索引擎封杀,将意味着这个网站彻底从这个搜索引擎中消失。想重新恢复收录,除了要去除所有的作弊手段外,还需要漫长的等待。

【微型案例 4-1】据媒体报道,2006 年 2 月初德国著名汽车制造商宝马公司的德国网站 BMW. de 已从 Google 的搜索索引中"消失",用户键入"BMW Germany"的搜索后,BMW. de 并未出现在查询结果中。业界人士分析认为,导致此现象的原因可能是宝马使用了提升搜索排名的"门页(doorway pages)"搜索引擎优化技术。后来,德国宝马网站及时清理了被搜索引擎认为是作弊的内容,并积极与 Google 进行沟通,经多方努力大费周折,最后终于幸运地恢复了网站在搜索引擎中的正常地位。

总的来说,企业网站搜索引擎优化作弊的后果是不可设想的,因为一旦网站被删除之后就很难获得收录机会,或者在更改错误后要经历至少几个月的等待时间,这会对企业的品牌形象建设造成巨大的损害,降低企业的品牌号召力。因此,企业在重视搜索引擎优化的同时,也要注意避免片面追求网站排名而进行搜索引擎作弊的行为。

4.5　搜索引擎营销效果评估

搜索引擎营销是目前网络营销应用最为广泛的领域,其整体投资回报高低由多方面因素推动,在对其营销效果评估时,目前业界集中关注的因素包括搜索排名、网站流量、点击率、点击成本、点击欺诈率等,因而相应地出现了多种评估模式。应该说,单纯地考量某一方面都无法有效地解释搜索引擎营销的效果。

4.5.1　基于网站流量的评估方式

按照网站从某搜索引擎中所获取流量的多寡来评估网站在该搜索引擎中的营销效果,是较为常用的方式。以流量来评价一个网站的优劣,出现在互联网商业化的早期——"注意力经济"阶段,这个阶段的网站需要以流量作为吸引风险投资的依据,而且在当时的技术条件下也没有更加合理有效的手段来评测流量的价值。

在影响网站流量的诸多因素中,搜索排名是目前研究人员关注的主要方向之一。Atlas就搜索引擎排名对网站流量的影响曾提出了一种算法,该算法认为印象和点入率(CTR)是当用户决定搜索某一关键词时影响网站流量的两大因素。要产生一个印象需要当广告作为搜索结果的一部分出现时才被记数,印象的数量基于竞价关键词被搜索的次数和该广告在该关键词下的排列位置。

点击率的测算公式是:点击率=点击数/印象数;也可按以下公式(1)、(2)从统计方差上进行分析。

$$\sigma^2 = \frac{\sum_{i=1}^{n}(x_i - \overline{x})^2}{n} \tag{1}$$

$$\sigma = \sqrt{\frac{\sum_{i=1}^{n}(x_i - \overline{x})^2}{n}} \tag{2}$$

应用该算法模型还可以测算排名的变化对实际转化成本的影响。

假设当前广告在某一关键词下排在第 2 位,获得的点击数为 10000,并有 200 个转化;当排名第 3 时,点击次数为 7943 次,转化次数为 131 次。同时,假设排名第 2 和排名第 3 的竞价分别为每次点击 1 元和 0.9 元,根据计算当排名第 2 时,每次转化的成本为 50 元(10,000×1 元/200),当排名第 3 时,每转化一次的成本达到了 54.57 元(7943×1 元/131),比排名第 2 时增加了 4.57 元。该研究方法采用的是一种从相对价格角度观察的视角,实际的竞价中也不会仅仅维持在 1 元左右。按照这一算法模型,关键词价格的上涨将使排名的影响突显出来。

以流量来评价搜索引擎营销效果的最大局限在于:没有区分流量的类型和有效性。所以,该模型并不能认为可以被用来作为评测搜索引擎营销效果的模型,至多可以作为企业进行关键词竞价的策略依据。

4.5.2　基于营销效果的评估方式

这里的营销效果指的是由于采取了搜索引擎作为营销工具所直接或间接产生的各种结果,如流量的增加、品牌的加强、用户粘性的增强等。应该说,基于效果的评估方式包含基于流量的方式,但更加注重这些流量所带来的综合效应。

目前搜索引擎广告还是以文字为主,更多以用户意图为指向,将用户带往目标页面。那么,搜索引擎广告是如何吸引用户点击的呢?由于通用搜索引擎的自然搜索结果与赞助商广告是同时显示的,搜索用户通常会被划分为从不点击检索结果右侧广告、偶尔点击检索结果右侧广告及经常点击检索结果右侧广告等几种类型。据相关调查显示,经常点击检索结果右侧赞助商广告的被调查者一般对搜索引擎的搜索技巧具有一定程度的了解,往往具有相当程度的互联网操作能力,有时也表现出一些希望参与实际网上购物的意向;偶尔点击的用户往往是因为在某次查询中,因在搜索结果中无法找到相关进行在线交易的页面,而点击右侧可进行实际交易的网站。当然,这里排除了因好奇、恶意等其他不控因素而发生的点击情况。

例如,在 360 搜索中以"汽车"作为关键词搜索,结果在首页上部所显示的是介绍各种汽车资讯的信息发布站点,页面右侧则显示一些汽车品牌的图片按钮广告(如图 4-2 所示),将真正希望进行网上交易的用户吸引到了页面右侧。访问者一旦点击右侧感兴趣的某个汽车品牌图片按钮,就会在首页的左侧显示所点击品牌的各汽车销售企业的网站链接及相关信息,将信息查询和行为交易区分开来。

图 4-2　360 搜索检索结果页面首页(关键词:汽车)

搜索结果右侧的广告可吸引那些具有明显的网上交易倾向的用户,同时由于用户对搜索引擎的使用程度及习惯等因素,使得自然搜索结果的转化率要略高于右侧广告。但值得广告主考虑的是,若是采用以效果作为评估搜索引擎营销效果的手段,应该从用户群的细分、关键词的选择、着陆页设计等方面进行考虑,并且注意权衡营销效果与成本控制两者的关系。

4.5.3　基于机会的评估方式

在搜索引擎营销中,通常将"机会"一词理解为获得一位用户或完成一次交易的可能性。由于用户使用搜索引擎行为的复杂性,对"机会"一词的含义,在不同的企业营销环境中会有不同的理解,有的以用户完成了个人信息的填写为依据,有的依据实际完成的交易等,以某种量的形式来代表这种可能性。

基于机会的评估方式最大的特点是:将整个用户的网站浏览过程进行了划分,每一个划分都可视为一个机会。所以在考核营销人员时便有了可量化、可细分的参考依据。企业可以根据这些指标如个人信息填写数量、在线询价单填写数量、电话或及时信息咨询数等对营销人员的业绩进行考核。但该模式也存在一定的弊端,不适用于非电子商务类网站。因为非电子商务类网站并不涉及交易,于是便无法依据上述指标合理有效地评估营销效果。调查结果显示,大多数用户更倾向于访问其熟悉的交易型网站,并且在访问熟悉网站或网店时,会采用直接在浏览器地址栏中输入 URL 或是通过收藏夹的方式访问。用户完全可以在第一次访问时通过搜索引擎,而在第二次访问时,通过上述两种方式,如何区分这样的情况值得更为细致的研究。

上述,三种方式在评估搜索引擎广告最终效果上分别处于不同的层次:从流量到效果,再到机会,评价的接口与用户的距离越来越近,而评估的口径越来越大,复杂性也逐渐增加。

4.5.4 基于"类供应链"分析的评估方式

二维码
(知识卡片 4-4)
供应链

在一条传统概念的供应链中,每一个环节都是一个相对独立的产业,这些产业相互连接,从事着不同的分工职能。在互联网营销领域,这些产业的网站也发挥着与其在传统领域中相同或相似的作用,称之为"类供应链"。

在上述关于搜索引擎营销效果评估的研究方法中,虽没有出现将搜索引擎营销与网站经营完全分割的现象,但还是存在着"重搜索,轻网站""重搜索引擎优化,轻网站功能分析"以及将搜索引擎营销的评估局限于具有在线交易功能的电子商务网站的局面。以评价在线交易类网站的标准来概括非在线交易类网站,或是简单地认为只要做好搜索引擎优化和竞价策略等工作,便能获得相应不错的营销效果显然是一种误解,这样在评价网站的搜索引擎营销效果时,就会出现有失偏颇的现象,而基于类供应链的评估在一定程度上能弥补这种不足。

在"类供应链"中,各环节之间的信息流是双向的,并且各环节均能有机会与其最终用户接触,用户的行为、用户的需求(包括具体产品或服务、征询信息资讯等)、用户对某一行业的了解程度等都可以作为评估搜索引擎营销效果的参考因素,单纯地以搜索排名和流量来判定具有不同功能的企业网站的搜索引擎营销效果是片面的。考虑网络营销中的"类供应链"现象以及搜索引擎营销的特点,可按以下指标对基于"类供应链"概念的搜索引擎营销效果进行评价:

(1)搜索引擎搜索结果排名。这里的搜索排名指的是同一类型网站中的排名竞争(如慧聪网 www.hc360.com 与阿里巴巴 www.1688.com),搜索关键词的选择要避免通用化,尽量与自身业务相靠拢。细化指标包括:通用关键词的排名或流量、自身特定关键词的排名或流量、竞价排名的单位成本、反向链接的数量和质量、搜索引擎优化的单位成本等。在基于"类供应链"概念的搜索引擎营销评估方法中,搜索引擎的结果排名并不占太高的比重。

(2)流量的有效性。细化指标包括:从与自身相关的搜索关键词所带来的搜索流量中所引起的某种交易行为或询价行为等。

$$P_{EV} = (V_{FEV/V_{TV}}) \times 100\%$$

式中,V_{TV} 是指整个网站的实际行为量。

(3)交叉流量的有效性。

$$P_S = (V_{OV/TV}) \times 100\%$$

式中,V_{OV} 指"类供应链"其他主体的搜索流量所带来的实际行为量。

(4)在线销售百分比。这一指标适用于那些侧重于在线交易的网站。

$$P_S = (V_{AS}/V_{TS}) \times 100\%$$

式中,V_{AS} 指搜索引擎流量所带的实际销售量;V_{TS} 指整个网站的在线销量。

这里所指的实际销售量并不将那些因业务操作失误(如未将商品交付到客户手中)而未

完成的交易计算在内。

(5)因搜索引擎营销而带来的非网络流量。对评估搜索引擎营销所带来的效果而言,如何有效地将非线上营销效果加以考虑,其比重是个难题,但营销者依然可以通过一些询问、抽样调查等方式来获得相关数据。这些数据包括用户电话询问的数量、电子邮件询问的数量、短信息询问数量等。各种测度模式及其评估指标与相关特征,归纳起来如表 4-1 所示。

表 4-1　各种测度模式及其评估指标特征

类别	指标	说明	级别	取值
搜索流量测度	特定关键词排名/流量	广告主选取的与自身业务相关的关键词在主流搜索引擎的排名及带来的流量	1	搜索排名/流量
	搜索引擎优化成本	包括内部 SEO 的成本以及外包 SEO 的成本	1	货币单位
	单位流量成本	即从主流搜索引擎中带来一个流量的成本	1	货币单位
	竞价排名成本	包括单个竞价关键词的成本和所有竞价的总成本	1	货币单位
	交叉流量	指从"类供应链"中其他环节所带来的搜索流量	1	流量大小
	通用关键词排名/流量	行业内通用关键词在主流搜索引擎中的排名及所带来的流量	2	搜索排名/流量
客户转化测度	单位交易成本	指产生一类交易所需要的成本	1	货币单位
	交易行为流量	指搜索流量中进行了某种交易行为的流量	1	流量大小
	在线销售行为流量	指搜索流量中进行了在线交易行为的流量	2	流量大小
其他测度	电话问询数量	因搜索而带来的电话问询量		问询数量
	电子邮件问询数量	因搜索而带来的电子邮件问询数量		问询数量
	短信问询数量	因搜索而带来的短信问询数量		问询数量

总之,网站所处的不同行业应该在搜索引擎的营销评估方式上有所侧重,搜索引擎已经成了广告投放的途径之一,但不是唯一的途径;行业的固有观念、固有用户群、用户群的使用行为等都会对搜索引擎营销的效果产生影响。

4.5.5　评价搜索引擎营销效果的注意事项

短期的网站流量和在线销售指标通常不能正确反应搜索引擎营销的实际效果,搜索引擎广告或者搜索引擎优化推广等所带来的营销效果可能是多方面的(如对网下销售的推动),也可能是长期的(如对网络品牌的提升),因此,应该全面综合地评估搜索引擎营销效果。

(1)全面考量影响搜索引擎营销效果的因素。影响搜索引擎营销效果的主要因素,包括企业网站建设的专业性、被搜索引擎收录和检索到的机会、检索结果被用户发现并点击的情况等。

(2)关注长尾理论对搜索引擎营销效果的影响。长尾理论对于搜索引擎营销中的关键词策略非常有用,虽然少数核心关键词或通用关键词可以为网站带来可能超过一半的访问量,但那些搜索人数不多然而目标非常明确的关键词的总和——即长尾关键词同样能为网站带来可观的访问量,并且这些长尾关键词检索所形成的顾客转化率更高,往往大大高于通用关键词的转化率。例如,一个利用通用词汇"律师"进行检索到达网站的访问者与一个搜索"北京商标权纠纷律师"到达网站的访问者相比,后者更加容易转化成该网站的客户,这也是研究用户关键词检索行为以及长尾关键词策略的价值所在。

本章小结

本章着重介绍了搜索引擎的主要类型、搜索引擎营销的常用方式与目标层次、搜索引擎优化的原则与基本内容、搜索引擎营销效果评估等内容。搜索引擎主要有全文搜索引擎、目录索引搜索引擎、元搜索引擎三种类型;搜索引擎营销的常用方式主要有竞价排名、关键词广告、分类目录登录、搜索引擎优化、网页内容定位广告、地址栏搜索广告等;搜索引擎营销的目标一般可分为存在层、表现层、关注层和转化层四个层次;搜索引擎优化要始终坚持用户导向原则,否则容易走向优化作弊的歧途;搜索引擎营销效果目前一般基于网站流量、营销效果、机会以及"类供应链"分析等评估方式。

复习思考题

1. 选择题(有一项或多项正确答案)

(1)下列关于网站易用性和搜索引擎友好性的关系描述,正确的是(　　)。

  A. 网站易用性和搜索引擎友好性是同一问题的两个方面,两者最终目的是一致的。

  B. 网站易性从网站更容易被搜索引擎收录的角度描述网站设计。

  C. 搜索引擎的友好性从用户获取信息的角度说明网站设计。

  D. 网站易用性和搜索引擎友好性是两个方面的问题,两者的最终目的各不相同。

(2)搜索引擎营销的目标一般可分为(　　)几个层次。

  A. 存在层   B. 表现层   C. 关注层   D. 转化层

(3)全文搜索引擎的自动信息搜集功能一般通过(　　)这几种方式实现。

  A. 定期搜索   B. 提交网站搜索   C. 元搜索   D. 目录搜索

(4)下列关于购买关键词广告,正确的说法是(　　)

  A. 不在搜索结果页面显示广告内容   B. 不能实现高级定位投放

  C. 用户可以根据需要更换关键词   D. 用户不可以随时修改有关信息

2. 判断正误

(1)搜索引擎营销是根据人们使用搜索引擎的行为方式,利用其检索信息的机会尽可能地将营销信息传递给目标用户。(　　)

(2)适合搜索引擎检索的信息源必须短小精悍、言简意赅,方便在检索结果中展现并能引起用户兴趣。(　　)

(3)元搜索引擎一般有自己独立的数据库,在接受用户查询请求后,会同时在多个搜索引擎上搜索。(　　)

(4)关于搜索引擎营销绩效评价,基于效果的评估方式包含基于流量的方式,但更加注重这些流量所带来的综合效应。(　　)

3．简答题

(1)搜索引擎营销信息传递的一般流程是怎样的？试举例说明。

(2)搜索引擎优化的原则是什么？为什么搜索引擎优化必须要坚持用户导向？

(3)网站内容优化的主要指标有哪些？营销型网站网页标题设计的一般原则是什么？

(4)营销型网站网页布局的一般原则是什么？

(5)什么是搜索引擎优化作弊？网站被搜索引擎认定为优化作弊会有什么后果？

4．讨论题

针对第 3 章所选取的营销型网站的专业性断诊断评价情况，结合本章 4.4 节所学的有关"搜索引擎优化"内容，分小组对该网站是否需要进行优化展开讨论，并将研讨结果向全班报告。如果不需要进行优化，请说明理由；如果需要进行优化，请给出优化方案。

二维码

（参考答案）

第 4 章选择判断题

第5章　许可 E-mail 营销

教学目标

➢ 理解许可 E-mail 营销的含义、分类、环境条件、一般过程、基本原则、常用技巧；

➢ 掌握内部列表与外部列表的基本含义、基础条件、功能和特点；

➢ 掌握获取 E-mail 地址资源的常用方法；

➢ 熟悉 E-mail 营销效果的评价指标、影响因素。

 导入案例："新江南"的 E-mail 广告

"新江南"是一个旅游公司，为了在"五一黄金周"之前进行公司旅游项目促销，营销人员计划将网络营销作为一项主要的促销手段，其中将 E-mail 营销作为重点策略之一。由于公司在网络营销方面以前并没有多少经验，因此这次活动计划将上海作为试点城市，并且在营销预算方面比较谨慎，并不打算大量投入广告，仅选择部分满足营销定位的用户发送 E-mail 广告。由于暂时没有条件开展网上预订活动，所以主要是利用 E-mail 广告进行品牌宣传，并为传统渠道的销售提供支持。

1."新江南"开展 E-mail 营销的具体做法

(1)E-mail 服务商的选择。在服务商的选择上，"新江南"通过对多家 E-mail 营销服务提供商的邮件列表定位程度、报价和服务质量等方面进行比较分析，最终选择了新浪上海站，该网站有一份关于上海市白领生活的电子周刊，订户数量超过 300,000，这份电子刊物将作为本次 E-mail 营销的主要信息传递载体。

(2)E-mail 广告的投放策略。为了确保此次活动取得理想的效果，计划将从当年 3 月 26 日开始连续四周投放 E-mail 营销信息，发送时间定为每周三，前两次以企业形象宣传为主，后两次针对公司新增旅游路线进行推广。

(3)E-mail 广告的内容设计。确定了 E-mail 服务商和广告投放策略后，该公司的市场人员接下来的主要任务是设计 E-mail 广告的内容，针对内部列表和外部列表分别制作，并且每个星期的内容都有所不同。

2."新江南"E-mail 营销的效果

"新江南"的这次 E-mail 营销活动结束后，当网络营销人员分析每个月的公司网站流量时，吃惊地发现，在进行 E-mail 营销期间，公司网站的日平均访问量比上个月增加了 3 倍多，尤其在发送邮件的次日和第三日，网站访问量的增加尤为明显，独立用户数量的最高记录日达到了通常的 5 倍之多。这次活动中营销人员也发现了两个问题：一是内部列表发送后退回的邮件比例相当大；二是企业网站上的宣传没有同步进行，来到网站浏览的用户的平均停留时间只有 3 分钟，比活动开始前用户的平均停留时间少了 2 分钟。

（资料来源：www.0571e.com/html，作者有删改）

 点评：选择适当的邮件服务商和广告投放策略是关键

"新江南"公司 E-mail 营销能够成功的原因，主要得益于其对 E-mail 服务商的正确选择和采取了适当的 E-mail 广告投放策略，以及其对 E-mail 广告内容的精心设计。案例对于企业开展 E-mail 营销具有如下启示：

第一，选择合适的邮件发送频率。发送 E-mail 联系潜在客户的频率应该与客户的预期和需要相结合，这种频率预期因时因地因产品而异，从每小时更新到每季度的促销诱导。千万不要认为发送频率越高，收件人的印象就越深。过于频繁的邮件"轰炸"，会让人厌烦。研究表明，同样内容的邮件，每个月至多以发送 2-3 次为宜。

第二，明确电子邮件主题。邮件的主题是收件人最早看到的信息，邮件内容是否能引人注意，主题起到相当重要的作用。邮件主题应言简意赅，以便收件人决定是否继续阅读。

第三，收集反馈信息并及时回复。开展 E-mail 营销活动应该获得特定计划的总体反应率（例如点击率和转化率）并跟踪客户的反应，从而根据客户过去的反应行为作将来的细分依据。当接到业务问询时，应及时做出回复，最好在 24 小时以内。注意养成一天查收信件数次的习惯，并做到及时回复。这样做不仅表示对问询的重视，也显示出工作高效和对顾客服务的重视。在对潜在客户的问询做出及时回复之后，还应该在两三天内跟踪联系 2～3 次。跟踪联系意在确认对方是否确实收到了回复，同时也给对方受重视的感觉，传达出商家希望赢得这笔业务的诚意。

许可 E-mail 营销（即电子邮件营销）是随着互联网应用的发展而产生的一种营销方式，是互联网对全球商业最直接的贡献，它打破了传统媒体在发布地域和发布时间上的限制，传播范围极其广泛，广告覆盖面大，成本低廉，到达率也相当可观，且方便快捷、反馈率高，营销效果往往也比较好。许可 E-mail 营销可以按照接受者的公司、地理位置和所在国家进行精确定位发送，企业进行许可 E-mail 营销的目的在于增进与潜在客户或现有客户的关系，从而达到建立品牌、发掘新客户、提高客户忠诚度、保持业务延续性等营销目的。

5.1　许可 E-mail 营销的概念

许可 E-mail 营销是在用户事先许可的前提下，通过电子邮件的方式向目标用户传递有价值信息的一种网络营销手段。也就是说，许可 E-mail 营销是企业在推广其产品或服务的时候，事先征得顾客的许可，得到潜在顾客许可之后，再通过电子邮件的方式向顾客发送产品或者服务信息。基于用户许可的 E-mail 营销比传统的推广方式或未经许可的 E-mail 营销具有明显的优势，可以减少广告对用户的滋扰、增加潜在客户定位的准确度、增强与客户的关系、提高品牌忠诚度等。

营销专家 Seth Godin 在 1999 年出版的 Permission Marketing(许可营销)一书中最早对许可营销理论进行了系统研究。根据 Godin 的观点,许可营销是通过与自愿参与者的相互交流,确保消费者对此类营销信息投入更多关注,有效推动客户和营销人员间的相互交流。获得收件人的许可而发送的电子邮件,不仅不会受到指责,而且用户对邮件内容关注的程度也较高。至于获得用户许可的方式有很多,如用户为获得某些服务而注册为会员,或者用户主动订阅的新闻邮件、电子刊物等。因此,许可营销概念一经提出,就受到网络营销人员的普遍关注并得到广泛应用。

对于企业而言,许可 E-mail 营销是企业应用一定的软件技术和营销策略,以发送电子邮件的方式与现有客户及潜在客户沟通,实现企业经营战略的一种营销方法。许可 E-mail 营销是网络营销方法体系中相对独立的一种,既可与其他网络营销方法相结合,也可独立应用。

理解许可 E-mail 营销的概念要注意把握三个基本因素,即基于用户许可、通过电子邮件传递信息、信息对用户有价值,这三个因素缺少任何一个都不能称之为有效的 E-mail 营销。因此,真正意义上的 E-mail 营销是许可 E-mail 营销,若无特别说明,本书所述 E-mail 营销均指许可 E-mail 营销。

许可 E-mail 营销按照不同的角度和特点,可以分为多种类型。例如,根据用户 E-mail 地址资源所有权的形式,可将 E-mail 营销分为内部 E-mail 营销和外部 E-mail 营销,或者叫内部列表和外部列表。内部列表是一个企业或网站利用一定方式获得用户自愿注册的资料来开展的 E-mail 营销;外部列表是指利用专业电子邮件服务商或者可以提供相关服务的专门机构提供的用户电子邮件地址来开展 E-mail 营销。

5.2 许可 E-mail 营销的实施条件

电子邮件从普通的通信方式发展成为营销工具,需要具备一定的环境条件,当条件不完善时还需要通过一定的方式创造条件以便许可 E-mail 营销能够顺利进行。

5.2.1 开展 E-mail 营销的三个基础条件

一般来说,开展 E-mail 营销需要解决三个基本问题:向哪些用户发送电子邮件? 发送什么内容的电子邮件? 如何发送这些邮件? 因此,开展许可 E-mail 营销需要以下三大基础条件作支撑:

(1)具备开展邮件列表的技术基础。对于内部列表 E-mail 营销而言,企业内部需要具有开展 E-mail 营销的能力,能从技术上能保证用户加入、退出邮件列表,并实现对用户资料的管理,以及邮件发送和效果跟踪等功能。对于外部列表 E-mail 营销而言,选择的 E-mail 营销服务商需要有专业的邮件发送和跟踪技术、丰富的 E-mail 营销操作经验和较高的可信度,可以根据要求选择定位程度比较高的用户群体。

(2)拥有一定数量的用户 E-mail 地址。开展 E-mail 营销的前提是拥有用户的 E-mail 地址,这些地址可以是企业从用户或潜在用户资料中自行收集整理,也可利用第三方的潜在用户资源获得。对于内部列表 E-mail 营销而言,在用户自愿加入邮件列表的前提下,获得足够多的用户 Email 地址资源,是 E-mail 营销发挥作用的必要条件;对于外部列表 E-mail 营销而言,则需要邮件服务商拥有足够多的潜在用户 E-mail 地址资源。从国内目前的 E-mail 广告市场来看,可供选择的外部列表 E-mail 营销资源主要有:免费电子邮箱提供商、专业邮件列表服务商、专业 E-mail 营销商、电子刊物和新闻邮件服务商、专业网站的注册会员资料等。

(3)用户对于接收到的信息有一定的反应或兴趣。例如,用户收到 E-mail 送达的营销信息后产生购买、浏览网站、咨询等行为,或者对企业品牌产生一定的认知和兴趣。许可 E-mail营销的信息是通过邮件列表向用户提供的,邮件的内容对用户有价值,才能引起用户的关注,因此有效的内容设计是 E-mail 营销发挥作用的基本前提。由于内部列表与外部列表针对的对象不同,邮件内容的设计也应有所不同。提供外部列表 E-mail 营销的专业服务商,其重要优势在于拥有 E-mail 营销专家和专门的 E-mail 营销技术方案,专业人员可以为用户提供从营销策略制定、用户列表选择、邮件内容设计到邮件发送和跟踪评价的整套建议。

5.2.2　E-mail 地址资源的获取方法

怎样收集 E-mail 地址呢? 一种是建立邮件地址订阅列表;还有一种最简单的办法就是从别人手中购买。但购买所得的地址可能已失效,或者可能由于别的商家已经进行过大规模的发送广告活动,使其开始有逆反情绪了。所以,最好的办法是主动去收集,而最直接的主动收集方法就是制造某种网上特殊事件或活动让客户参与来。例如,采用竞赛、评比、猜谜、优惠、促销、售后服务、网页特效等方式来有意识地营造网上客户群,不断地用 E-mail 来维系与他们之间的关系。目前常用的获得内部列表用户 E-mail 地址主要有以下基本方法:

(1)利用网站的推广功能。仅仅靠在网站首页放置一个订阅框是不够的,需要将订阅框及推广信息设置在网站首页显著位置并且给用户以提醒。

(2)合理挖掘现有用户的资源。在向用户提供其他信息服务时,不要忘记介绍最近推出的邮件列表服务。

(3)提供多渠道订阅和部分奖励措施。多渠道可以增加潜在用户了解并加入列表的机会;奖励措施(如通过邮件列表发送在线优惠券等)可以激发用户加入邮件列表的积极性。

(4)通过朋友、同行其他网站的推荐。如果对邮件列表内容有足够信心,可邀请朋友和同行订阅。如果能够得到相关内容的网站的推荐,对增加新用户会有一定的帮助。

(5)争取邮件列表服务商的推荐。如果采用第三方的专业发行平台,可以取得发行商的支持,在主要页面进行重点推广。

5.3　许可 E-mail 营销的实施流程与技巧

5.3.1　实施许可 E-mail 营销的一般流程

开展许可 E-mail 营销的过程,也就是将有关营销信息通过电子邮件的方式传递给用户

的过程,一般需要经历下列几个主要步骤:

(1)制订 E-mail 营销计划。制订计划时首先需明确本次营销活动的预期目标,即确定开展 E-mail 营销是为了保持与老客户的良好关系还是为了开发新客户,并分析企业所拥有的 E-mail 营销资源。

(2)确定 E-mail 营销方式。即根据预期目标,决定是利用内部列表还是外部列表,或两者同时使用。若决定利用外部列表,则需要选择合适的外部列表服务提供商。

(3)设计营销邮件内容。由于内部列表和外部列表发送邮件的目标群体对企业品牌或产品与服务的了解程度不同,因此应针对内部和外部邮件列表分别设计邮件内容。

(4)发送电子邮件信息。根据计划在适当的时间按一定的频率,向目标用户或潜在用户发送电子邮件信息。

(5)跟踪分析营销效果。跟踪收集 E-mail 营销活动的客户(包括现有客户与潜在客户)反馈信息,并对营销取得的效果进行分析总结。

需要说明的是,不同企业在不同阶段开展 E-mail 营销的内容和方法是有区别的,以上所述是进行 E-mail 营销一般需要经历的过程,并非每次 E-mail 营销活动都要经历这些步骤。

二维码
(视频 5-1)
开展许可 E-mail 营
销的一般操作过程

5.3.2 开展许可 E-mail 营销的技巧

许可 E-mail 营销的有效性已经被许多企业的实践所证实,但许可邮件和垃圾邮件同样都有潜在的负作用,如果方式不当,群发邮件会对品牌形象造成损害。以下是在 E-mail 营销实践中取得较好效果的一些做法,可以称之为开展许可 E-mail 营销的经验或技巧。

(1)及时回复并开展提醒服务。收到 E-mail 要养成顺手回复的习惯,即使是"谢谢,来信已经收到"也会起到良好的沟通效果。通常 E-mail 应该在一个工作日之内回复客户,如果碰到比较复杂的问题,要一段时间才能准确答复客户,也要简单回复一下,并说明情况。实在没有时间回复,可以采用自动回复 E-mail 的方式。若未能立即回复客户的询问或寄错信件,要主动坦承错误并致歉,不能以没有收到 E-mail 做借口弄巧成拙,那样不但无法吸引客户上门,反而把客户拒之门外。另外,调查显示有约 33% 的 E-mail 登记了提醒服务。提醒服务专注于顾客的现行需求和将来的购买行为,包括时间提醒(如生日)、补充(如替换、升级)和服务备忘录(如预定维护)等。

(2)选择适当的"频率"并避免无目标投递。E-mail 联系的频率应该与顾客的预期和需要相结合,这种频率预期与具体环境有密切关系,可以是每小时更新,也可以是每季度的促销诱导。营销邮件的发送频率管理非常重要,因为顾客需要相应的、定位的内容和服务来取得许可,长期不变的非定位的 E-mail 信息将造成已经建立营销关系的顾客撤销其许可。此外,尽量不要采用群发的形式向大量陌生 E-mail 地址投递广告,否则不但收效甚微,而且会被认为发送垃圾邮件而损害企业形象。

(3)尊重客户意愿与隐私权。不要向同一个 E-mail 地址发送多封同样内容的信件,当对方直接或间接地拒绝接受 E-mail 时,绝不可再向对方发送广告信件,要尊重对方意愿,否则就会被视为发送的是垃圾邮件,甚至被认为是恶意滋扰。同时,在征得客户首肯前,不得转发或出售发信人名单与客户背景,要尊重客户的隐私权。

(4)使营销邮件的内容个性化且要言简意赅。企业可以根据顾客过去的购买情况或合作情况,加深个性化服务,将发送的营销邮件内容个性化,因为调查发现顾客更乐于接受个性化的邮件信息。例如,在邮件里加上客户的名字、创建更多个性化许可 E-mail 活动等。同时,由于顾客在看营销邮件时大多是走马观花,所以邮件内容要言简意赅,充分吸引客户的兴趣,长篇累牍会使顾客放弃阅读。此外,邮件在发送前一定要仔细检查,严格做到内容合规、语句通顺、没有错别字。

【微型案例 5-1】亚马逊网络公司(Amazon.com)通过顾客的购物历史记录向那些愿意接受建议的顾客发送电子邮件并提出一些建议,从而赢得了许多忠诚客户;IBM 公司的"聚焦于你的新闻文摘"站点将有选择的信息直接发送到顾客的电子邮件信箱中,那些同意接收新闻信件的顾客可以从一个有兴趣的话题概况清单中选择其所需的内容。

(5)了解许可的水平并附上联系方式。顾客许可的水平有一定的连续性,在每一封发送的邮件中都应包含着允许加入或退出营销关系的信息,用某些条件限制顾客退出营销关系是没有必要的。为维持顾客的许可水平,可以在一系列不同的 E-mail 服务项目中提供顾客所需要的特定信息,如新闻邮件、特定产品信息、降价信息等,使顾客能够选择最能满足需求的服务,同时还可以传达对产品兴趣和频率敏感的信息。此外,应尽量少用附件并附上联系方式。也就是说,邮件内容若能在正文里面显示,就不要采用附件形式,且邮件一定要有签名并附上电话号码等联系方式,以免消费者需要找人协助时,不知如何联络。

5.4　内部列表与外部列表 E-mail 营销

内部列表也就是通常所说的邮件列表。人们通常把利用内部列表开展 E-mail 营销的方式称为邮件列表营销,是企业或网站利用通过一定方式所获得的用户自愿注册资料来开展 E-mail 营销的方式,常见的邮件列表形式如新闻邮件、会员通讯等。外部列表 E-mail 营销是利用专业邮件服务商所掌握的用户电子邮件地址来开展 E-mail 营销,也就是通过邮件服务商以电子邮件广告的形式向其用户发送信息。当企业需要开发新客户,或向新领域的用户推广新产品时,往往需要通过专业邮件服务商开展外部列表 E-mail 营销。对于没有建立内部列表的企业,与专业邮件服务商合作也是开展 E-mail 营销的最好选择。

5.4.1　外部列表与内部列表的功能和特点比较

内部列表和外部列表由于在是否拥有用户资源方面有根本的区别,因此开展 E-mail 营销的内容和方法也有很大差别,内、外部列表 E-mail 营销的主要功能特点如表 5-1 所示。

由表 5-1 可以看出,内部列表以少量、连续的资源投入,获得长期、稳定的营销资源,内部列表在顾客关系和顾客服务方面的功能比较显著。外部列表是用资金换取临时性的营销资源,操作上比较灵

二维码
(视频 5-2)
开展外部列表 E-mail
营销的基本条件

活,可以根据需要选择不同类型的潜在用户投放,因而在短期内即可获得明显的效果。

表 5-1　内部列表和外部列表 E-mail 营销的功能和特点比较

主要功能和特点	内部列表 E-mail 营销	外部列表 E-mail 营销
主要功能	改善顾客关系、顾客服务、品牌形象,协助在线调查、产品推广、资源合作	提高品牌形象,协助在线调查、产品推广
投入费用	相对固定,取决于日常经营和维护费用,与邮件发送数量无关,用户数量越多,平均费用越低。	没有日常维护费用,营销费用由邮件数量、定位程度等决定,邮件发送数量越多费用越高。
用户信任程度	用户主动加入,对邮件内容信任度高。	邮件由第三方发送,用户对邮件的信任程度取决于服务商的信用、企业自身品牌、邮件内容等因素。
用户定位程度	高	取决于服务商邮件列表的质量
获得新用户的能力	用户相对固定,对获得新用户效果不显著	可针对新领域的用户进行推广,吸引新用户能力强
用户资源规模	需要逐步积累,一般内部用户比较少,无法在很短时间内向大量用户发送信息。	在预算许可时可以同时向大量用户发送邮件,信息传播覆盖面广。
邮件列表维护和内容设计	需要企业的业务人员操作,无法获得专业服务商的建议。	服务商安排专业人员负责,可对邮件发送、内容设计等提供建议。
E-mail 营销效果分析	较难准确评价每次邮件发送的效果,需长期跟踪分析。	由服务商提供专业分析报告,可快速了解每次活动的效果。

5.4.2　企业应用内部列表需要考虑的基本问题

企业在进行邮件列表营销决策时,应考虑如下五个基本问题:

(1)经营资源评估。如果已经建立了企业网站,根据网站目前的状况,通过网站访问者和现有用户、合作伙伴的推荐等方式,是否有可能获得足够多的用户?如果企业网站正在策划阶段,那么,通过网站的功能定位和潜在用户分析,认为是否有必要建立自己的邮件列表?是否有能力开发或者租用邮件列表发行系统?是否有能力提供稳定的邮件列表内容?如果上述问题的回答是肯定或者基本可以肯定,企业就应该建立自己的邮件列表。

(2)邮件列表的期望功能。不同企业对邮件列表的期望是不同的。企业根据自身特点决定建立邮件列表时,还要进一步考虑期望邮件列表在哪些方面发挥作用?是用于顾客服务?还是新产品推广为主?或者多个方面兼顾?当然,如果可能的话,谁都希望拥有一个威力强大的邮件列表,如果暂时做不到这一点,或者用户特征决定了不可能做到面面俱到,那么定位于某种或者某些功能会更加现实一些。

(3)邮件列表的类型和内容。不同类型的邮件列表具有不同的功能,邮件列表的功能直接影响到邮件列表的内容,而内容和形式反过来也会影响邮件列表的功能。如果网站拥有丰富的行业信息、产品知识、专业文章、研究报告等相对比较客观和中立的内容,那么,建立一个定期发行的行业电子刊物是不错的选择;如果未来的邮件列表内容主要是本公司新产品的信息和产品优惠措施,那么,建立一个以不定期发行新产品介绍或在线优惠券为主要内容的顾客关系邮件列表,可能是更明智的决策。

(4)建立邮件列表的时机。积累用户资源是一项艰苦、长期的工作,如果条件许可,建立邮件列表应该是越早开始越好。企业建立邮件列表,不仅是多了一个营销工具,也为增强企业竞争优势添加了一个有力的筹码。

(5)内部列表 E-mail 的管理。应用内部列表 E-mail 进行营销活动,不仅需要自行建立或者选用第三方邮件列表发行系统,还需要对邮件列表进行维护管理,如用户资料管理、退信管理、用户反馈跟踪等。对于通过各种途径所获取的内部列表 E-mail 地址资源,要进行分类整理,对邮件用户进行细分,进行有效的应用和有序的管理。能有效利用 E-mail 营销的企事业应该让愿意"进入列表"的用户方便地进入,而当其要"出去"时也很方便易地退出。在内部列表 E-mail 的成本管理方面,初期用户资料比较少,费用相对会较高;随着用户数量的增加,内部列表营销的边际成本会逐渐降低。

5.4.3　企业应用外部列表的常见问题

开展外部列表 E-mail 营销的技术平台由专业邮件服务商提供,企业自身并不拥有用户的 E-mail 地址资源,因而也无须管理维护这些用户资料。在利用外部列表开展 E-mail 营销时,由于服务商本身的资源、专业水平和技术水平等因素的限制,往往会出现一些看似简单实际上却很严重的问题,这些问题主要体现在以下方面。

(1)电子邮件发送机构或发件人的显示问题。这个问题在内部列表中没有任何疑问,但在部分外部列表中,如免费邮箱服务商和专业 E-mail 营销代理商,广告客户委托这些机构发送电子邮件,那么发件人应该是广告客户还是服务商?从服务商的角度来看,这个问题本来并不重要,只要将邮件内容送达用户的 E-mail 邮箱,就算完成了任务。但从广告客户的利益来看,意义就大为不同,因为用户的信任程度与不同的发件人有很大关系。一般来说,如果广告客户的知名度本身已经很高,以客户的名字来发送 E-mail,效果会更好一些。因为发件人显示的内容也是一种信息传递方式,即使用户不打开邮件阅读,从发件人名称也可以对该公司的品牌增加一些印象。一些服务商为回避大量的邮件退回,或者用户回复广告邮件发泄不满等原因,往往不愿意让其邮箱地址作为发件人和退信的地址。服务商逃避责任,后果只能由广告客户来承担,不仅要花正规 E-mail 广告的费用,还要承担发送垃圾邮件的风险,这对于广告客户来说,显然是不公平的,同时也表现出服务商不可信赖的一面。

(2)用第三方的邮件服务器发送 E-mail 广告。例如,A 公司委托 B 公司投放 E-mail 广告,但收件人看到的信息却是来自与两个公司都没有关系的第三方邮件服务器,这种状况显然是 E-mail 营销服务商在借用其他公司的邮件服务器发送电子邮件,这样发送的 E-mail 广告会导致邮件无法回复或者回复地址是与服务商和广告客户都没有关系的地址,事实上已经满足了垃圾邮件的基本特征,显然无法让收件人产生信任。

(3)无明确邮件主题。邮件主题直接影响到 E-mail 的开信率,同时也表明了 E-mail 营销活动的专业水平。邮件主题的设计是 E-mail 营销内容设计中的重要工作,既要吸引人,但也不要哗众取宠。

(4)邮件内容无法正常显示。由于收件人电脑操作系统、电子邮件软件系统等原因,有部分用户收到的邮件可能出现乱码、图片和多媒体文件无法正常显示的现象,尤其当邮件中采用 Rich Media 或者其他新技术时,出现这种情况的可能性更高。对于这个问题的解决方法,一方面是在邮件发送前进行多方位的测试;另一方面,尽量多为收件人着想,少用一些过于新颖的技术,因为技术本身并不是 E-mail 营销取得成功的充分条件。

(5)邮件广告片面追求新颖性而不顾用户感受。有些企业在开展 E-mail 活动时,为了获得收件人的注意,有时会弄出一些别出心裁的花样,如用户接收邮件后自动弹出网页、要求收件人发送收条以确认收到了邮件、修改用户电脑注册表或者在短期内大量重复发送邮件等,这些做法虽然引人注意,但让用户非常厌烦,不仅无法获得理想的营销效果,甚至会招致用户的强烈抗议,严重影响企业形象。

因此,开展外部列表 E-mail 营销时,即使将 E-mail 营销活动委托给服务商来操作,仍然需要营销人员进行监控和跟踪管理。

5.5　许可 E-mail 营销效果评估

在许可 E-mail 营销中,可以通过对一些指标的监控和分析评价营销效果,进而发现营销活动中可能存在的问题,并进行一定的调整和控制。

5.5.1　许可 E-mail 营销的评价指标体系

对许可 E-mail 营销活动进行评价,一般有以下几类指标:

(1)获取和保持用户资源阶段的评价指标。主要包括有效用户总数、用户增长率、用户退出率等。

(2)邮件信息传递评价指标。主要包括反应实际邮件传送的送达率、退信率等。

(3)用户对信息接收过程的指标。主要包括开信率、阅读率、删除率等。

(4)用户回应评价指标。主要包括直接收益、点击率、转化率、转信率等。

5.5.2　许可 E-mail 营销的有效性

许可 E-mail 营销是企业与客户沟通的一种手段,通过 E-mail 营销可以将企业最新的产品信息送达消费者,也可以将企业文化、最新动态等内容传递给顾客。要做好许可 E-mail 营销,必须满足开展 E-mail 营销的三个基础条件。因此,衡量许可 E-mail 营销的有效性可以从基础条件的满足和相关指标状况综合考虑。

(1)内部列表 E-mail 营销有效性的主要表现。内部列表 E-mail 营销的有效性主要表现在以下方面:①有稳定的后台技术保证,信息送达率高、退信少;②能尽可能多地获得用户加入列表,并保持 E-mail 营销资源稳定增加;③邮件内容和格式获得用户认可,并有较高的阅读率;④获得用户信任并产生高的回应率,且用户资源对企业有长期营销价值;⑤在企业品牌、顾客关系、顾客服务、产品推广、市场调研等方面能有效地发挥作用。

(2)外部列表 E-mail 营销有效性的主要表现。外部列表 E-mail 营销的有效性主要表现在以下方面:①邮件可尽可能多地送达用户电子邮箱;②反应率指标不低于行业平均水平;

③所获直接收益大于投入的费用，可达到期望目标。

5.5.3　影响 E-mail 营销效果的主要因素

（1）垃圾邮件对 E-mail 营销效果的影响。主要表现为：①降低了用户对 E-mail 营销的信任，从而降低了回应率；②有价值的信息淹没在垃圾邮件中，很容易被误删；③邮件服务商的屏蔽，降低了正规邮件的送达率。

（2）用户行为变化对 E-mail 营销的影响。主要表现为：①部分许可邮件并不规范，会在一定程度上影响用户行为；②任何不感兴趣的电子邮件都被认为是垃圾邮件——不管这些邮件是否是其曾经主动订阅。

二维码

（视频 5-3）

影响 E-mail 营销效果的主要因素

本章小结

本章着重介绍了许可 E-mail 营销的概念、实施条件、实施流程与技巧、内部列表与外部列表、许可 E-mail 营销效果评估等内容。开展许可 E-mail 营销需要具备开展邮件列表的技术基础、拥有一定数量的用户 E-mail 地址、用户对于接收到的信息有一定的反应或兴趣这三大基础条件作支撑；开展许可 E-mail 营销应注意及时回复并开展提醒服务、选择适当的"频率"并避免无目标投递、尊重客户意愿与隐私权、使营销邮件的内容个性化且要言简意赅等技巧；内部列表是企业或网站利用通过一定方式所获得的用户自愿注册资料来开展 E-mail 营销的方式，用户相对比较固定；外部列表 E-mail 营销是通过邮件服务商以电子邮件广告的形式向其用户发送信息，吸引新用户能力强；衡量许可 E-mail 营销的有效性可以从基础条件的满足和相关指标状况综合考虑。

复习思考题

1. 选择题（有一项或多项正确答案）

（1）理解许可 E-mail 营销的概念要注意把握（　　）几个基本因素。

    A. 基于用户许可　　　　　　　　　　B. 通过电子邮件传递信息

    C. 信息对用户有价值　　　　　　　　D. 必须使用免费邮箱

（2）开展许可 E-mail 营销需要具备（　　）等基础条件作支撑。

    A. 开展邮件列表的技术基础

    B. 拥有一定数量的用户 E-mail 地址

    C. 用户对于接收到的信息有一定的反应或兴趣

    D. 与邮件服务商签订发送营销邮件的协议

2. 判断正误

（1）企业开展外部列表 E-mail 营销，其自身并不拥有用户的 E-mail 地址资料，因而也无须管理维护这些用户资料。（　　）

（2）开展许可 E-mail 营销应注意及时回复、尊重客户意愿与隐私权。（　　）

（3）开展许可 E-mail 营销一般先期漫无目标投递，然后有选择性地高"频率"投递。（　　）

(4)营销邮件的内容一般要求尽量个性化且要言简意赅。(　　)

3. 简答题

(1)实施许可 E-mail 营销的一般流程是怎样的？试举例说明。

(2)内部列表 E-mail 营销的有效性主要表现在哪些方面？

(3)外部列表 E-mail 营销的有效性主要表现在哪些方面？

(4)影响 E-mail 营销效果的主要问题有哪些？

4. 讨论题

有哪些方法可以获得内部列表用户 E-mail 地址？获得内部列表用户 E-mail 地址时应注意哪些问题？分小组展开讨论,并将研讨结果向全班报告。

二维码
（参考答案）
第 5 章选择判断题

第6章　网络广告

 导入案例：网易严选"还是别看这个广告了"

2020 年 2 月，在杭州某中心商场附近的网易严选特殊户外广告牌被人拍摄图片并配以标题"还是别看这个广告了"上传到网上引发刷屏。广告牌上写着："还是别看这个广告了，这原本是我们 2.23-2.29 的促销广告，现在临时换掉了。虽然一切正走向正轨，但也建议您少在公共场合聚集，别在广告前停留太久。在家用心生活，等春来。"网易严选在疫情期间将广告化身为温馨提醒，劝

用户不要看，不要聚众，既展现了创意又传递了温度，一时引发了大批网友的热议和讨论，博得了很多人的关注。（资料来源：www.bokee.net，编者有删改）

 点评：开拓思路以新的创意赋予广告强大的感召力

2020 年因为新冠肺炎疫情的原因，大部分零售和线下品牌都转为线上传播和推广，一时间线上营销和直播成为了焦点。网易严选在这样的背景下，将原来的促销广告换成了公共场所的温馨提醒，这一"反向操作"使其瞬间成为亮点引起高度关注，反而收到了扩大品牌知名度的广告效果。

从本案例中我们可以得到如下启示：(1)营销思路的创新很重要，只要有好的创意、好的技术手段，花小代价有时也会带来巨大的收益，达到事半功倍的效果；(2)网络广告也可以与传统广告形式相结合，借助互联网及社交媒体传播渠道，最有效、最快捷、最低成本地宣传企业品牌，推广企业产品与服务；(3)在不违背社会公德的前提下，网络营销方法的使用可以不拘一格。

网络广告是广告主有偿运用互联网等传播媒体向公众传递经营信息的商业活动，是最

早出现的网络营销形式。近年来,随着互联网生态环境的逐渐完善,网络广告的精准化程度和被认可程度也在不断提高,网络广告市场规模持续增大,呈现出强劲的生命力。网络广告涉及的内容非常广泛,如网络广告设计、网络媒体投放策略、网络广告效果监测等,但其主要价值体现在品牌形象宣传、产品促销等方面。几乎所有的网络营销活动都与品牌形象有关,而在所有与品牌推广有关的网络营销手段中,网络广告的作用最为直接。

6.1　网络广告的特点

网络广告采用多媒体技术,提供文字、声音、图像等综合性的信息服务,不仅能做到图文并茂,而且可以双向交流,使营销信息能准确、快速、高效地传达给每一位用户。网络广告既可以独立采用,也可以与其他网络营销方法相结合。与广播、电视、报纸、杂志等传统广告媒体相比,网络广告在多方面体现出自身的显著特点。

6.1.1　网络广告的基本特征

二维码
（视频 6-1）
网络广告的基本特征

（1）网络广告需要依附于有价值的信息和服务载体。用户一般是为了获取对自身有价值的信息而浏览网页、阅读电子邮件,或者使用搜索引擎、即时信息等其他网络服务,网络广告只有借助这些有价值的信息和服务载体,才能有效地传递营销信息。也就是说,离开了对用户有价值的信息和服务载体,网络广告便无法实现其营销目的。网络广告的这种特征表明,网络广告的营销效果并不是单纯地取决于广告内容自身所包含的价值,还与其所存在的环境以及所依附的载体有密切关系。这也说明了为什么有些形式的网络广告可以获得较高的点击率,如搜索引擎关键词广告和电子邮件广告等,而网页上的一般 Banner 和 Button 广告点击率却在持续下降的事实。

（2）网络广告具有强制性和用户主导双重属性。网络广告的表现手段很丰富,是否对用户具有强制性关键取决于广告经营者而不是网络广告本身。早期的网络广告是非强制性地传播,可以由受众主动选择,这种对于用户的无滋扰性也使其成为适应互联网营销环境和营销手段的一大优势。但随着广告商对用户注意力要求的扩张,网络广告逐渐发展为同时具备强制性和用户主导性双重属性,而且表现手段和表现形式越来越多,强制性越来越严重。虽然从理论上讲用户是否浏览和点击网络广告具有自主性,但越来越多的广告商采用强制性的手段迫使用户不得不浏览和点击,如弹出广告、全屏广告、插播式广告、游走广告等。虽然这些广告引起用户的强烈不满,但在客观效果上往往可以达到增加浏览和点击的目的,因此为许多单纯追求短期可监测效果的广告客户所青睐。目前对于网络广告存在的强制性并没有形成统一的行业规范,更没有具备普遍约束性的法律法规,因此这种矛盾仍将继续存在下去。

（3）网络广告的核心思想在于引起用户关注和点击。由于网络广告承载信息有限,难以承担直接销售产品的职责,因此网络广告的核心思想在于引起用户关注和点击。这与搜索引擎营销传递的信息只发挥向导作用类似,即网络广告本身所传递的信息不是营销信息的全部,而是为吸引用户关注而专门创造并放置于容易被发现之处的信息导引。网络广告的这个特点决定了其效果在品牌宣传和产品推广方面更具优势,但也为网络广告效果的准确测量带来了难度,因为网络广告可以测量的指标与最终的收益之间有相关关系,但并不是一一对应的关系,而且某些网络广告形式如纯文本的电子邮件广告等本身也难以准确测量其效果。

6.1.2　网络广告的优势

网络广告相对于传统广告的优势,主要体现在以下方面:

(1)网络广告具有很强的交互性且易于实时修改。网络广告交互性的真正意义在于体现出用户、广告主和网络媒体三者之间的互动关系,具有灵活的互动性和选择性,因此有时也称为交互式广告。也就是说,借助网络媒体提供的网络广告环境和资源,广告主可以自主高效地进行广告投放、更换、效果监测和管理,也可以随时得到用户的反馈信息,并根据用户的要求和建议及时做出调整;而用户则可以根据自身需求选择感兴趣的广告信息及其表现形式,获取自认为有用的信息,也可以通过在线提交表单或发送电子邮件等方式向广告主(厂家)请求特殊咨询服务。网络广告只有建立起网络媒体、广告主、用户这三者之间良好的互动关系,才能营造大多数企业应用网络广告所需的和谐环境,让网络广告的价值最大限度地发挥出来。这种互动关系虽然具有很浓的理想色彩,但在搜索引擎营销中常用的关键词广告、竞价排名等形式中已经显示出了其价值。用户在网站上提供的个人资料,如对某种产品或生活方式的偏好等,有时也会成为广告商推出不同广告的依据。

【微型案例 6-1】居住在上海某区的李姓用户,曾经在一次网络广告与用户的互动过程中表示过自己夏天对某种小容量洗衣机的向往,没想到这竟成为厂商了解客户需求的重要信息。后来,该厂家据此"量身定制"出一整套促销方案。

传统媒体广告从策划、制作到发布需要经过很多环节的配合,广告一旦发布后信息内容就很难改变,即使可改动往往也需付出高昂的经济代价,因而难以实现信息及时更改。网络广告由于有自动化的软件工具进行创作和管理,能以低廉费用按照需要及时变更广告内容。网络广告的交互性是由互联网上信息互动传播与共享的特点所决定的。因此,网络广告主要通过"拉"方法吸引受众注意,受众可自由查询,可避免传统"推"式广告中受众注意力集中的无效性和被动性。

(2)网络广告传播范围广且无时空限制。网络广告的传播具有广泛性,不受时间和空间的限制。广告主通过互联网可以将广告信息 24 小时不间断地在任何地点发布并传播到世界各地,突破了传统广告只能局限于一个地区、一个时间段的限制。受众只要具备上网条件,就可以任何时间在任何连接网络的地点随意浏览广告信息,这是其他广告媒体无法实现的。

(3)网络广告定向与分类明确。网络广告最大的特点就在于它的定向性。尽管传统广告铺天盖地,如精心制作的电视广告,收音机里充满诱惑力的广告语,报箱内或门缝下被人塞入的一份份宣传品等,然而这类广告由于没有进行定向和分类,往往收效甚微。网络广告不仅可以面对所有互联网用户,而且可以根据受众特点确定广告目标市场。例如,生产化妆品的企业,其广告主要定位于女士,因此可将企业的网络广告投放到与妇女相关的网站上,通过互联网把适当的信息在适当的时间发送给适当的人,实现广告的定向。从营销角度来看,这是一种一对一的理想营销方式,它使潜在客户与有价值的信息之间实现了精准匹配。

(4)网络广告可实现精确有效的统计。传统媒体广告的发布者无法得到诸如有多少人接触过该广告的准确信息,一般只能大致推算一下广告的效果。而网络广告的发布者则可通过权威的广告统计系统提供庞大的用户跟踪信息库,从中找到各种有用的反馈信息;也可以利用服务器端的访问记录软件,如cookie程序等,追踪访问者在网站的行踪,包括其曾点击浏览过哪些广告信息。访问者的这些行踪都被储存在cookie中,广告商通过这类软件可以随时获得访问者点击的次数、浏览的次数以及访问者的身份、查阅的时间分布和地域分布等详细记录。对网络广告随时监测其投放的有效程度,具有重要的实际意义。一方面,精确地统计有助于企业了解广告发布的效果,明确哪些广告有效,哪些无效,并找出原因,及时对广告投入的效益做出评估;另一方面,广告商可根据统计数据审定广告投放策略,及时采取改进广告的内容、版式、加快更新速度等顺应消费者的举措,避免资金的浪费,进一步提高广告的效益。

(5)网络广告内容丰富且形象生动。传统广告由于受媒体的时间和版面的限制,其内容只能删繁就简突出少数重点;而网络广告的内容可以策划得非常详尽丰富,一个站点的信息承载量一般可大大超过传统印刷宣传品。其次,网络广告创作人员可以根据广告创意需要采用动态影像、文字、声音、图像、表格、动画、三维空间、虚拟现实等表现形式,并可最大限度地调动各种艺术表现手段任意组合创作,制作出表现形式多样、内容生动活泼、能够有效激发消费者购买欲望的广告。

(6)网络广告具有低成本高效率性。网络广告无须印刷,其平均费用仅为传统广告的3%。这样低廉的广告费用,使得很多无力进行大规模传统广告投放的企业,有能力通过互联网在全球范围内宣传其企业与产品。同时,网络促销广告的传播效率很高。网络广告属于互动式媒体广告,主动查找本公司广告的消费者一般带有较强的目的性,因而网络广告在到达目标顾客方面的能力要优于传统广告。通过网络广告不仅能够提高广告主对目标顾客的选择能力,而且可以促进企业由大众沟通模式向个体沟通模式转变。

6.1.3 网络广告的局限性

(1)网络广告的创意具有一定的局限性。网络广告的创意需要考虑网络媒体的特性,因此也具有一定的局限性。例如,Web页面上的旗帜广告效果很好,但是创意空间却非常小,其常用的最大尺寸约合15cm宽,2cm高。要在如此小的空间里创意出有足够吸引力、感染力的广告,是对广告策划者的巨大挑战。

(2)网络广告可供选择的广告位有限。网络广告由于受网页布局的限制,可供选择的广告位往往很有限。例如旗帜广告一般都放置在每页的顶部或底部两处(通常位于页面顶部的旗帜广告效果比位于底部要好),因此可供选择的位置少。图标广告虽然可以安置在页面的任何位置,但由于尺寸小,并不为大多数广告主所看好。另一方面,由于广告越来越向少数有影响的导航网站聚集,使得这些网站页面上投放广告的位置成为广告主竞争的热点,这种情况进一步加剧了广告位置的紧张性。

总之,网络广告有其自身基本特征,虽然还存在着诸多问题,但凭借上述所列举的种种优势,网络广告仍然深深地吸引着众多的企业和客户。

6.2　网络广告的类型

网络广告的表现形式丰富多彩,而且随着网络新媒体新技术的进步和发展,新的网络广告形式也在不断推出。目前,网络广告已经衍生出多种类型,按发布方式大致可分为 Web 站点广告、富媒体广告、植入式广告、电子邮件广告四大类。

6.2.1　Web 站点广告

Web 站点广告是最早应用于互联网中的广告形式,可以认为是图形、文字等传统平面媒体广告在互联网中的延伸,一般具有链接功能,用户点击后可进入所链接的网页,从而获取更多的信息。常见的 Web 站点广告有旗帜广告、按钮广告、摩天大楼型广告、弹出式广告、插播式广告、文本链接广告、搜索引擎广告等形式,一些 Web 站点广告尺寸规格的具体标准如表 6-1 所示。

表 6-1　Web 站点广告的标准规格　　　　　　　　（单位:像素）

规　格	名　称
1. 旗帜和按钮(banner and button)广告	
468×60	全幅旗帜(full banner)
392×72	半幅旗帜(half banner)
88×31	小按钮(micro bar)
120×90	1 号按钮(button 1)
120×60	2 号按钮(button 2)
120×240	竖幅旗帜(vertical banner)
125×125	方形按钮(square button)
728×90	排行榜(leader board)
2. 矩形和弹出式(rectangles and pop-ups)广告	
300×250	中级长方形(medium rectangle)
250×250	正方形弹出式(square pop-up)
240×400	竖长方形(vertical rectangle)
336×280	大长方形(large rectangle)
180×150	长方形(rectangle)
300×100	3:1 长方形(3:1 rectangle)
720×300	隐藏式弹出(pop-under)
3. "摩天大楼"(skyscrapers)广告	
120×600	摩天大楼(skyscraper)
160×600	宽幅摩天大楼(wide skyscraper)
300×600	半页广告(half page ads)

资料来源:IAB 网站(www.iab.com)

（1）旗帜广告（Banner ads）。旗帜广告是目前最常见的网络广告形式。网络媒体在其网站页面中分割出一定大小的一个画面（尺寸视各媒体的版面规划而定）发布广告，因其像一面旗帜，所以称为旗帜广告。旗帜广告在制作上经历了由静态向动态的演变，早期的旗帜广告多采用 GIF、JPG 等文件格式的图片，且多为静态无交互功能的方式，目前的旗帜广告越来越普遍地采用 Flash、Java 等技术实现的动态交互性图像。旗帜广告具有可交互、可定向、可跟踪、操作方便灵活等网络广告的突出优点，允许客户用极简练的语言、图片介绍企业的产品或宣传企业形象。旗帜广告可分为非链接型和链接型两种，链接型与广告主的主页或网站相链接，浏览者也可以点选，进而看到广告主想要传递的更详细的信息。旗帜广告的尺寸规格参见表 6-1，其展现和互动方式随着技术的进步也在不断发展和创新。

（2）按钮广告（Button ads）。按钮广告也称图标广告，与旗帜型广告类似，也是使用图片或 Flash 等制作的图形广告，由于尺寸较小，因此表现手法相对简单，通常只显示一个标志性图案以及企业或产品名称。按钮广告因其带有链接功能，通常主要用作提示性广告（如商标），以便用户点击进入其链接的网页。目前常用的按钮广告除传统的普通按钮广告外，还有一种被称为"悬浮按钮"的悬浮或飘移在网页上的图标广告，这些悬浮按钮广告大多具有鼠标响应功能，即当鼠标移至或点击该图标广告时将打开所链接的信息。按钮广告的不足在于其被动性和有限性，只能被动地等待浏览者点选，才能展现企业或产品更为详尽的信息。

（3）摩天大楼型广告（Kyserper ads）。摩天大楼型广告亦称条幅广告、擎天柱广告，是一种窄而高，位于网页两边垂直放置的网络广告。

（4）弹出式广告（Pop-up ads）。弹出式广告是一种在已显示内容的网页上弹出的具有独立广告内容的窗口，一般出现在网页内容下载完成之后，因而对浏览网页内容会产生直接影响，容易引起用户的反感。另外，还有一种隐藏式弹出广告（Pop-under ads），一般隐藏在网页内容后面，打开网页时并不会立即弹出，而当关闭网页窗口，或对窗口进行移动、改变窗口尺寸、最小化等操作时，才弹出广告窗口。

（5）插播式广告（Interstitial ads）。插播式广告与弹出式广告类似，也是具有独立广告内容的窗口，但它是插入在用户进入欲访问网页下载过程中（即两个网页内容显示切换的中间间隙）弹出的，CNNIC 将其定义为"空隙页面"广告，也称过渡页广告。虽然这种广告的投放大多选择了一些与广告内容有联系的网站或栏目，而且所插播的广告窗口幅面也较小，但由于广告带有一定强制性，容易引起用户的不悦，常常会选择关闭 Web 浏览器的相关功能来屏蔽这类广告（电视广告无法做到），所以其效果往往并不显著。

（6）文本链接广告（Text Link ads）。文本链接广告是以文字链接的广告，即在热门站点的 Web 页上放置可以直接访问的其他站点的链接，通过热门站点的访问，吸引一部分流量点击链接的站点进入相应的内容页面。这种广告形式简单，虽然难以产生图形广告那种视觉冲击效果，但因其对浏览者干扰较少，对于那些有潜在需求的受众也能达到软性宣传的目的。文本链接广告的费用一般比较低，主要通过简短的文字来传达信息，实际应用中往往需要通过好的创意吸引浏览者点击才能达到预期效果。

（7）搜索引擎广告。搜索引擎广告是当前网络广告的热门，主流形式有关键词广告、竞价排名、地址栏搜索广告等。①关键词广告。当用户在搜索引擎上输入需检索的关键词后，即可得到与关键词相关的诸多信息链接，此时，在搜索结果页面的右侧将出现与关键词密切相关的"赞助商"关键词广告,用户若点击其中某个广告,即可进入赞助商的网站或网页。②竞价排名。竞价排名是搜索引擎服务商的一种赢利模式,其基本运作原理是按用户的点击率收费。③地址栏搜索广告。用户利用浏览器地址栏搜索功能,无须记忆复杂的域名即可直达企业网站。

6.2.2　富媒体广告

富媒体广告(Rich Modia ads)是指以动画、声音、视频为媒介的具有复杂视觉效果和交互功能的网络广告,其效果取决于站点的服务器端设置和访问者的浏览器是否能顺利查看。

一般来说,富媒体广告能表现更多、更精彩的广告内容,可以应用在 Web 站点广告、电子邮件广告中。受网络速度和带宽的限制,许多用户不可能以在线方式收听或观看网站提供的音频、视频信息,因此,通过下载方式提供富媒体广告,成为许多企业尤其是中小企业的首选,从这个意义上看,富媒体广告可以认为是下载式广告。富媒体广告包括视频广告、流媒体广告、声音广告、墙纸式广告、屏保广告等常用传播方式。

(1)视频广告(Video ads)。视频广告分为传统视频广告和移动视频广告两类。传统视频广告是指在视频内进行广告的设置和投放,而移动视频广告是指在移动设备(如手机、平板电脑、掌上游戏机等)内进行的插播视频模式。由于视频管理平台的开发难度较大,许多企业一般会将其营销宣传视频上传到优酷或土豆这类社会化视频分享网站,再将上传好的视频链接引回到企业网站进行播放。移动视频广告主要通过移动互联网在移动设备中展示营销视频的一种方式,其技术主要采用数码及 HTML5 技术,融合视频、音频、图像及动画,利用移动终端用户开启或退出移动应用等"碎片时间"来插播视频。需要注意的是,过度频繁的移动视频展示,不仅不能树立品牌效果,还可能导致用户体验受损。

(2)流媒体广告(Streaming ads)。流媒体广告是以流媒体技术在网络上传播产品、服务或品牌信息的广告活动。流媒体广告具有以下特点:①采用非强迫性方式传送资讯,可以让用户自由查询,并将资讯集中呈现给用户,从而更容易被接受。②可以边下载边播放,大大节约用户时间。③流媒体广告所传达的信息可实现互动传播,用户可以获取其所需的产品或服务信息,厂商也可以随时得到用户的反馈信息。④流媒体广告可以利用独有的流媒体技术针对目标受众专门发送,使信息能更直接地传递给最有可能的潜在用户。

(3)音频广告(Audio ads)。音频广告是指在各种广告形式中加入声音,增强广告效果,加深受众印象,综合利用视觉、听觉效果对用户进行说服的网络广告。主要通过 Flash 或流媒体中的音频技术实现。

(4)墙纸式广告(Wallpaper ads)。墙纸式广告是把广告主所要表现的广告内容体现在墙纸上,并安排放在具有墙纸内容的网站上,以供感兴趣的人进行下载。

(5)屏保广告(Screensaver ads)。屏保广告是指利用电脑和手机的休眠状态开发带有营销宣传信息的电脑屏保程序或手机屏保 App 的广告形式。当用户操作电脑或手机时,屏保程序启动,相当于广告开始轮播。

6.2.3　植入式广告

植入式广告(Product Placement)是将有关产品或服务的具有代表性的视听品牌符号甚

至内容,策略性地融入影视节目、游戏或软文中的一种广告方式。植入式广告一般通过场景再现、思维联想等效应,让观众、用户或读者对产品和品牌产生印象,进而达到促销目的。植入式广告亦称隐性广告或软广告,具有隐蔽性、关联性、经济性、深度说服能力强等特点。

在网络环境下,目前植入式广告主要利用网络游戏、网络社区、网络软文等方式实施。

(1)网络游戏植入广告。网络游戏广告是以网络游戏为营销信息传播载体的广告,具有受众面广、传播效果明显、广告性价比高等特点。网络游戏广告的核心思想是通过游戏向受众传递广告信息,主要采用情境植入方式实现。常用的植入方式主要有六种:①游戏场景植入。即将产品或品牌信息植入到游戏的内部场景中,如在"足球射门"游戏中,南孚电池的品牌标志一直出现在球门的左右和背后,而且在每次射门失败之后就会出现"坚持就是胜利"的广告口号,刺激玩家对产品的联想。②游戏中人物的服饰、道具植入。该方式可满足玩家扮演其理想的社会角色的内在诉求。③游戏中视频、音频的植入。这种方式可以在增强游戏情境效果的同时,强化玩家对品牌的认知和记忆。④游戏中的任务植入。在游戏关卡设置中植入与品牌相关的任务,使玩家在攻城拔寨的互动娱乐中,接触和体验品牌的内涵。⑤游戏登录界面植入。即将广告信息嵌入游戏客户端软件的界面,增加品牌与产品的曝光度,让用户进一步加深品牌印象,了解产品信息。⑥游戏推广植入。这是一种整合营销传播策略,不仅包括游戏自身的广告,也包括网络游戏所涉及的各种推广渠道的营销传播。

(2)网络社区中植入广告。网络社区中植入广告是指利用在线论坛、博客、社区网站等基于社会化软件建立的网络交流空间进行的以植入式广告为主要形式的营销活动。网络社区以兴趣、交流和聚集为目的,其交流可能涉及社会生活中的热门话题、新生事物、流行时尚等许多议题。因此,在网络社区中植入广告要善于捕捉商机,结合交流的内容,适时精准地隐性植入产品或品牌信息,并借助相关话题带动,引起网民对产品或品牌的关注。这一过程应当以润物细无声的方式进行,避免插入式的广而告之的硬性推广方式。在网络社区这类场合植入广告需要营销者具有敏感的市场洞察力、敏锐的营销思维、出色的企划能力和良好的公关素质。

(3)利用网络软文植入广告。即借助文字与舆论传播使消费者认同企业产品或品牌。

6.2.4　电子邮件广告

电子邮件广告(E-mail ads)即通过电子邮件发送广告,具有针对性强、费用低廉、广告内容不受限制等特点。电子邮件广告一般采用文本格式或 html 格式,可以针对具体受众发送特定的分类广告,从而成为网络营销中实施精准营销的手段之一。首次发送电子邮件广告一般应征求接收者的意见,尽量获得对方许可,因为未经对方允许直接发送到接收者的电子邮箱中的邮件广告,一般会被视为"垃圾邮件"。

6.3　网络广告的发布策略

网络广告的发布需要考虑如何选择适当的发布平台、适当的投放时间等问题,企业应根据自身技术状况和经济实力,在对广告的传播范围、播放频率、受众特点、网站信誉、成本等方面进行综合比较和分析的基础上,做出合适的选择。

6.3.1 网络广告发布平台的选择策略

网络广告的发布方式和途径可谓丰富多彩,可以利用自建网站或他人网站发布广告,也可以利用广告交换服务网络、电子邮件等多种方式发布广告。网络广告发布平台的选择应考虑的主要因素包括覆盖面、信誉度、收费标准等。

(1)利用自建网站发布广告。这是网络广告最常用的发布方式。企业利用自建网站发布广告,可以完全自主地对广告的内容、画面结构、互动方式等各种因素进行全面策划。实际上,企业网站本身就是一个广告,当然企业网站也不能所有页面全都被广告所充斥。网站运营实践表明,如果一个网站只提供广告,而不能同时提供其他信息的话,往往不会有众多的访问者。所以许多企业的网站上通常会提供一些时事新闻、名人轶事以及可供访问者免费下载的软件、游戏等非广告信息。总之,网站这种特殊的广告形式,必须能给访问者带来一定的利益,使其成为网站的常客。

(2)借助他人的网站发布广告。这也是常用的网络广告发布方式之一。互联网上的网站成千上万,为达到尽可能好的效果,应当选择合适的网站来投放广告。投放广告选择网站的基本原则如下:①选择访问率高的网站。例如,选择一些访问流量较大的搜索引擎网站、社交网站等投放广告,可以获得大量的点击数。②选择有明确受众定位的网站。互联网上有许多专业性网站,其特点是覆盖面较窄,访问人数也较少,但访问这些网站的网民可能正是广告的有效受众。因此,选择这类有明确受众定位的网站放置广告,往往可以获得比较高的有效点击率。

(3)利用广告交换网络。网络广告交换网实际上是一个网络广告交换的中介机构,凡是拥有自建网站主页的用户都可以加入某个广告交换网。广告交换网主要有以下优点:①可以实现免费广告交换,且接触面广。②可以为所有成员与赞助商提供即时统计,报告广告出现的次数与被浏览的次数。③在广告交换网上,广告销售业务可以由交换网络代为处理,解除单个网站的广告销售困扰。广告交换网络的运作机制是:广告主首先按要求制作一个旗帜广告传送给交换服务网络,登记注册后,便成为该网络的成员;然后在自建的网页上加入交换网络服务商提供的一段 HTML 代码,这样每当有人浏览其网页时,交换网中有关成员的广告就会在该网页上自动显示。同样的原理,该广告主的广告也会出现在交换网这些成员的网页上,从而达到互换广告的目的。广告交换网络是以等量交换为原则的,交换网络的服务器会统计各成员网页被浏览的次数,并根据这个数字将某个成员的旗帜广告按其所选择的类别等量地送到其他成员的网页中显示,这样就可以实现相对公平地在成员中互换广告。国内比较著名的广告交换网有网盟、联盟广告网、太极链文本广告交换等,国际上著名的如 LinkExchange 等。

(4)利用电子邮件发送广告。利用电子邮件列表发送广告信息也是一种常用的广告发布方式。电子邮件列表也叫邮件组,相当于一份地址清单,由于每个邮件组中的客户都是按某一主题编排的,因此邮件组可以为企业提供精确细分的目标市场,所产生的回应率是比较高的。企业可根据自己的客户建立或通过正常渠道购买他人的邮件列表(现在网上有些邮件组还不允许做广告,因此要想利用邮件组做广告,首先要弄清楚这个邮件组是否允许做广告),此后便可以定期向这个邮件组发送广告信息了。最好的方法是使用邮件列表软件设置自己的邮件列表,或利用服务器上所带的邮件列表,一般的服务器托管服务提供商都会向用户提供这项服务。

(5)利用传统媒体发布网址广告。企业可在各种其他媒体上购买空间发布广告,如在传统广告中加入一条类似于企业地址之类的 web 网址,据统计,国外 10% 的电视广告中都带有网址;在我国,也有越来越多的企业利用电视广告进行企业网址的宣传和推广。

6.3.2 网络广告发布时间的选择策略

网络广告发布的时机、时序、时段等对其传播效果都将产生直接的影响,因此,科学地选择广告投放的时间策略,是提高目标受众的浏览量和点击率的关键步骤。

(1)时机策略。时机策略即利用有利时机适时投放网络广告。例如,一些重大的节庆活动、体育赛事、娱乐活动、商业活动等都是广告发布的良机。

(2)时段策略。虽然 Web 形式的网络广告可以全天候播出,但为了提高点击的有效性,还是应根据目标受众的上网习惯安排合适的广告投放时段。网络广告的投放时段可分为持续式、间断式、实时式等方式,具体选择哪种方式,应在所选投放平台的基础上根据广告对象、预算、所期望达到的效果等具体情况来决定。

(3)时序策略。时序策略即网络广告投放时间与所推广的产品进入市场孰先孰后的策略选择,分为提前、即时和置后三种策略。提前策略是在新产品进入市场前先行投放广告,以引起受众的关注,为新产品上市造势;即时策略是广告投放与新产品上市同步,为企业所普遍采用;置后策略是在产品进入市场之后再投放广告,此举可以根据产品上市后的市场初始反应,及时调整促销策略,以提高广告的促销效果。

(4)时限策略。时限策略是指在一次广告投放周期中,广告投放的间隔和每次播放的时间长短的策略选择,分为集中速决型和持续均衡型两种。前者是在短暂的时间内,向目标市场投放高频率、密集的广告信息,主要适用于新产品投入期或流行商品进入市场期,以及一些季节性的商品促销。持续均衡策略则是通过连续不断地给受众以信息刺激,以增强受众对广告信息的持久记忆,适用于产品的成长期、成熟期。选择时限策略必须综合考虑企业和目标受众的利益。广告投放时间短、间隔时间长,能降低成本,受众也不会产生厌恶情绪,但投放时限太短、太疏则难以充分传递促销信息,可能会降低广告效果;而广告投放的时限太长,不仅会增加成本,而且容易引起受众的逆反心理,产生抵触情绪。因此,如何合理地安排网络广告投放周期和各时段内的播出频率,是网络广告发布时需要慎重考虑的重要问题。

6.4 网络广告的计费方式

付费网络广告有多种计费方式,目前常用的主要有千人印象成本、每点击成本、每行动成本、每购买成本(CPP)、包月方式、按业绩付费(PFP)等。

6.4.1 千人印象成本

千人印象成本(Cost Per Thousand Impressions,CPM)亦称千次展示量成本,是一种沿用传统广告的基于受众浏览次数计费的标准。在网络广告中,印象(Impressions)是指广告投放页面的用户浏览量,或称展示量。CPM 表示广告主投放的广告被浏览 1000 次的成本,计算公式为

$$CPM=(广告总成本/广告被浏览次数)\times 1000$$

例如,某网站的网络广告价格为 120 元/CPM,如果一位广告主为其投放的广告支付了 12000 元,则该广告可在此网站上被浏览 10 万次。目前采用该模式的主要是搜索引擎和信息门户网站。

6.4.2 每点击成本

每点击成本(Cost Per Click,CPC)是指用户每点击一次某网络广告,广告主为此所付出的成本。计算公式为

$$CPC=广告总成本/广告被点击次数$$

在该模式下,广告主仅为用户点击广告的行为付费,而不再为广告的显示次数付费,如竞价排名就是一种典型的 CPC 计费模式。该方法对广告服务商的作弊行为有一定的约束力,因此,从性价比看,CPC 比 CPM 更合理,是比较受广告主青睐的一种计费方式。但是,也有不少经营广告的网站觉得此类方法不公平,因为有时候虽然浏览者没有点击,但是已经看到了广告,对于这些看到广告却没有点击的流量来说,网站成了免费信息提供者,有很多网站因而不愿意做这样的广告。

6.4.3 每行动成本

每行动成本(Cost Per Action,CPA)是按广告投放的实际效果,即按由广告带来的用户回应行为计费的方式,亦称按实际回应定价。具体标准包括按点击进入率、转化率付费等。如果用户在广告的引导下,进行了提供个人资料(注册)或下载有关信息、提出咨询请求等具体的行动,网站便可向广告主收取费用。计算公式为

$$CPA=广告总成本/广告转化次数$$

该方式对网络广告服务商有一定的经营风险,但若广告投放效果明显,其收益也可能比 CPM、CPC 等方式要高得多。

6.4.4 每购买成本

每购买成本(Cost Per Purchase,CPP)是按用户通过点击广告并进行了交易之后,再按销售笔数付给广告站点费用的计费方式,计算公式为

$$CPP=广告总成本/广告转化的购买次数$$

类似的还有 CPS(cost per sles),即以实际销售的产品数量来计算广告投放费用的方式。

6.4.5 包月(年)方式

国内一些网络广告服务商(尤其是中小站点)按照"一个月(年)多少钱"这种固定计费模式来收费。该方式相对简单,易于操作,但对广告主和广告投放网站都有失公允,难以保障

广告客户的利益。

6.4.6　按业绩付费

按业绩付费(Pay-For-Performance,PFP)的基准有点击次数、销售业绩、导航情况等,这种计价模式将得到广泛的采用。

除了上述计费方式外,某些广告主还可能会提出个别特殊议价方法,如以搜集潜在客户名单多少来收费(CPL,即 Cost Per Leads)等。

总体来看,目前比较流行的网络广告计价方式是 CPM 和 CPC,其中 CPM 最为流行。广告服务商一般偏向使用 CPM 方式,而广告主为规避广告成本风险倾向于使用 CPC、CPA、CPP 等方式。未来决定网络广告服务商盈亏的关键问题是其能否根据广告提供的实际价值向广告主收费。因此,按照实际回应行为或销售业绩来计费的方式,将逐渐成为网络广告的主流运营模式。

6.5　网络广告的效果评价

网络广告效果评价是对广告投放效果和运营质量的精确检测。网络广告发布后,其投放的效果评价直接关系到网络媒体和广告主的利益,因此必须进行广告效果评价。同时,通过效果评价能及时发现网络广告运营中的问题,从而进行必要的调整和改进。

6.5.1　网络广告效果的评价原则

(1)有效性原则。即要求在测评网络广告投放效果时,必须依据科学有效的评价指标体系,通过真实、有代表性的检测数据进行评估。

(2)可靠性原则。这一原则要求检测对象的条件和测定方法在不同检测时段均保持一致,并能使其在多次检测中得到相同的结果。

(3)相关性原则。广告效果检测的内容必须与营销目的相关,不可做空泛或无关的测评工作。例如,若广告的目的是推广新产品,广告效果的检测内容就应针对消费者对品牌的认知程度展开;若广告的目的在于与同类产品竞争,则应着重对品牌的感召力和增强消费者对产品的信任感等内容进行检测。

6.5.2　网络广告效果的评价指标

网络广告效果目前尚无统一的评价标准,本书根据中国互联网协会网络营销工作委员会发布的《中国网络营销(广告)效果评估准则》(2009),给出一些具有可操作性的评价指标。

(1)广告展示量(Impression)。广告每一次显示称为一次展示。广告展示量一般为广告投放页面的浏览量,可反映广告所在网页的访问热度。广告展示量同时也是广告服务商用于计量广告效果和计费的基础,广告服务商通常用每千次展示量 CPM 为一个计费单位。

(2)广告点击量(Click)。广告点击量即用户点击广告的次数,通常与下列数据结合可反映广告的投放效果:①广告点击量与产生点击的用户数(大多以 Cookie 为统计依据)之比,可以初步反映广告是否有虚假点击现象;②广告点击量与广告展示量之比(称为广告点击率),该值可以反映广告对网民的吸引程度。广告服务商通常用每点击成本 CPC 为一个计费单位。

(3)广告到达率(Reach Rate)。广告到达率即用户通过点击广告进入被推广网站(着陆页)的比例。广告到达率通常可反映广告点击量的质量,是判断广告是否存在虚假点击的指标之一,也可反映广告着陆页的加载效率。

(4)广告二跳率(2nd-click Rate)。广告二跳率即用户在推广网站着陆页上产生了有效点击的比例。通过点击广告进入推广网站的用户在着陆页面上产生的有效点击称为二跳,二跳的次数即为二跳量。广告二跳量与通过点击广告进入推广网站的用户数量之比称为二跳率。二跳率通常反映广告带来的流量是否有效,是判断广告是否存在虚假点击的指标之一。此外,广告二跳率还能反映着陆页面对广告用户的吸引程度。

(5)广告转化率(Conversion Rate)。转化是指受网络广告影响而形成的购买、注册或进一步了解信息的请求。即由广告带来的用户通过推广网站特定页面上的注册、购买等操作,将其身份从普通浏览者转变为注册或购买用户的过程。广告用户的转化量与广告用户进入推广网站的到达量之比称为广告转化率。广告转化率通常反映广告的直接收益。

上述评价指标在实际应用中的统计对象包括富媒体广告、文字链接广告、E-mai 广告等多种广告形式,统计周期可以是小时、天、周或月,也可按实际需要设定。

6.5.3　网络广告效果评价的常用方法

网络广告效果评价可采取定性或定量的分析方法,下面介绍五种常用的评价方法。

(1)Web 日志分析法。Web 日志分析法通过分析 Web 服务器日志来获取流量的来源,判断用户是否来自广告,并追踪广告用户在网站上进行的操作。当用户在浏览器中打开某一网页时,Web 服务器接受请求,在 Web 日志中为该请求创建一条记录,一般包括页面的名称、IP 地址、客户的浏览器以及日期时间等数据。该方法不需要在网站上额外添加代码,不易造成数据缺失。但由于主要是以服务器端的数据为分析依据,且没有涉及客户端的情况,因而统计的数据不一定准确,尤其当数据量较大时,将增加实时分析的难度。

(2)JavaScript 标记分析法。JavaScript 标记分析法通过在监测对象网站的页面上(包括静态、动态页面和基于浏览器的视频播放窗口等)嵌入 JavaScript 监测代码的方式获取用户访问这些网站的信息。用户使用浏览器访问被监测的页面时,会同时向监测服务器发送统计信息,后者汇总接收到的浏览器请求数量,统计出被监测网站或广告的流量数据。该方法在获取被监测对象网站的全样本(所有被用户访问过的网页和其在这些网站上的所有访问行为)细节数据方面具有优势。

(3)比较分析法。比较分析法是一种通过比较两个或多个监测对象中相互联系的指标数据,进而揭示该指标与分析对象的相互关系的方法。比较分析法包括定性比较分析和定量比较分析,两者原理相同,但在比较的内容和具体实现方法上有所不同。①定性比较分析。一种典型方式是对特征相同的受众分别投放或不投放广告,通过比较两类受众的反应来确定该广告的效果。定性分析的结果取决于测评人员的水平,虽然一些结果不一定精确,但可以在一定程度上为广告的统计分析提供参考意见,适用于一些无法量化的指标。因其具有操作性强、实施成本较低的特点,成为目前常用的方法之一。②定量比较分析。即改变投放广告的展现方式(文字、图片、图像等)、展现时间长短与间隔、展现内容的多寡等,利用眼动仪、脑波仪等设备和内隐行为测试软件或问卷调查,获得受众对广告投放效果的反应数据。这种方式可以获得对广告效果的精确测评数据,但实施成本较高,测评过程也比较复杂。

(4)加权计算法。加权计算法是一种定性与定量相结合的方法。即在广告投放了一个时段后,根据该广告采用的投放形式、投放媒体、投放周期等不同情况所产生的不同效果,赋予其不同的权重,以判别该广告在不同情况下所产生的效果之间的差异。加权计算法建立在对广告效果进行基本监测统计基础之上,它不是检测某次或某个广告的投放效果,而是对广告效果的综合评估。

【微型案例6-2】某企业分别在甲、乙两个网站上同时投放了一个相同的 Banner 广告,一个月后两个网站上取得的效果分别是:甲网站点击数量 5000 次,销售产品100 件(次);乙网站点击数量 3000 次,销售产品 120 件(次)。试比较两网站的广告投放效果。

采用加权计算法进行分析的思路是:根据来自广告服务商的经验统计数据,每 100 次点击中可产生 2 次实际购买,将实际购买的权重设为 1.00,每次点击的权重则为 0.02,由此算出在上述两种情况下广告主可获得的总价值。

在甲网站上投放广告的总价值为:$100 \times 1.00 + 5000 \times 0.02 = 200$

在乙网站上投放广告的总价值为:$120 \times 1.00 + 3000 \times 0.02 = 180$

虽然在乙网站投放广告获得的直接销售比甲网站要多,但加权计算法分析的结果是:在甲网站上投放广告更有价值。其原因在于,网络广告的效果除了体现在产生的直接购买量外,还体现在用户对广告传递信息的关注与认知上。

使用加权计算法时,权重的设定对最后的结果有直接影响。如何决定权重,需在分析大量统计资料的前提下,对用户浏览数量与实际购买之间的比例取一个相对精确的统计数据。

(5)转化率监测法。点击量和点击率是网络广告的基本评价指标之一,但有关统计资料表明,近年来网络广告的点击量呈逐渐下降的趋势。造成这种状况的原因是多方面的,如一幅网页上投放的广告数量太多而无暇顾及、广告设计不佳难以吸引浏览者点击等。较低的点击率是否意味着网络广告的作用在弱化,还需要用更科学的指标参数来衡量网络广告的效果。美国 Jupiter Media Metrix 公司的调查结果显示,旗帜广告即使没有被点击,仍然具有相当大的品牌感知价值。因此,人们采用了与点击率相关的另一个指标转化率,来反映那些观看而未点击广告所产生的效果。

【微型案例6-3】Ad Knowledge 公司的调查发现了一个有趣的现象:随着时间的推移,由点击广告形成的转化率在降低,而观看网络广告形成的转化率却在上升。点击广告的转化率从 30 分钟内的 61% 下降到 30 天内的 8%;而在同样的监测条件下,观看广告的转化率则由 11% 上升到 38%。这种现象提醒营销人员:应当关注那些占访问者总数 99% 的并没有点击广告的浏览者,注意监测转化率。

对转化率的监测目前在操作上还有一定难度,许多情况下仍要沿用对比分析法的思路。

本章小结

本章介绍了网络广告的特点、类型、发布策略、计费方式、效果评价等内容。网络广告需要依附于有价值的信息和服务载体,网络广告具有强制性和用户主导双重属性,网络广告的核心思想在于引起用户关注和点击;网络广告具有很强的交互性且易于实时修改、传播范围广且无时空限制、定向与分类明确、可实现精确有效的统计、内容丰富且形象生动、具有低成本高效率性;网络广告按发布方式大致可分为 Web 站点广告、富媒体广告、植入式广告、电子邮件广告四大类;发布网络广告需要考虑如何选择适当的发布平台、适当的投放时间等问题;付费网络广告主要有千人印象成本、每点击成本、每行动成本、每购买成本、包月方式、按业绩付费等多种计费方式;网络广告效果的评价需遵循有效性原则、可靠性原则、相关性原则。

复习思考题

1. 选择题(有一项或多项正确答案)

(1)下列属于网络广告特点的选项是(　　　)。

　　A. 需要依附于有价值的信息和服务载体

　　B. 具有强制性和用户主导双重属性

　　C. 核心思想在于引起用户关注和行动

　　D. 具有很强的交互性且易于实时修改

(2)网络广告按发布方式大致可分为(　　　)几大类。

　　A. Web 站点广告　　　　　　　　　　B. 富媒体广告

　　C. 植入式广告　　　　　　　　　　　D. 电子邮件广告

(3)网络广告的发布方式和途径丰富多彩,可以利用(　　　)等多种方式发布广告。

　　A. 自建网站　　　　　　　　　　　　B. 他人网站

　　C. 广告交换服务网络　　　　　　　　D. 电子邮件

(4)网络广告的集中速决型投放策略,是在短暂的时间内向目标市场投放高频率、密集的广告信息,主要适用于(　　　)。

　　A. 新产品投入期　　　　　　　　　　B. 产品的成长期

　　C. 行商品进入市场期　　　　　　　　D. 一些季节性的商品促销

2. 判断正误

(1)电子邮件广告可以看作是许可 E-mail 营销与网络广告二者的交集。(　　　)

(2)网络广告发布平台的选择应考虑的主要因素包括覆盖面、信誉度、收费标准等。(　　　)

(3)网络广告投放的时限策略是指在一次广告投放周期中,广告投放的间隔和每次播放的时间长短的策略选择,一般分为集中速决型和持续均衡型两种。(　　　)

(4)网络广告投放的持续均衡策略是通过连续不断地给受众以信息刺激,以增强受众对广告信息的持久记忆,适用于新产品投入期。(　　　)

3．简答题

（1）本章引例的广告为什么能引起高度关注？其创意考虑了受众什么样的心理因素？

（2）网络广告效果的评价一般应遵循什么原则？

（3）网络广告效果的评价，目前具有可操作性的评价指标主要有哪些？

二维码

（参考答案）

第 6 章选择判断题

4．讨论题

如何选择网络广告的发布平台和发布时机？你认为现阶段应该如何增强网络广告的营销效果？每人提出一个能够增强网络广告营销效果的方案，在小组讨论的基础上，每组挑选一个最优方案在全班进行交流。

第7章 病毒式营销

 ## 导入案例:"合成大西瓜"小游戏的病毒式营销魔力

近日,一款名为"合成大西瓜"的合成类小游戏刷屏各大社交平台,玩家操纵不同大小和类型的水果进行合成,相同的水果可以合成一个比之前更大的水果,最终可以合成一个西瓜。合成的西瓜越多,评分相应地也会越高。网友们一时间纷纷相互推荐,甚至有的人熬夜到凌晨4点不睡合成大西瓜。

据某舆情系统分析显示,截至2021年1月27日15时,"合成大西瓜"相关话题讨论量已达到469866条,可见该游戏在社交网络的火爆程度之高,其中,24日是话题的重要发酵期,其热度一路飙升至了顶峰。

在媒体类型分布上,微博(98.87%)是最主要的讨论平台,其中,热搜词条#合成大西瓜#截至1月27日15时,已获得了10.8亿的阅读量和25.6万的讨论量。

(资料来源:www.360kuai.com/pc/9f86989f81b9786c7? cot,2021,编者有删改)

 ### 点评:找准兴趣点充分利用受众的碎片化时间推动分享

企业和品牌应该如何抓住用户开展病毒式营销呢? 首先,提供高质量有价值的内容是基础,价值越大,用户主动进行宣传的积极性也会越高,产品推广的速度也会越快;其次,本案例还可给予如下启示:

(1)找准兴趣点。一方面,现代社会生活愈加快节奏化,大多数人的时间都是高度碎片化的;另一方面,现代人的精神压力大,渴望通过一些合适的途径进行宣泄和释放。企业在进行产品设计时抓准这两个兴趣点,能够对病毒式营销的成功实现起到事半功倍的效果。"合成大西瓜"等小游戏操作简单,充分利用了玩家的碎片化时间,能够让玩家在游戏中很好地放松自己,满足了人们的内心情感需求,因此,得到了用户大规模的口碑宣传。

(2)设置激励推动分享。许多企业通过设置激励方式为分享助力,例如在宣传产品的同时会给予用户相关知识或资源,促使用户在获得利益的同时不自觉地将产品推广出去。游戏商家常常通过设置分数或排名等形式,激励用户不断分享和传播,最终达到宣传目的。例如,"合成大西瓜"小游戏不仅有分数的显示,游戏结束后还会打出"击败了全球 xx‰ 的玩家"的字样,促使高分玩家进行分享和炫耀,同时,有没有合成大西瓜以及合成了多少大西瓜本身也能够激起玩家的胜负欲,使成功合成大西瓜的玩家获得一种自我满足感,从而进行传播和分享。总的来说,这些激励的设置都能够有效推动病毒式营销的实现。

病毒式营销不是利用病毒进行营销,而是一种使营销信息短时间内在曝光率和影响上产生几何级增长的营销推广策略。病毒式营销的首次实践,一般认为是 1996 年的 Hotmail 免费电子邮件推广活动。病毒式营销 2000 年被引入中国,但直到 2005 年前后,借助于腾讯 QQ、个人博客和网络社区等工具,病毒式营销才逐渐被营销人员关注和运用,并在理论和实践操作方法上有了一些本土化创新。

7.1 病毒式营销的含义与特点

二维码

（视频 7-1）

病毒式营销的概念

7.1.1 病毒式营销的含义

病毒式营销（Viral Marketing）是通过用户的口碑宣传网络,使营销信息像病毒传播一样扩散,利用快速复制的方式传向数以千计、数以百万计的受众,常用于进行品牌宣传、网站推广等。

病毒式营销的基本思想是通过提供有价值或有独特创意的信息和服务,利用用户之间的主动传播来实现营销信息传递。病毒式营销背后的含义是如何充分利用外部网络资源（尤其是免费资源）扩大网络营销信息的传递渠道。

病毒式营销利用的是用户口碑传播原理,在互联网上这种口碑传播能够更为方便地在用户之间自发地进行,可以像病毒一样迅速蔓延,因此病毒式营销成为一种高效的信息传播方式。病毒式营销的巨大威力就像一颗小小的石子投入了平静的湖面,一瞬间似乎只是激起了小小的波纹,转眼湖面又恢复了宁静,但是稍后就会看到波纹在不断进行着层层叠叠的延展,短短几分钟整个湖面都起了震荡。这就是病毒式营销的魅力,一个经过深思熟虑的病毒式营销策略会将这个小小的波纹以令人无法想象的速度向外无限扩展,从而起到意想不到的效果。

7.1.2 病毒式营销的特点

病毒式营销的本质是向用户提供有价值或有创意的信息和服务并促使用户主动传播。网络营销信息一般不会自动传播,需要依据其特点进行一定的推广。病毒式营销的特点主要表现在以下方面:

（1）营销信息可以无成本地由用户主动传播。任何信息的传播都要为渠道的使用付费,病毒式营销中渠道使用的推广成本依然存在,只不过目标消费者受商家的信息刺激自愿参与到后续的传播过程中,原本应由商家承担的广告成本转嫁到了目标消费者身上。因此,对于商家而言,病毒式营销信息传播几乎是无成本的。目标消费者并不能从传播信息中获利,为什么会自愿提供传播渠道？原因在于第一传播者传递给目标群的信息不是赤裸裸的广告信息,而是经过加工的、具有很大吸引力的产品和品牌信息,使消费者从纯粹受众转变为积极的主动传播者。

(2)传播速度呈现几何倍数增加。病毒式营销借助大众媒体"一点对多点"的辐射状信息传播方式,自发地、扩张性地进行信息推广,通过类似于人际传播和群体传播的渠道,使产品和品牌信息被消费者传递给那些与其有着某种联系的个体。例如,目标受众读到一则有趣的动画,其第一反应或许就是将这则动画转发给好友、同事,无数个自动参与的转发者就构成了信息成几何倍数传播的主体力量。

(3)通过私人化渠道高效率地接收信息。病毒式营销传播的信息大多是受众从熟悉的人那里获得或是主动搜索而来的,在接受过程中自然会有积极的心态;同时,信息接收渠道也比较私人化,如通过 QQ 好友群、微信朋友圈、手机短信、电子邮件、封闭论坛等。这些特点使得病毒式营销尽可能地克服了信息传播中的噪音影响,信息能被高效率地接收,增强了传播的效果。

(4)传播过程呈 S 形曲线。病毒式营销的传播过程通常是呈 S 形曲线的,即在开始时很慢,当其扩大至受众的一半时速度加快,而接近最大饱和点时又慢下来。针对病毒式营销传播力的衰减规律,一定要在受众对信息产生免疫力之前,将传播力转化为购买力,方可达到最佳的销售效果。

7.2 病毒式营销的实施条件与传播途径

在制定和实施病毒式营销计划时,应该进行必要的前期调研和针对性检验,以确认病毒式营销方案是否满足实施条件,营销信息是否选择了最佳传播渠道。实践中发现,一些营销人员以为只要在邮件的底部写上"请访问我们的网站",或者"请将此邮件转发给你的同事和朋友"之类的语言就是病毒式营销,这种认识显然是肤浅和片面的。

7.2.1 病毒式营销的实施条件

有效地开展病毒式营销,需要具备以下条件:

(1)信息源必须富有价值和吸引力。病毒式营销的实质是利用他人的信息传播渠道或行为,自愿将有价值的信息向更大范围传播。如果提供的信息或服务没有价值,无论如何哀求或者恐吓都不会产生真正的病毒式传播效果。在网络营销人员的词汇中,"免费"一直是最有效的词语,大多数病毒式营销计划往往通过提供有价值的免费产品或服务来引起注意。例如,免费的 E-mail 服务、免费信息、免费"酷"按钮、免费软件等。

二维码
(视频 7-2)
病毒式营销的
实施条件

(2)受众无须努力就能向他人传递信息。病毒式营销在互联网上得以极好地发挥作用是因为即时通信变得容易而且廉价,数字格式使得复制更加简单,从营销的观点来看,必须把营销信息简单化使信息容易传输。因此,承载病毒式营销信息的媒体必须易于传递和复制,营销信息则是越言简意赅越好。

(3)病毒式传播模型必须可迅速扩充。为了便于病毒式营销信息迅速扩散,传输方法必须能从小到大迅速改变,使信息传递范围能很容易地由小向很大规模扩散。有时为了满足病毒式营销信息扩散的需要,必须迅速增加邮件服务器(如 Hotmail),否则将抑制需求的快速增加。

(4)实施方案能够充分调动与利用公众的积极性和行为。病毒式营销是基于用户之间的主动传播来实现营销信息传递的,成功的病毒式营销计划方案必须充分了解公众需求,巧妙地利用公众的积极性和行为。在网络应用的早期是什么原因使得"Netscape Now"按钮需求数目激增?是由于人们渴望"酷"的原因。饥饿是人们对食物需求的驱动力,同样,对于通信、爱和理解等的需求也是驱动力。通信需求的驱动,产生了数以百万计的网站和数以亿万计的 E-mail 信息。因此,病毒式营销实施方案只有建立在充分调动和利用公众积极性和行为的基础之上才会取得成功。

7.2.2　病毒式营销信息的传播途径

按照病毒式营销信息的形式及其发布渠道,其传播途径可以分为以下几类。

(1)利用即时通信工具实现病毒式传播。即通过即时通信工具(如 QQ、MSN、Skype、淘宝旺旺等)形成用户圈,并通过用户圈之间的自动信息共享传播。例如,在特定的 QQ 群内发布有价值的信息,群内的人就会将信息转发到其他群,这样层层转发就实现了信息的病毒式传播。应该注意的是,由于各种即时通信工具在不同的年龄以及不同的群体中间有不同的流行程度,所以实际应用时需要有针对性地选择即时通信工具。

(2)利用电子邮件实现病毒式传播。电子邮件作为一种便捷且涵盖信息量较大的形式,对于发布较为私密性的信息和个性化信息较即时工具更为有效。许多知名的互联网公司都是通过电子邮件附加语的形式进行病毒式营销并取得成功的,不过要注意尽量避免向非目标用户发送垃圾邮件。

(3)利用社交平台实现病毒式传播。通过互联网上的各种社交平台,诸如博客、论坛、视频网站、音乐网站等发布相应信息,利用各种网站本身的人气达到快速传播的目的。

(4)利用功能服务实现病毒式传播。例如,为用户提供免费软件或者在线优惠券,在免费提供功能服务的时候让用户主动传播;通过设计精美的动画、电子书或者其他媒介给用户带来惊喜,有些用户会在欣赏之余与好友分享,从而达到病毒式营销的目的。

7.3　病毒式营销的实施策略与一般步骤

病毒式营销的价值是巨大的,但这种价值不会自动实现。一个好的病毒式营销计划要想获得预期的效果和价值,必须采用相应的策略,按照一定的步骤有序实施。

7.3.1　病毒式营销的实施策略

(1)提供创意独特且有价值的产品或服务。有价值或创意独特的产品或服务是实施病毒式营销的关键要素,对营销目的的达成具有决定性的作用。要想营销信息让用户主动地快速传播,必须要有高质量、有价值、创意独特的产品或服务作基础。

(2)精心设计病毒式营销方案。在设计病毒式营销方案时,一定要将信息传播与营销目的合理地结合在一起,仅仅只为用户带来娱乐价值或优惠服务而不能达到企业营销目的的营销计划对企业并没有多大的价值,相反,如果广告气息太重,也会引起用户反感,反而达不到企业的营销目的。

(3)策划和筹备原始信息的发布和推广。大规模信息传播是从小规模传播开始的,能否引起用户的兴趣使其主动传播信息是病毒式营销成功的关键所在,因此,应该认真策划和筹备原始信息的发布与推广。一般来说,将原始信息发布在用户容易发现且乐于主动传递和分享这些信息的地方(比如活跃的网络社区),往往效果较好。

(4)充分利用现有通信网络和别人的资源。学会把营销信息置于人们现有通信网络之中,充分利用别人的资源迅速地把信息扩散出去而达到营销目的,是实施病毒式营销的重要策略。有资料表明,有75%以上的顾客曾经收到过熟人通信网络的推荐,被调查的成功营销人员中,有50%利用已经建立起来的可信任的顾客关系(别人的资源)实施营销计划。

(5)实时跟踪和管理病毒式营销的实施。在实施过程中,应该及时掌握病毒式营销带来的网站访问量、企业产品或服务知名度等变化情况,及时发现问题并进行适当的调整。同时,活动结束后还应该进行适当的总结,以便为下一次的病毒式营销提供参考意见。

7.3.2　病毒式营销的实施步骤

实施病毒式营销的关键在于如何充分利用外部网络资源(尤其是免费网络资源)扩大营销信息传递渠道。成功实施病毒式营销一般需要经历以下步骤(见图7-1)。

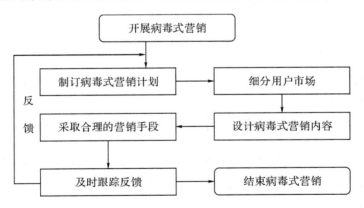

图 7-1　病毒式营销的一般流程

(1)制订病毒式营销计划。针对企业整体经营销战略和所处环境条件,确定病毒式营销的目的,制订病毒式营销实施的整体方案,选择实施病毒式营销的策略。

(2)细分用户市场。病毒式营销的人群覆盖面可能很广,要想达到理想的预期目标,策划者必须对用户人群进行细分,明确最有价值的目标客户人群及其共性或个性化的特征。

(3)设计病毒式营销的内容。这一步要求充分挖掘用户群体的兴趣点并认真分析。显然,不同年龄层的人群,其兴趣点是不一样的,研究用户的兴趣点是营销创意的真正开始。

（4）采取合理的营销手段。设计好病毒式营销的内容后，企业应该采取合理的营销手段实施病毒式营销。现在的营销手段空前丰富，视频、邮件、软文等，让人目不暇接。

（5）及时跟踪反馈。及时跟踪病毒式营销活动的实施效果，适时调整企业的营销策略，并在营销活动结束后，对营销效果进行分析总结，为下一次实施病毒式营销活动积累经验。

本章小结

本章介绍了病毒式营销的含义与特点、实施条件与一般步骤等内容。病毒式营销的营销信息可以无成本地由用户主动传播，一般通过私人化渠道高效率地接收信息，且传播速度呈现几何倍数增加，传播过程呈S形曲线；有效地开展病毒式营销，信息源必须富有价值和吸引力，病毒式传播模型必须可迅速扩充，受众无须努力就能向他人传递信息，实施方案能够充分调动与利用公众的积极性和行为；病毒式营销信息可以利用微信等即时通信工具、电子邮件、社交平台、功能服务等实现病毒式传播；病毒式营销计划必须采用相应的策略，按照一定的步骤有序实施才能获得预期的效果和价值。

复习思考题

二维码
（参考答案）
第7章选择判断题

1．选择题（有一项或多项正确答案）

（1）实施病毒式营销的基本要求包括以下（　　）选项。

  A．提供有价值的产品或服务

  B．提供无须努力的向他人传递信息的方式

  C．利用公众的积极性和行为并且病毒式模型可迅速扩充

  D．利用现有的通信网络以及别人的资源

（2）病毒式营销信息可以利用（　　）等实现病毒式传播。

  A．微信　　　　　B．电子邮件　　　　C．社交平台　　　　D．功能服务

2．判断正误

（1）病毒式营销的基本思想是通过提供有价值的信息和服务，利用用户之间的主动传播来实现营销信息传递。（　　）

（2）病毒式营销的营销信息一般通过私人化渠道高效率地接收信息，且传播速度呈现几何倍数增加。（　　）

（3）病毒式营销在实施过程中，应该及时掌握其所带来的网站访问量、企业产品或服务知名度等变化情况，及时发现问题并进行适当的调整。（　　）

3．简答题

（1）实施病毒式营销的常用策略有哪些？试简要说明之。

（2）开展病毒式营销的一般流程是怎样的？试举例说明。

4．讨论题

成功地实施病毒式营销需要把握哪些关键问题？各研讨学习小组成员用"头脑风暴法"每人提出一个开展病毒式营销的活动方案，在小组讨论的基础上，每组挑选一个最优方案在全班进行交流。

第 8 章　微博营销

 导入案例："可可丽人"微博体验营销与章鱼效应

可可丽人是海洋传说化妆品集团旗下的新产品，专门针对网络销售。为了让更多的人了解这个全新的网购品牌，可可丽人曾在新浪微博上策划了系列面膜体验活动，短短 2 个月时间里便聚集了上万名面膜爱好者，并且在微博上创造了大量有关可可丽人面膜的反馈内容，把粉丝牢牢地稳固在体验营销上。这一切是如何做到的呢？

第一，明确的定位。"可可丽人面膜"在企业微博上的定位很清晰，就是要聚集那些在微博上爱美爱护肤爱分享的面膜控们，并给这些女孩子们打上♯面膜控♯的标签，于是，可可丽人面膜的官微上发布了这样一条微博：

♯面膜控征集令♯可可丽人♯100 份面膜礼包免费体验♯行动开始啦！跟帖申报说明你的肌肤状况以及你最想要体验我们六大系列（http://t.cn/zOz53mj）哪款面膜，说明理由并转发@好友参加，就有机会获得体验参与面膜护肤行动。还有♯面膜控达人奖♯16 份可获得想要的面膜。

有了这样的清晰定位，接下来就是策划各种体验互动活动，从中寻找和发现这样一批粉丝群体。

第二，品牌主导声音的体现。可可丽人同步开通企业博客和微博，并通过这两个平台大量分享与企业品牌、生产基地、产品、团队、公司文化相关的系列真实故事，来传递拥有这个网络新品牌的公司在供应链上的实力、产品质量的把控以及对客户的负责态度等信息。

第三，体验活动的连续性。两个月时间里，可可丽人连续策划了六期"面膜控征集令"活动，每次活动发放不同组合的赠品和奖品给面膜控们体验，一共发放 200 多份赠品和奖品，聚集了上万名喜欢面膜的粉丝。

第四，体验活动形式多元化。六期"面膜控征集令"活动中，可可丽人综合运用了微试用、竞赛、投票、秒杀等多种互动方式，这样给粉丝不断的新鲜感和惊讶感，并且一直是在愉悦的过程中来完成。

第五，顾问加入对话。活动中可可丽人的面膜顾问也参与其中与试用者互动，交流面膜使用中的一些个性问题，让这些参与者感受到品牌的用心、专业及亲近，建立信任感。

第六，通过QQ群聚集。可可丽人把在活动中获奖的粉丝分期分批加到面膜控QQ群中，一方面方便大家相互交流，同时也容易引导这些粉丝参与微博上的互动及反馈。每天QQ群中都会出现大量的有关面膜知识、使用技巧等方面的内容，在活跃粉丝的组织上起到了非常重要的作用，创造了互动的机会。

第七，鼓励用户反馈。这是整个体验活动中最精华的部分。连续六期活动中，可可丽人都设置了体验反馈的激励机制，两个月时间里，在微博上搜可可丽人，就有6000多条面膜控们使用可可丽人产品的晒单反馈，博客中也积累了130多篇粉丝的反馈案例。

第八，给活跃粉丝各种推荐和荣誉。在活动中，对积极参与、积极反馈的面膜控粉丝，可可丽人会通过QQ群、微博、企业博客进行推荐，让这些粉丝感受到自己备受重视，感受到企业对她们的尊重。

就这样，可可丽人通过微博等社会化媒体把体验营销当成一个系统来做，把产品用最平常却最有用的方法推了出去，收获了知名度。

（资料来源：《实战商业智慧》第211期，编者有删改）

 点评：让体验者最终都成为品牌推广大使

传统企业在微博上组织体验营销活动，绝不能像熊瞎子掰苞米，掰一个扔一个，而是应该学章鱼，尽量产生"章鱼效应"。大家都知道八爪章鱼，有八条感觉灵敏的触腕，表面看它在水面浮动，但是它由身体派发出去的每只爪子，只要抓得住一个固定物，就会利用每条触腕上的300多个吸盘，稳定吸附在固定物上生存衍生，这就是"章鱼效应"。

可可丽人这次成功的体验活动，说明了微博上的体验营销是一个系统工程，它首先需要策划，表现新意，明确定位和目标；其次需要设计一系列环环紧扣的愉悦活动；其三还要不断地为聚集起来的"粉丝"创造互动分享的资源和条件，给她们提供舞台，让其发出自己的声音，并制定激励方案，以此让体验者最终都成为品牌推广大使。

微博作为一种营销工具，不仅成本低，而且能够第一时间收到客户的反馈，与客户进行平等的沟通与交流，对塑造品牌和促成销售都有直接的帮助。在营销人员有限、预算有限的情况下，微博更适合中小企业品牌的推广。

8.1 微博营销的含义与特点

8.1.1 微博营销的含义

微博营销是指借助微博平台进行的包括品牌推广、活动策划、个人形象包装、产品宣传等内容的营销活动。微博营销以微博作为营销平台，每个粉丝都是其潜在营销对象。例如，企业可以在新浪、网易等平台注册微博，通过更新微博向网友传播企业和产品信息，或者通过用户感兴趣的话题,在潜移默化中达到营销目的。

微博营销取得成效需要以下三个基础条件:一是拥有微博账号;二是定期更新微博内容;三是内容能引起兴趣。当然,微博营销的成功并不仅仅取决于这三方面,还会受到产品或品牌自身状况、市场定位等其他因素的影响。

8.1.2 微博营销的基本特征

微博作为一个基于用户关系的信息分享、传播、获取平台,具有信息传递快、保真性强的特点。从发展趋势分析,随着用户使用成熟度和内容偏好度的加深,微博自身属性也在变化。首先,微博平台作用提升,已经成为个人、机构以及其他媒体的信息发布交流平台,同时也为手机应用、社交等提供了平台支持;其次,从内容方面来看,微博在大众化内容的基础上,开始涌现出一些垂直化、精细化的内容,对于用户个性化需求满意度逐步提升;第三,从用户趋势方面来看,微博用户逐步"下沉",从早期的以一线城市为主,逐步发展到三、四级乃至更低级别地区。

微博分为个人微博和企业微博,相应地微博营销也分为个人微博营销和企业微博营销。微博营销也在实际应用中不断发展,逐步形成了其注重服务而非简单促销,注重与客户的互动与情感交流而不是直接单向地广告灌输等特点。微博营销的基本特征可归纳为以下几方面:

(1)表现形式多样性。从信息源表现形式的差异来看,微博营销信息具有多样化的特点,常常一句话、一张图片、一段视频就能传递大量的营销信息。因此,企业在进行微博营销时可以借助多媒体技术手段,在手机等多种平台上发布信息,用文字、图片、视频等一种或多种形式对产品进行描述,使潜在消费者更形象直接地接受信息。

(2)传播快速便捷性。微博最显著特征之一是其传播迅速。一条关注度较高的微博在互联网及与之相关的手机平台上发出后,短时间内通过互动性转发就可以抵达微博世界的每一个角落,达到短时间内最多的目击人数。从获取信息的角度看,用户可以利用电脑、手机等多种终端方便地获取微博信息;从发布信息的角度看,微博营销优于传统的广告行业,发布信息的主题无需经过反复的行政审批,从而节约了大量的时间和成本。

(3)影响广泛高效性。微博营销通过粉丝关注的形式进行病毒式传播,借助品牌效应或名人效应往往能够使事件的传播量呈几何级放大,影响面非常广泛;同时,微博营销是投资少见效快的一种网络营销模式,其快餐式阅读能让核心营销信息迅速引起用户关注,可以在短期内获得最大的收益。微博的有效传播主要体现在其转发数及评论上,一个好的微博内容,其被转载速度是惊人的,营销效果非常强大。

(4)参与主动交互性。微博营销是一种主动式营销,这也是微博营销与其他营销方式的明显区别之处。传统营销如电视媒体、平面媒体等主要是通过广告手段,硬性地将产品推广到喜欢或者不喜欢的用户,其广告产生的流量转化率往往不尽人意;而微博营销则是通过发布能引起用户兴趣的微博,让用户(粉丝)主动地参与转载宣传。同时,微博营销的口碑互动优势明显。事实上,微博营销也需要更多地与粉丝或被关注的人群互动,才能更好地体现其营销效果,否则很难尽如人意。例如,海尔曾在新浪上打开了微博营销战,但因缺乏互动导致效果很不理想。

8.1.3　微博营销的局限性

微博营销的局限性主要体现在以下三个方面。

（1）需要有足够的粉丝关注才能达到传播的效果。人气是微博营销的基础，在没有任何知名度和人气的情况下去进行微博营销，往往很难取得预期效果；同时由于微博里新内容产生的速度太快，如果发布的信息粉丝没有及时关注到，就很可能会被埋没在海量的信息中。

（2）微博传播力有限。由于一条微博文章只有几十个字，其营销信息仅限于信息所在平台传播，很难被大量转载；同时微博因缺乏足够的趣味性和娱乐性，一条信息也很难被大量转贴，除非是极具影响力的名人或机构。

（3）面临着来自于自身和竞争对手的市场挑战。微博的发展非常迅速，微博营销的欺诈行为可能会更甚于其他交易平台，很多潜在的威胁目前还很难预料；同时在网络营销市场上，微博营销面临的竞争也十分激烈。

8.2　微博营销的 PRAC 法则

二维码
（视频 8-1）
微博营销的
PRAC 法则

每一个微博用户后面，都是一位活生生的消费者，微博平台已经成为很多企业提升品牌形象与促进产品销售的重要通道。作为一种营销模式，微博营销经过不断摸索和实践，业界逐步形成了企业微博营销的 PRAC 应用法则。在微博营销中，应重点关注微博运营体系的四个核心要素，即平台管理（Platform）、关系管理（Relationship）、行为管理（Action）、风险管理（Crisis）。PRAC 是这四个要素英文首写字母的缩写，因此，人们把在微博运营体系中重点关注这四个核心要素的思想称为 PRAC 法则。

（1）平台管理。PRAC 法则倡导"2＋N 微博矩阵模式"，即以品牌微博、客户微博这两个微博为主平台，补充添加运营企业领导及员工微博、粉丝团微博、产品微博及活动微博等多个微博，以便分别针对企业做微博营销时的不同用户处理问题。

（2）关系管理。PARC 法则梳理出以粉丝关注者、媒体圈、意见领袖为主的"3G 关系管理"模式，用来对企业微博和媒体微博、意见领袖微博与粉丝团之间的关系进行日常的维护和管理。

（3）行为管理。微博营销过程中，主要有引起注意、品牌推介、产品销售、活动推广等典型的营销行为，必须对这些行为进行协调管理，以保障微博营销有序推进。

（4）风险管理。微博转发和扩散来自于一种情绪，如果愤怒、不满等负面情绪通过社会化媒体越转越大，严重时可能会引发一场危机。此外，必须考虑企业预算与活动实际影响的风险，当活动超过了企业预算，是应该增加经费还是叫停活动，也需要企业事先做好准备。

这里需要说明一下，微博营销的风险管理思想，也适用于其他社会化媒体营销方法，也就是说，在运用微博等社会化媒体进行营销时，会不同程度地存在一定的风险，必须要有风险管理的意识，并提前准备应对可能发生风险的预案。

8.3　微博营销的作用

　　微博可以说是天然的网络营销平台,其基于状态、关系、身份、会话、分享之类的社交活动,拥有大量的用户基础,并且能根据个人喜好和关注的用户群体形成缜密的小圈子,既相互影响又互为依托。微博营销平台本身就具有品牌及产品展示的功能,通过类似社区、圈子、部落的品牌微群交流可以吸引大批用户,创造商业资讯,还可以根据系统自动匹配的相关推荐对产品宣传进行优化。微博营销的主要作用具体可归纳为以下四个方面。

　　(1)提升企业知名度和可信度。微博可以让企业直接与消费者对话,消费者也可以在微博上公开分享其消费体验,这就是微博口碑营销的效果。微博营销通过良好的口碑传播,可以极大地提升企业的美誉度和可信度。当然,不好的口碑,也会降低企业的美誉度和可信度。从这个意义上看,微博营销也是一柄双刃剑。

　　(2)推广企业产品和服务。这是一个很传统的营销作用。企业在微博上可以发布其新产品或者推出新服务,并根据消费者在微博上的反馈信息及时调整营销策略,或者及时改善新产品和服务。

　　(3)用微博整合和跟踪品牌传播活动。在微博平台上可以开展很多活动,例如在新浪微博,常常开展勋章活动、达人活动等助力品牌传播。

　　(4)微博可作为公关工具。因为微博具有更新快、传播快、及时快捷的特点,信息很容易瞬间传播,这个特点可以让微博作为公关工具使用。例如,当有对企业产生负面影响的不实信息流传时,企业可以利用微博发布官方公告澄清事实,利用微博及时快捷的特点主动平息相关事件,达到抑制谣言传播的效果。

　　微博其他方面的作用,比如作为售前咨询、售后服务的窗口,目前已被微信等即时信息工具所取代。

8.4　微博营销的基本原则

　　利用微博开展营销活动虽然处置方式灵活,不拘一格,但要想提高微博营销力度,还必须遵循微博营销的以下基本原则。

　　(1)趣味与互动原则。微博的语言和内容都不能太枯燥了,如果没有趣味,微博的受众就不愿意转发微博内容;如果没有粉丝转发微博,微博就无法达到预期的营销效果。同时,由于微博的魅力在于互动,因此,互动是与粉丝建立良好关系、达到营销目标的重要途径。"活动＋奖品＋关注＋评论＋转发"是微博互动的主要方式,但实际上更多的人是在关注奖品,对企业的实际宣传内容并不关心。因此应该注意企业宣传信息不能超过微博信息的10％,最佳比例是3％或5％;更多的信息应该融入粉丝感兴趣的内容之中。相较赠送奖品,微博经营者认真回复留言,用心感受粉丝的思想,更能唤起粉丝的情感认同。当然适时结合一些利益作为回馈,粉丝会更加忠诚。抽奖活动或者是促销互动,都是非常吸引用户眼球的,能够实现比较不错的营销效果。抽奖活动可以规定,只要用户按照一定的格式对营销信息进行转发和评论,就有中奖的机会。奖品一定要是用户非常需要的,这样才能充分调动粉丝的积极性。如果是促销活动,一定要有足够大的折扣和优惠,这样才能引发粉丝的病毒式传播。促销信息的文字要有诱惑力,并且要配合精美的宣传图片。

(2)真诚与乐观原则。真诚与乐观不仅是微博营销的基本原则,也是做其他任何事情与互动交流的基本原则。微博营销的从业人员首先要摒弃传统营销中存在的侥幸忽悠的职业习性,以真诚与乐观的态度对待潜在朋友。在现实中人们往往更愿意与真诚和乐观开朗的人交朋友,微博上的互动交往也不例外,适度地与朋友分享一些有趣的东西也是乐观原则的体现。实际上,无论是在国外的 twitter 上,还是在国内的新浪微博、腾讯微博上,幽默的段子、恶搞的图片、滑稽的视频总是能获得大众的青睐。

(3)宽容与个性魅力原则。宽容意味着大气和绅士风度,也是个性魅力的表现。没有多少人会喜欢苛刻性格的人,谷歌在“不作恶”价值观上的坚持,为其赢得了巨大的声誉。在微博上做推广的企业和个人很多,微博营销因此也竞争激烈,千篇一律的营销手段会使受众产生审美疲劳。个性魅力原则要求选择与企业品牌形象相符的微博营销人员。如果企业品牌形象是创造力强,那么微博营销人员最好是极具创新思维的人;如果企业品牌是体贴呵护(如女性用品企业),那么就选择一些善解人意的人来做微博营销。如果能够请到拥有大量粉丝的人气博主转发,也能够使营销的效果得到最大化。

(4)有效控制与模式创新原则。微博极高的传播速度结合传递规模,会创造出惊人的力量,这种力量可能是正面的,也可能是负面的,因此必须有效管控企业微博这柄双刃剑。一篇微博看起来短短的百十字,但实际撰写难度与重要性非常高,需谨慎推敲所要发布的博文,以免不慎留下负面问题;一旦出现负面问题,要及时进行处理以控制局势,而非放任自流,更可怕的是到问题很严重的时候还全然不知。借助微博开展营销活动要善始善终,对过程积极进行良性引导。因为网络参与的自由度非常高,任由网民的主观意愿往往会导致事态向难以掌控的方向发展;对于互动对象的举动与信息反馈也不可掉以轻心,必须积极而谨慎对待,否则极可能产生“蝴蝶效应”的后果。另一方面,微博营销的模式具有很大的扩展性,实际应用中也需要结合企

二维码
(知识卡片 8-1)
蝴蝶效应

业自身特点与客观环境,抓住机会有效创新。总之,微博是一柄双刃剑,企业既然决定拿起这把剑,就要谨慎并用心去经营。

【微型案例 8-1】星巴克在微博上推出了自带环保杯可以免费获得一杯咖啡的互动活动,组织非常成功,网友纷纷上传自己领到免费咖啡时的照片,数以百万计的传播为星巴克的品牌形象做了一次有力的宣传。事实上许多企业都在积极探索微博营销的道路,也都从中取得了不错的收益。

8.5 营销微博的写作要求

很多企业和个人发现,虽然注册了微博,上传了头像并定期更新了内容,但还是没有多少粉丝量,达不到营销或推广目的。究其原因,主要是由于没有把握住营销微博的写作技

巧。微博营销要想取得好的效果,写作营销微博时需要把握以下几个
要点:

（1）用简洁的文字呈现内容的核心价值。对核心内容可通过符号
与后文分隔进行强调,用以引起发粉丝阅读、转发微博的兴趣。

（2）传递有价值的信息。这个价值不仅仅是告知一些优惠和赠品
信息,而是要与潜在消费者各取所需、互利双赢。微博对目标群体越
有价值,对其的掌控力也就越强。

（3）创造视觉吸引力与个性特征。对于以文字主导的内容,即使原文没有配图也应该附
上图片,它能扩大微博稿在读者屏幕上的面积;同时企业微博要给人感觉有感情、有思考、有
回应,有自己的特点与个性。

（4）取得粉丝的信任。微博营销是一种基于信任的主动传播,通过微博发布营销信息
时,只有取得用户的信任,用户才可能转发、评论,才能产生较大的传播和营销效果。

（5）连续定期发布微博。营销微博就像一本随时更新的电子杂志,需要定时、定量、定向
发布内容,才能让粉丝养成观看习惯。这样当其每次登录微博后,便会期望了解企业微博有
什么新动态,这无疑是一种成功的微博营销境界。

二维码
（视频 8-2）
营销微博的写作要求

8.6　微博营销的实施策略与技巧

企业实施微博营销想要取得好的效果,单纯在内容上传递价值还不够,必须讲求一些方
法策略与技巧。比如微博的话题如何设定,如何表达就很重要。如果博文是提问性的,或是
带有悬念的,引导粉丝思考和参与,那么浏览和回复的人自然就多,也容易给人留下印象。
反之,如果仅仅是新闻稿一样的博文,那么粉丝想参与也无从下手。

8.6.1　微博账号的注册方法与配置策略

（1）微博账号注册的方法与技巧。注册微博非常简单,一般进入微博网站（如新浪微博
weibo.com）就会有注册操作提示。注册微博可通过手机号、电子邮箱或 MSN 账号、QQ 号
等方法来注册。在注册过程中,需要设置密码、昵称（可用真实姓名,也可用笔名或一句话）。
当然,为了能够快速被人找到,最好是用真实姓名或常用的笔名。注册微博后,建议申请实
名认证,即对用户资料真实性进行验证审核。特别是针对企业微博账号、企业领袖或高管的
账号、行业内有影响力人物的账号,需要先获得微博服务平台认证。微博账号经过实名认证
后,一是可以区分重名微博用户,防止盗用他人的名义发布信息;二是有利于形成较权威的
良好形象,使微博信息可被外部搜索引擎收录,且更易于传播。需要说明的是,认证并非一
种荣誉,而是一种实名化的制度设计,所以不应存在收费认证的现象。目前,微博实名认证
分为个人认证和机构认证。以新浪微博为例,个人认证的范围包括娱乐、体育、传媒、财经、
科技、文学出版、政府官员、人文艺术、游戏、军事航空、动漫、旅游、时尚等领域知名人士。个
人认证的基本条件是:绑定手机、有头像、粉丝数不低于 100、关注数不低于 50 等。在实际
操作中,非知名人士也可申请实名认证。机构认证则面向政府、媒体、校园、企业、网站、应用
等官方账号。

（2）微博账号配置策略。配置微博账号应注意以下要点：①以企业名称注册一个官方微博，主要用于发布官方信息；同时注册一个企业领袖微博，对外凸显企业领袖个人魅力。企业领袖微博的操作需要相当谨慎，因为有可能会产生负面作用。②对于同时开发多个产品的企业，应该针对每个主要产品发布一个产品官方微博，用于发布产品的最新动态；产品官方微博还可以充当产品客服的作用，或者说企业官方的客服也可以用个人名义创建微博，用来解答和跟踪各类企业相关的问题。③企业内部多个专家可以用个人名义创建专家微博，发布对于行业动态的评论，逐步将自己打造为行业的"意见领袖"。

二维码
（视频 8-3）
微博账号的配置技巧

8.6.2　微博营销实施策略

（1）全员参与策略。微博是企业在公众面前展示形象、沟通交流的阵地。要想吸引越来越多的粉丝，仅靠一两个管理员是远远不够的，企业需要普通员工在微博上扮演起"形象大使"的角色，与众多粉丝们做平等的交流，提供更多有趣的、更具个人视角的图文信息。

【微型案例 8-2】东航公司是另一家奉行全员参与策略的企业，曾经让其 12 家子公司数百名美女空姐集体以"凌燕"打头的昵称注册新浪微博，并通过微博引导关于东航的舆论。一条微博批评东航商务舱座椅有一个"严重缺陷"，这条微博迅速得到了"凌燕"们的转发、评论和回复，"凌燕资深美女"表示公司已经开会讨论过这个问题并提出了新的座椅选择。在粉丝们看来，凌燕微博团队已经成为传达企业理念，表现员工风采的微笑天使，凌燕让人们更了解和喜欢东航。

（2）取得粉丝的信任。微博营销是一种基于信任的主动传播。在发布营销信息时，只有取得用户的信任，用户才可能转发、评论，才能产生较大的传播效果和营销效果。获得用户信任最重要的方法就是不断保持与粉丝之间的互动，要经常转发、评论粉丝的信息，并在粉丝遇到问题时及时地帮助其解决问题，让真诚、热情感动粉丝，与粉丝结成比较紧密的信任关系。

（3）结合活动展开微博营销。抽奖活动或者是促销互动，都是非常吸引用户眼球的，能够实现比较不错的营销效果。例如，抽奖活动可以规定，只要用户按照一定的格式对营销信息进行转发和评论，就有中奖的机会。奖品一定要是用户非常需要的，这样才能充分调动粉丝的积极性。如果是促销活动，一定要有足够大的折扣和优惠，这样才能够引发粉丝的病毒式传播。促销信息的文字要有一定的诱惑性，并且要配合精美的宣传图片。如果能够请到拥有大量粉丝的人气博主帮你转发，就能够使活动的效果得到最大化。

（4）微博广告策略。通过微博发布企业的营销信息时，在措辞上不要太直接，要尽可能把广告信息巧妙地嵌入到有价值的内容当中。这样的广告因为能够为用户提供有价值的东西，而且具有一定的隐蔽性，所以转发率更高，营销效果也更好。像小技巧、免费资源、趣事都可成为植入广告的内容，都能为用户提供一定的价值。

8.6.3　微博营销的运营技巧

微博注重分享，可以"围观"其他人在传播什么信息和观点，也可以参与转发和评论。在微博营销实践中,有些能取得良好效果的做法,这里称之为微博营销的运营经验或技巧。

(1)使用个性化微博名称。一个好的微博名称不仅便于用户记忆,也可以取得不错的搜索流量。这个与取网站名称类似,好的网站名称如百度、淘宝、开心网等都很简洁易记。企业的营销微博可以取企业名称、产品名称或者个性名称作为其微博的用户名称。

(2)巧妙利用平台模板。微博平台一般都会提供一些不同风格的模板供用户选择,用户可以选择与所在行业特色相符合的风格模板,这样更贴切微博的内容。当然,如果有条件也可以自行设计一套具有个性特色的风格模板。

(3)充分利用搜索功能。每个微博平台都会提供搜索功能,用户可以利用该功能对已经发布的话题进行搜索,检索查看相关内容及排名榜,与别人微博内容对比;也可以查看微博的评论数量、转发次数,以及关键词的提及次数,以了解微博的营销效果。

(4)定期更新微博信息。微博平台一般对发布信息频率不太做限制,但对于营销微博来说,其热度和关注度来自于微博的可持续话题。营销微博需要不断制造新的话题、发布与企业相关信息,才可以吸引目标客户的关注。由于先前发布的信息可能很快被后面的信息覆盖,要想长期吸引客户注意,必定要对微博定期更新,这样才能保证微博营销的持续效果。

(5)善于回复粉丝评论。通过微博进行营销需要积极查看并回复微博上粉丝的评论,被关注的同时也去关注粉丝的动态。如果想获取更多评论,就必须以积极的态度去对待评论,认真回复评论也是对粉丝的一种尊重。

(6)灵活运用♯与@符号。微博中发布内容时,两个"♯"间的文字是话题的内容,可以在后面加入自己的见解。如果要把某个活跃用户引入,可以使用"@"符号,意思是"向某人说",比如"@微博用户欢迎您的参与"。在微博菜单中点击"@我的",也能查看到有关自己的话题。

(7)学会使用私信。与微博的文字限制相比较,私信可以容纳更多的文字。只要对方是自己的粉丝,就可以通过发私信的方式将更多内容通知对方。因为私信可以保护收信人和发信人隐私,所以当活动展开时,发私信的方法会显得更尊重粉丝一些。

(8)确保信息真实与透明。企业通过微博开展一些优惠促销活动时,应即时兑现并公开得奖情况,以获得粉丝的信任。微博上发布的信息要与企业网站等媒体发布的信息一致,并且在微博上及时对活动跟踪报道,以确保活动的持续开展,从而吸引更多客户加入。

(9)准确定位。对于企业微博来说,粉丝众多当然是好事,但拥有价值粉丝更重要,因为企业最终目标是要微博粉丝转化出商业价值,这就需要准确进行微博定位。许多企业微博吸引的粉丝人数很多,但转载、留言的人很少,营销宣传效果不明显,这其中一个很重要的原因就是定位不准确。例如服装行业,应围绕一些服装产品目标顾客关注的相关信息来发布微博以吸引目标顾客的关注,而非只考虑吸引眼球,导致吸引来的并不是潜在消费群体。现在很多企业微博陷入完全以吸引大量粉丝为目的这个误区,忽视了粉丝是否目标消费群体这个重要问题是不可取的。

(10)避免单纯发布企业产品或广告内容。有的企业微博很直接,天天发布大量产品信息或广告宣传等内容,基本没有自己的特色,这种微博绝不会引人关注,自然也收不到营销的效果。微博不是单纯广告平台,微博营销的意义在于信息互动分享,而没兴趣是不会产生互动的。因此,要注意话题的娱乐性、趣味性、幽默感等。

8.6.4 微博营销的优化技巧

(1)选取热门关键词。微博关键词优化时,微博内容应尽可能地以关键字或者关键词组开头,并且加上"♯话题♯"。选择关键词时,宜尽量利用热门关键词和容易被搜索引擎搜索到的与所推广内容相关的词条,以增加搜索引擎的抓取速率。

(2)微博的 URL 地址要简洁明了。注册微博号后微博的 URL 地址就变得尤为重要,因为要通过 URL 地址才能访问到微博,而且 URL 会影响到搜索引擎的搜索结果。

(3)微博的个人资料要填关键词。微博中都有个人资料介绍及选项说明,这些个人资料也会被搜索引擎检索,因此在简短的个人资料中,宜选择适当的时机填入优化的关键词,个人标签也可以填入要优化的关键词,以提升搜索引擎抓取的概率。个人资料的内容与微博保持良好的相关性,不仅能提升微博内容被搜索引擎抓取的概率,而且也不会让听众感到厌烦,同时也能增加有共同标签或共同兴趣的粉丝的关注。

本章小结

本章着重介绍了微博营销的含义、特点、作用以及微博营销的 PRAC 法则、微博营销的基本原则、营销微博的写作要求、微博营销的实施策略与技巧等内容。微博营销具有表现形式多样性、传播快速便捷性、影响广泛高效性、参与主动交互性等基本特征;PRAC 法则强调在微博营销中,应重点关注微博运营体系的平台管理(Platform)、关系管理(Relationship)、行为管理(Action)、风险管理(Crisis)这四个核心要素;微博营销能提升企业知名度和可信度、可推广企业产品和服务、可借助微博整合和跟踪品牌传播活动、微博还可作为公关工具;开展微博营销需要遵循趣味与互动原则、真诚与乐观原则、宽容与个性魅力原则、有效控制与模式创新原则;写作营销微博一般要求用简洁的文字呈现内容的核心价值、传递有价值的信息、创造视觉吸引力与个性特征、尽量取得粉丝的信任、连续定期发布微博。微博营销想要取得好的效果,除在内容上传递价值以外,还必须讲求一些方法策略与技巧,进行适当的市场运作。

复习思考题

1. 选择题(有一项或多项正确答案)
(1)微博营销取得成效的基础条件主要包括(　　　)。
　　A. 拥有微博账号　　　　　　　　B. 定期更新微博内容
　　C. 内容能引起兴趣　　　　　　　D. 开展以产品为中心的强势营销
(2)微博营销的基本特征可归纳为(　　)几方面。
　　A. 表现形式多样性　　　　　　　B. 传播快速便捷性
　　C.影响广泛高效性　　　　　　　D. 参与主动交互性
(3)PRAC 法则强调四个核心要素分别是(　　　)。
　　A. 平台管理　　　B. 关系管理　　　C. 行为管理　　　D. 风险管理　　　E. 服务管理
(4)微博营销要取得良好的效果,必须遵循以下基本原则(　　　)。
　　A. 趣味与互动原则　　　　　　　　B. 真诚与乐观原则

C．宽容与个性魅力原则　　　　D．有效控制与模式创新原则

2．判断正误

（1）开展微博营销，若同时开发有多个产品，应针对每个产品配置一个产品官方微博账号，公布产品的最新动态。（　　　）

（2）微博营销是一柄双刃剑，通过良好的口碑传播可以极大地提升企业的美誉度和可信度，不好的口碑也会降低企业的美誉度和可信度。（　　　）

（3）创作营销微博时要求用简洁的文字呈现内容的核心价值，并尽可能地创造视觉吸引力与个性特征。（　　　）

（4）微博营销往往短期内就可以见到实效，因此不必连续定期发布微博。（　　　）

3．简答题

（1）微博营销有哪些优势？有何局限性？

（2）实施微博营销通常采用哪些策略？试简要说明之。

（3）可以采用哪些技巧增强微博营销的效果？

（4）微博营销的优化需要注意哪些问题？

4．讨论题

企业应该如何利用微博开展营销？试结合一家你所熟悉或感兴趣的企业谈谈你的想法，并与研讨学习小组的成员一起讨论其可行性。

二维码

（参考答案）

第 8 章选择判断题

第9章 微信营销

 导入案例:故宫博物院的"微故宫"营销

故宫博物院的官方微信公众号是"微故宫",主要内容是以展览介绍和游客服务为主,基本每周会有更新。而故宫淘宝微信公众号则是紧跟社会潮流,延续搞笑风趣的风格,以一个段子手的形象面向大众。

2014年8月1日,故宫淘宝微信公众号刊登了《雍正:感觉自己萌萌哒》,通过数字技术,故宫让《雍正行乐图》"活"了起来,古代与现代相互交融,此文一出,迅速让平均阅读量仅四位数的"微故宫"第一次突破了10万,成为故宫淘宝公众号第一篇"10万+"爆文。

2015年5月,故宫淘宝微信公众号推出《她是怎么一步步剪掉长头发的》一文,文章先是讲述了乾隆皇帝和其皇后乌喇那拉氏之间的恩怨情仇,然后借助《还珠格格》中的皇后和容嬷嬷两个人物,在最后神转折,打了针线盒和香皂盒两样产品的广告。

2016年7月6日,故宫博物院和腾讯联合出品了H5——《穿越故宫来看你》,H5中,明成祖朱棣从画像中跳出来,唱着rap,玩着自拍,用微信、QQ与自己的大臣联络,让所有人对故宫的印象大为改观,用威严的皇族集体卖萌形成的反差感来诠释故宫厚重历史。

2017年8月17日,微信公众号上刊登《朕是怎么把天聊死的》一文,中间植入书签产品。2017年中秋节,故宫食品"朕的心意"推出了中秋月饼系列,随之推出的故宫月饼H5——《朕收到了一条来自你妈的微信》再一次让故宫刷了屏。炫酷风格搭配反差萌文案,大玩"总有刁民想害朕"的梗。凭着皇族的月饼,故宫博物院又是迎来了火爆的订单狂潮。

2018年5月18日,在第42个国际博物馆日上,故宫推出了一个名为"见大臣"AI智能聊天机器人,通过同名的微信小程序,用户可以随时与它谈心聊天。这一天,由腾讯地图和故宫博物院携手打造的"玩转故宫"小程序也同时正式上线,以轻应用玩转"大故宫",以"新方法"连接"新公众"。通过基于地理数据的各项智慧服务,以创新的互联网方法和智能贴心的方式,让游客和观众们进一步体验故宫,而这也是故宫推出的在移动端的导览应用。

点评：借助新媒体平台让经典的文化艺术焕发出新的活力和商机

故宫博物院通过微信这一新媒体平台，不断进行文创产品的创新和升级，让博物馆这个听起来历史感厚重、严肃的地方，也能很好地和年轻人交流。同时，也向年轻人传递了经典的文化、艺术，让年轻人更加喜爱传统文化，不至于让传统文化慢慢流失。在互联网时代的今天，很多爆红于网络上的网红产品来得快去得也快，所以故宫也还需要不断开发新产品、用新的创意、新的文案去吸引更多年轻人，在此过程中，也会找到更多的商机。

微信是目前极为活跃的通用性即时通信工具之一，微信营销是网络经济时代企业对传统营销模式的创新，是伴随着微信产生的一种网络营销方式，用户注册微信后，可与周围同样注册的"朋友"形成一种联系，实现点对点营销。

9.1　微信的传播特征

微信是一个具有创新性的基于即时通信的移动社交平台，它融合了通信工具与社交平台的特点，并体现了移动互联网的独特优势。在众多的新媒体平台中，微信作为提供即时通讯服务的应用程序软件，支持跨运营商、跨平台地发送文字、语音、图片等信息，同时可实现视频通话、即时通话等功能。作为人际交往中不可或缺的传播工具，微信呈现出了独有的传播特征，这些特征是由微信用户的特点及微信本身的功能共同决定的。

9.1.1　大众化的用户特征

微信自 2011 年发布以来，其用户数量不断增长，发展迅猛，目前已成为亚洲地区拥有最大用户群体的移动即时通讯软件。调查发现，网民使用微信主要是由便利、功能全面、已养成习惯三大原因造成的，微信用户呈现出大众化的发展趋势。

目前微信已开发简体中文、繁体中文、英文、秦语、印度尼西亚语、越南语、葡萄牙语等多种语言。微信用户群体主要分为个人用户、机构及组织两大类（如图 9-1 所示）。

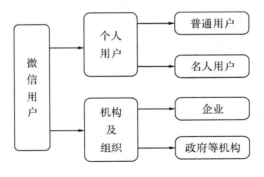

图 9-1　微信用户结构

其中个人用户中的普通用户是微信营销的主要目标群体，其具有年轻化、男性居多的特征；从职业分布来看，拥有大量碎片时间的大学生是主体。这类用户共同的特点是年轻、学历高,有丰富的互联网使用经历。相关研究表明,关注和推崇微信公众号的普通用户群体,一般具备一定的消费意识及品牌关注意识,希望得到产品的资讯并且喜欢个性化的、有趣的推送形式,往往拒绝纯图片或者纯文字的推送方式。根据用户使用微信的行为分析,企业用户可以与消费者建立起一种更为密切的联系。

9.1.2 多样化的传播功能

微信用户可以建立沟通群组,形成有序的群体传播。微信形成的这种相对私密的社交网络对群体传播有很大的影响。以往人类的群体传播通常都是公开性的,而微信群组突出的是熟人型的群体传播,不追求无限度地扩大人员规模,因此并不是混乱的组合,而是比较精确的沟通。除此以外,微信还具有商业化的传播功能。商业化产品主要涉及微信支付、微店、朋友圈广告、付费游戏、付费表情与公众号推广等。微信公众平台已经成为企业、媒体、公共机构、各界名人与个人用户的重要运营平台,其功能主要包括大规模推送多媒体信息、按特定的兴趣指示进行定向信息推送、一对一互动、多样化开发和智能回复等。这些功能为公众平台的实际运营带来了媒体、营销、客服、公共服务等多个应用方向,同时也为微信的多样化发展提供了重要机遇。

此外,微信还支持多平台传播。例如,微信支持安卓、IOS、塞班、小米等多个系统平台;支持 PC 端(微信网页版)与移动终端之间相互收发消息。

9.1.3 传播信息的精准高效

微信动态信息的关注或被关注都是现实生活中某种关系的直接或间接映射,也就使得信息的服务具有特定性。微信具有分组和地域控制的功能,可以实现信息的精准推送。微信以语音、视频、图片、动画、音乐等信息为传播内容,可进行同步或者异步传播,传播效率较高。同步和异步的结合丰富了社交方式与手段,为人们快节奏的生活提供了方便,符合现代社会交往的需要。

微信的有效传播主要体现在 QQ 系列的插件推荐到微信、软件推荐到微信、外部内容分享到微信、官方微信号内容的分享四个方面。QQ、QQ 邮箱、腾讯微博、腾讯新闻等腾讯系重要产品可以通过安装插件在微信上,每日推送消息给用户,从而达到精准有效地传播。此外,将 APP 或者微信号直接发送给微信好友,也可以进行推荐。由于微信可以实现一对一的精准营销,往往拥有较高的转化率。

【微型案例 9-1】一家淘宝商店在"双 12"期间利用微信做营销推广,由于该卖家此前并未建立微信公众号而且没有微信粉丝,在综合考虑下选取了 10 个与其商品较符合的微信公众平台的草根大号进行活动推广。活动的主题是"双 12 微信用户商品免费送,送完为止"。活动方式主要是通过图文专题发送,用户点击图文专题后,跳转至淘宝卖家 WAP 购买页面,方便消费者选择,当日总共覆盖了 100 万微信用户,点击量 4 万次,实现了 5000 单购买。

9.2 微信营销的方式

微信营销的方式现阶段主要是利用公众平台、开放平台、微信二维码、位置签名、微信小程序、即时语音信息等功能模块展开。

9.2.1 微信公众平台营销

微信公众平台是腾讯公司在微信基本功能的基础上开发的重要功能模块,通过这一平台,个人和企业都可以打造一个微信公众号,实现与特定群体进行文字、图片、语音等全方位互动沟通。通过微信公众平台,可以实现大量微信应用,助力企业品牌扩展。

二维码
(视频 9-1)
微信营销的常用方式

1. 微信公众平台类型及特点

目前微信公众平台(公众号)大致分为以下三大类。

(1)服务号。功能类似于商品店铺,每月可以群发 4 条信息,适用于媒体、企业、政府或其他组织使用。如果要进行商品销售,可以申请服务号。

(2)订阅号。功能类似新闻娱乐杂志,每天群发 1 条信息,适用于个人、媒体、企业、政府或其他组织。如果只是想发送产品信息进行宣传,可以选择订阅号。

(3)企业号。主要用于公司内部通讯,每分钟可以发信息 200 次,需先验证才能成功关注。若公司内部需要使用微信公众平台进行通讯,可以选择申请企业号。

服务号与企业号有申请认证的功能,认证通过之后,可以有更多的功能可以使用;而订阅号只有通过微信资质审核认证升级为服务号,才可以使用外接口、微信付款等功能。

此外,每种类型的微信公众号所展示的位置不同。服务号与企业号推送的消息,显示在微信的对话列表上面;订阅号推送的消息,则显示于对话列表中的"订阅号"中。

2. 微信公众平台的主要功能定位

(1)群发信息。公众账号可以选择向普通用户中的所有人或部分人发送信息。

(2)自动回复。普通用户可以通过关键字向公众账号获取常规消息或常见问题的解答。

(3)一对一个性化交流。针对用户的特殊问题,公众账号可以为普通用户提供一对一的个性化对话解答服务。

3. 微信公众平台营销的作用

微信公众平台的作用主要体现在以下四个方面。

(1)分类订阅。即通过发布公众号二维码,让微信用户随手订阅。

(2)消息推送。即通过用户分组和地域控制,实现精准的消息推送,直指目标用户。

(3)品牌传播。借助个人关注页和朋友圈,实现品牌的病毒式传播。

(4)门店小程序。在公众平台里运营者可以快速创建类似店铺名片的门店小程序,并支持放在公众号的自定义菜单、图文消息和模板消息等场景中使用。

9.2.2 微信开放平台营销

开放平台在软件行业中,是指软件系统通过公开其应用程序编程接口或函数,使外部的程序可以增加该软件系统的功能或使用该软件系统的资源,而不需要更改该软件系统的源代码。

微信的开放平台向第三方应用或网站免费开放接口,用户可将其他应用或网站的内容向朋友发送或在朋友圈分享。借助微信平台,第三方内容能够获得更广泛并且更有针对性的传播。也就是说,通过微信开放平台,用户可以接入第三方应用,方便地在会话中调用第三方应用进行内容选择与分享,使商品信息在此过程中不断地得到传播扩散,实现口碑营销的效用。

微信的开放平台有两大功能:一是把用户在其他应用或网站中看到的精彩内容分享给微信好友;二是把这些内容分享到微信朋友圈。例如,用户在第三方程序中看到一篇文章、一首歌曲或一件商品,希望能将其与好友分享,只需要点击"分享给微信好友"或者"分享到微信朋友圈"就可以实现这个愿望。

通过微信,好友收到信息后,只要轻轻一点便可以查看详情,还可以使用 APP 来查看内容,没有安装 APP 的用户将会被提示去下载安装。

【微型案例 9-2】一名广州的白领在傍晚 6 点给微信路况的公众号发送了"番禺洛溪大桥"六个字,得到"路段拥堵,车行缓慢"的回复,他把消息分享给妻子并附上"既然已经堵上了,我晚点从公司出来,不用等我一起吃饭了"的语音信息,从而达到相互之间的沟通。

由于微信用户彼此间具有某种更加亲密的关系,因此当产品被某个用户分享给其他好友后,相当于完成了一次有效到达的口碑营销。微信是一个移动业务生态圈,其开放平台及朋友圈功能给企业提供了简单快捷的营销环境,方便企业以较低的成本吸引更多的用户。

9.2.3　微信二维码营销

微信个人用户可通过扫描识别二维码身份来添加朋友、关注企业账号、读取商家信息等;企业用户则可以通过设定企业品牌的二维码,利用折扣或者优惠等方式吸引消费者关注,实现 O2O 营销模式。

这种模式表面是用户添加,实质是得到忠实用户。用户主动扫描的行为,至少证明用户对企业的产品是感兴趣的,所以,可以有针对性地诱导用户产生消费行为,但必须促使用户主动扫描。微信二维码营销方式适合与用户关联比较紧密的产品。

9.2.4　位置签名营销

位置签名营销主要是利用微信"用户签名档"这个免费的广告位做营销宣传,使附近区域的微信用户能看到商家的信息,如饿的神、K5 便利店等就采用了微信签名档营销。

企业可以随时在签名栏上放广告或者促销消息,或更新其状态,然后借助微信中的功能插件,当用户查找附近的人或者"摇一摇"的时候,就会看见这种强制性的免费广告。品牌商点击"附近的人"后,可以根据自身的地理位置找到周围的微信用户,然后根据地理位置将相应的促销信息推送给附近用户,进行营销信息的精准投放。该模式实质上类似高速公路的路牌广告,属于强制收看。

位置签名营销也被戏称为草根式广告,该方式的优点是可以很有效地拉拢附近用户,如果方式得当的话,转化率往往比较高。其不足之处是覆盖人群可能不够大,营销人员必须在人流最旺的地方后台 24 小时运行微信,当"附近的人"使用者拥有一定的基数时,广告的传播效果会更好。

9.2.5　微信小程序营销

微信小程序可以用于推送优惠券、做售后服务、支持分享传播,帮助店铺获取更多客户。此外,在微信好友圈中,经常会见到诸如集赞有奖、邀请关注、打卡活动、砍价活动等,这实质上是微信小程序在营销活动中的具体应用形式。

需要说明的是,微信公众号和微信小程序两者是有区别的:微信公众号是内容媒体,其主要用途本质上是宣传;微信小程序是一个可以支持直接购物的轻应用,能够实现客户浏览→下单→支付的全过程。两者在精准定位、完成技术、营销作用、消费体验等方面都明显不同。

二维码
（视频 9-2）
微信公众号与微信
小程序的区别

9.2.6　即时语音信息营销

用户偶尔会厌倦发短信打字、发视频又过于耗费流量,而用微信发送音频信息,自然成为省时省力又省钱的信息传递方式。根据用户的这一特点,企业可以利用微信即时语音信息功能将其服务窗口建设成一个便捷周到的服务平台,从而达到提升企业品牌形象的营销目的。

【微型案例 9-3】在中国南方航空的微信公众平台上,用户通过语音输入查询信息,便会得到相应的智能文本回复,这让公众平台与普通用户之间进行便捷的互动成为现实。利用"说"这种最便捷的信息输入方式,中国南方航空与顾客可以轻松地进行沟通和互动,顾客不用费力就能迅速获得相应的服务,这对维系良好的客户关系很有帮助。

9.3　微信营销的特点

9.3.1　微信营销的基本特征

微信营销具有高到达率、高曝光率、高接受率、高精准度、高便利性等优势。微信一对一的互动交流方式具有良好的互动性,精准推送信息的同时更能形成一种朋友关系。微信营销的基本特征可归纳为以下几方面。

1. 对等的双向交流

微信具有一种对等的双向关系,只有用户间预先互加好友或用户关注账号才能实现对话沟通。微信营销以用户为中心重视强关系的社会连接,使微信平台中传播者与受众实现基于平等地位的互动交流。微信营销对等的双向交流主要体现在以下方面：

首先，在微信营销中，受众既是营销信息的接收者，同时也可以参与内容制造，通过互动成为传播者。基于个人兴趣能够自主选择微信传播主体加以接触，构建的是对等的双向关系，这一特征打破了传统媒体时代封闭式的营销传播格局。

其次，微信营销模式具有内容平台特点。无论是主流媒体、机构或是企业、个人都可以成为微信公众号中"订阅号"的传播主体。传播者所开通的订阅号限制在对话框中，由关注者即受众主观意愿决定点击查看与否。从微信平台的功能构成来看，微信营销尤为强调将受众纳入传播过程，让受众主动"说"而不是仅是让受众被动"听"。

其三，微信营销以朋友圈为载体，传播主体在朋友圈里与受众双向更加平等，基于强关系社交网络建立社会联系。在朋友圈中只有共同好友才能看到互相的评论，这一功能加强了对受众隐私的保护，从而使得微信营销更具有平等化与亲和力。受众基于个人兴趣与主观意愿，对传播者在微信平台中发布的信息可以选择题是否许可互动推送，拥有了信息接收的决定权与把关权，使得受众主体性得以彰显。如果受众对传播者的微信公共号或者微信朋友圈不感兴趣或产生厌烦心理，可以通过设置取消关注、免打扰或直接删除。

2. 融合社交与营销场景

微信因具有真实社交圈与虚拟社交圈相融合的属性，通过对微信平台功能的应用，重构社交与营销信息传播模式，形成场景化的社交传播圈。例如，以微信网络社群为载体的微信营销模式，将具有共同兴趣、情感、价值与利益的受众或消费者通过微信媒介以"部落化"形态聚集，实现社交关系的情感增进。

融合社交与营销的微信媒介，在关系维系上一定程度取决于受众与传播者之间的互动程度。受众通过场景内的社交功能与传播者有效互动，从而建立长期稳固的情感联系，同时对传播主体及所处传播圈构成的理念逐渐产生认同与情感归属。在企业的微信营销中，依托社交与营销场景融合所构建的诸如社区教育互动、消费者反馈等微信社群，企业能够实现信息精准推送、解答受众疑问并将有价值的社会议题及时传递给受众。同时，互动是多元的，通过留言、点赞、评论等互动过程，也促进了场景内成员之间的关系连接。同时，微信媒介的数据分析功能，可以全方位洞察用户需求，实现点对点、点对面的精准传播，在此基础上，微信营销直接触达用户，并利用可扩展的用户互动体验加强企业和消费者的情感联系，保证企业服务的及时性与连续性，提升流量转化率与营销效果。

3. 隐蔽及相对私密的传播圈

微信营销的传播圈是一个隐蔽且相对私密的信息传播网络。微信用户基于主观意愿与兴趣，搜索指定的微信公众号名称，并添加关注才能接收该账号主体的推文信息，所形成的传播圈层具有相对的私密性。同时，推送频率具有限制，如"订阅号"每天只能群发一次消息，企业号每自然月允许群发四条消息，如果受众关注了该微信账号成为该传播圈的"关注者"，则表明受众对其传播主体价值理念具有认同，并认可其所推送的优质内容与议题文章，从而保持长期关注。由此，受众或消费者基于对推送账号与传播主体的"感知"与"评价"，对其产品或服务具有认同与兴趣成为微信营销影响购买的重要因素。

此外，相比于微博、短视频大量的信息涌入且不加筛选的弱把关，微信营销因隐蔽及相对私密性等特点，能够使得用户免受信息轰炸，用户可以自主选择是否关注某类公众号或取消关注推送信息。用户从所关注的微信公众号获取的内容信息，并不会被他人知晓，也有效地保护了用户的个人隐私。在微信私密传播圈中的成员身份属性、兴趣点、价值观具有共同性,这也为提升圈层内用户的认同感、信任度以及受众粘性奠定了基础。因此,使得传播主体可以更加精准化地推送营销信息,在微信账号与关注用户之间建立价值认知与感情信任。

4. 强关系的机遇

微信的点对点产品形态注定了其能够通过互动的形式将普通关系发展成强关系,从而产生更大的价值。通过聊天等互动形式与用户建立联系,可以解答疑惑、讲故事甚至可以"卖萌",用一切形式让企业与消费者形成朋友关系,人们不会轻易相信陌生人,但是会信任"朋友",从而更容易产生转化。

9.3.2　微信营销和微博营销的区别

二维码
（视频 9-3）
微信营销与微博
营销的区别

微信营销和微博营销最大的区别在于"精准"两个字。微博营销是由微博主发一条微博,然后粉丝可以通过看自己的微博主页,即能看到微博主发的营销内容,但现在人们关注微博主发的微博是随机的,因而微博传递的营销信息往往不能被及时阅读。而微信营销就不同,微信公众平台账号发一条群发营销消息,所有关注的人都会收到这条消息。微信和微博的主要区别可归纳为以下几个方面(如表 9-1 所示)。

表 9-1　微信营销和微博营销的主要区别

	微信营销	微博营销
区别	微信兼具自媒体和用户管理双重身份	微博是自媒体
	微信营销可以一对一,更具针对性	微博营销是一对多
	微信营销是真正的对话沟通	微博营销则更偏向传统广告
	微信营销的曝光率几乎是 100%	微博营销的曝光率极低
	微信营销是私密空间内的闭环交流	微博营销是开放环境的扩散传播
	微信营销是强关系,用户价值更高	微博营销是弱关系
	微信营销注重交流	微博营销注重传播

(1)微信上普通用户之间需要互加好友,才能互相发布信息,是一种闭环的结构,构成了用户之间对等的对话关系;而微博普通用户之间则不需要互加好友,双方的关系并非对等,而是多向错落、一对多。

(2)微信交流形式是一对一的,不适于信息的广泛传播;微博信息是开放式扩散传播的。

(3)微信是私密空间内的闭环交流,微信用户主要是双方同时在线聊天;而微博则是差时浏览信息,用户各自发布自己的微博,粉丝查看信息并非同步,而是刷新查看所关注对象此前发布的信息。

9.3.3　微信营销的局限性

微信用户量目前已从增量模式转为存量模式,流量红利正在消失,取得新用户的成本会逐步提高,老客户流失率也会逐步提高。微信营销的局限性主要体现在以下方面。

1. 微信形象存在的问题

微信营销要想取得好的效果,必须拥有大家愿意关注的微信,但目前微信形象存在如下问题。

(1)微信昵称未能引流量开拓准客户。微信昵称往往只是为了吸引人,不断增加字母 A 的个数,以提高搜索排序,却不告诉用户自己是谁,是做什么的,久而久之会让人生厌,进而失去原本引流量开拓准客户的根本意义。

(2)微信头像很难让人过目不忘。用户的微信头像多数都是其生活照或很失真的美颜照,没法让人产生有需要找你即可的想法和冲动。

(3)个性签名很多都是空白。企业微信的个性签名大多没有被充分利用,有些只是用一句名言或感言所替代,未能起到强化企业特色关注度的作用。

(4)相册背景很少利用。微信的相册背景其实是一个很好的广告位,用好了会收到很好的营销效果,可惜很少被营销人员关注使用。

(5)地理位置没有和企业形象与促销相关联。在微信朋友圈图片的下方有一行小字,它就是地理位置,很多人都只把它单纯看成是地理位置,没有能很好地加以利用。

2. 微信公众号自身功能存在的局限性

微信营销的运行环境就是微信本身,企业一般通过营业执照等注册微信公众号,并使用微信公众号的服务号来进行商城和微店的销售。这种微信公众号营销的缺点在于:

(1)传播和分享速度趋慢。微信公众号与目前广泛使用的微信小程序相比,其内容不能被便捷地获取和传播,同时又缺少出色的用户使用体验,在不占手机内存的微信小程序出来后,抑制了许多企业继续开发公众号的热情。

(2)认证与否会带来开发功能的限制。公众号认证不强制,但不认证开发接口和基本功能很少,甚至连基本菜单都不能创建。认证后的公众号功能相对较多,但微信店铺营销模式单一,不能满足定制化需求。模板化开发虽然起步费用比较低,但后期因为易出现漏洞所做的升级服务费用会很高。

(3)单向推送消息且不能单独打包使用。微信公众号推送消息是单向,易造成用户阅读疲劳;微信公众号开发不能单独打包使用,必须通过微信下拉菜单进入。

以上局限性会造成微信精准社群营销的促销转化率降低,耗费的销售成本难以得到补偿,导致销售成本加大。因此,企业实施微信营销也应考虑成本效益原则。

3. 微信营销模式存在的局限性

(1)微信营销模式会导致管理风险加大。微信营销模式实行线上交易,通过网络交易就可以完成产品的转移,方便而快捷。但因此引起的信用体系不完善、产品质量不高以及虚假广告等给企业的管理工作带来巨大的挑战。

二维码
(知识卡片 9-1)
成本效益原则

(2)微信营销维权难。微信营销是基于社交环境中产生的销售,更多的是体现互利互惠的义务履行,这种模式一旦出现问题,维权会非常困难。这种困难主要体现在退款、商品质量、发货、网络欺诈、网络售假等相关问题的处理上。

9.4　微信营销的应用策略

9.4.1　打造微信营销的全媒体平台

新兴信息传播技术使媒体融合不断加速并走向深入,信息传播路径的多元化现象也越来越突出。微信营销必须要坚持走全媒体营销发展之路,采用多元化的推广方式,充分利用不同媒介的传播优势,实现微信营销在全媒体平台的持续拓展。

(1)通过微信公众号聚合全媒体资源。微信营销需要破除传统媒体运营思维的桎梏,将微信公众号打造成能聚合多种媒体的综合性营销平台。

【微型案例 9-4】《人民论坛》期刊基于原有微信公众平台运营团队组建了"全媒体营销战略组",负责通过微信公众平台实施全媒体微信营销。改革开放 40 周年之际,《人民论坛》设置专栏回顾改革开放 40 年来中国经济建设取得的辉煌成就,该团队通过传统纸媒、网站以及微信公众平台推出了一组深度评析相关观点的宣传文案,实现了全方位立体化推广,两个月内分别在微信公众号、微博以及传统纸媒、杂志等全媒体渠道投放了共计 1200 篇文章,综合应用了文字、音频、视频等媒介元素,取得了良好的整合传播效果。

(2)应用微信小程序探索全媒体营销。微信小程序无须下载即可直接使用,用户可以通过微信搜索、"扫一扫"或识别二维码等方式连接小程序,有效解决了传统应用程序需要下载、安装才可使用的问题,使得微信能够成为不同媒介的"连通者"与"中转站",有利于微信营销生态的整合升级。

(3)联合多元主体推动媒体融合营销。首先,企业应树立全媒体营销传播的思维,破除传统微信营销的思维局限。例如,期刊可以依托微信渠道打通与智慧屏、有声书、知识付费平台等媒介载体的有效连接,在优化传播效果的同时提升营销附加值。其次,企业还应以微信公众号为主体加强与相关研究机构和高校的合作力度,打造产学研协同创新的新媒体营销实践平台,有效地实现技术、资源与人才培养的创新结合。

(4)依托微信平台整合线上线下营销。企业微信营销还要破除纯粹的线上营销思维桎梏,建立能融通线上线下的营销渠道,从而有效提高用户粘性。具体来说,就是要充分利用微信平台的影响力,将企业微信公众号打造为消费者的聚集地,组织消费者利用微信平台开展一些互动参与的社交活动,将营销活动融入互动交流的全方位传播流程,打造能整合线上线下的微信营销新模式。

【微型案例 9-5】浙江人民美术出版社、杭州图书馆在 2019 年曾联合举办"文澜曝书会",在杭州图书馆开展,历时三天。该会为现场参加人员提供了诸多福利,如赠送珍藏版图书、明信片等,此外,浙江人民美术出版社还在天猫旗舰店推出全场 0.5 折活动,到"曝书会"现场的读者,还能额外扫码领取满 100 元减 20 元的优惠券,并叠加使用。在这种线上线下整合的营销模式中,微信平台不仅成为网络营销的辅助工具,在线下活动中也发挥了至关重要的作用,能有效打通出版社与读者之间的沟通壁垒。

9.4.2 开通微信公众平台收集客户数据

微信作为中国目前用户量最多的即时通信软件,每时每刻都在产生文本、图片、视频、地理位置等大量高质量的各种数据。通过对这些数据的处理分析,企业可以从不同维度对消费者进行市场细分。因此,对于很多中小企业来说,开通微信公众平台是一个门槛较低的搜集客户信息的方法。

目前微信公众平台开放的九大接口,包括获取用户地理位置、基本信息、关注者列表、用户分组等,可以帮助企业得到客户的性别、年龄、联系方式、居住地、好友列表等基本特征。

【微型案例9-6】2014年"世界杯"赛事期间,腾讯公司通过和IBM合作,对微信用户在朋友圈所发的文本进行语义分析,刻画出不同球迷的特征。

当然,要想获取更多有价值的数据,还有待微信更高级接口的开放。

9.4.3 动态跟踪和反馈客户需求

很多企业在做微信营销时存在一个问题,那就是对企业自身需求和客户需求的理解有偏差。更确切地说,是对营销精准性的理解不到位。站在企业的角度,认为精准是指通过客户细分,推送广告的对象有了更明确的群体。但是,这种营销方式是单向的,没有从客户需求出发,容易造成信息干扰。站在客户角度,这种精准是指向用户推送其想要的信息。

【微型案例9-7】中国传媒大学有一个微信公共平台——"中传人生活圈",如果用户回复说"饿了",平台马上就可以告诉用户学校周边有哪些外卖;如果用户回复平台说"小圈儿,我好无聊",这个时候后台值班的客服就可以提供陪聊服务。

因此,企业要正确理解客户的真正需求,进行动态跟踪和及时反馈,用户在享受良好服务体验的同时自然会增加对企业公众平台的依赖感。

9.4.4 利用多平台进行线上线下互动

(1)打造线上线下的互动闭环。加强企业与用户之间的互动,除了要多策划活动,还要携手线上线下的资源一起进行互动。例如,借助微信支付功能,实现线上线下互动闭环。线下的二维码和位置签名可以为线上活动提供引流,增加企业的粉丝;用户在线上可以得到更多关于商家的信息,使用微信支付后,再回到线下享受服务。这种线上与线下的互动闭环对于餐饮、酒店、旅游等服务行业尤其适用。

(2)结合微博等其他媒体进行多平台互动。线上的互动平台除了微信之外,还有微博、人人网等SNS网站,各个平台之间可以互相宣传和互动;线下企业可以将微信与电视、报刊等传统媒体相结合,如提供企业二维码便于客户扫描等。企业在开展营销活动时,前期可以利用微信、微博、电视、户外移动广告等方式来进行推广宣传,获取关注度;在活动过程中,用户可以随时分享活动中的感受和成果到微信朋友圈和微博,从而吸引更多的人参与活动。

本章小结

本章着重介绍了微信的传播特征、微信营销的常用方式、主要特点、应用策略。微信传播具有大众化的用户特征、多样化的传播功能、传播信息精准高效；微信营销现阶段主要有公众平台、开放平台、微信二维码、位置签名、微信小程序、即时语音信息等方式；微信营销具有对等的双向交流、融合社交与营销场景、隐蔽及相对私密的传播圈、强关系的机遇等基本特征；微信营销在微信形象、公众号自身功能、营销模式等方面存在一定的局限性；实际应用中，微信营销可以采用打造微信营销的全媒体平台、开通微信公众平台收集客户数据、动态跟踪和反馈客户需求、利用多平台进行线上线下互动等策略。

复习思考题

二维码
（参考答案）
第 9 章选择判断题

1. 选择题（有一项或多项正确答案）

（1）下列可用于微信营销的方式主要有（　　　　）等。

　　A. 微信二维码　　　　　　　　　　B. 公众平台

　　C. 微信小程序　　　　　　　　　　D. 位置签名

（2）微信的有效传播主要体现在（　　　）等方面。

　　A. QQ 系列插件推荐到微信　　　　B. 软件推荐到微信

　　C. 外部内容分享到微信　　　　　　D. 官方微信号内容的分享

（3）微信营销的基本特征可归纳为以下（　　　）等几个方面。

　　A. 对等的双向交流　　　　　　　　B. 融合社交与营销场景

　　C. 隐蔽及相对私密的传播圈　　　　D. 强关系的机遇

2. 判断正误

（1）微信支持跨运营商、跨平台地发送文字、语音、图片等信息，同时可实现视频通话、即时通话等功能。（　　　）

（2）微信公众平台的服务号与企业号均有申请认证的功能，认证通过之后，可以有更多的功能可以使用。（　　　）

（3）微信开放平台向第三方应用或网站免费开放接口，用户可将其他应用或网站的内容向朋友发送或在朋友圈分享。（　　　）

3. 简答题

（1）微信营销有什么特点？微信营销与微博客营销有什么区别？

（2）微信营销的常用方式有哪些？试简要说明之。

（3）微信营销有何局限性？对此你认为该如何应对？

4. 讨论题

小微企业利用微信营销是否有优势？实践中应该如何更好地发挥微信营销的效用？试结合实际案例阐明你的观点，与研讨学习小组的成员一起分享并展开讨论。

第10章 网络直播营销

 导入案例：束氏茶界的春茶直播销售

束氏茶界在茶行业的网络营销推广方面一直不断创新。就在刚过去的春季，束氏茶界携手又一城，在【束氏茶界】APP上发起安吉白茶和西湖龙井的网络直播营销活动，取得了非常好的效果。四场直播下来，成功吸引粉丝高达3万，交易额近6万。束氏茶界是怎么做到的呢？

束氏的整个春茶直播周期分为直播预告、直播开始和直播回放三个过程。首先是预热，束氏茶界发动门店数千名创客和导购，在朋友圈分享H5直播预热，引起大范围的关注；其次在直播活动开始时，组织推送朋友圈，吸引更多用户进入直播间观看，并可以在直播间内直接下单；最后直播结束时，营销并没有结束！束氏的导购和创客还可以推送直播回放，让此前没时间进入直播现场的用户观看直播回放并再次下单，产生二次销售。

（资料来源：shop.m.jd.com/? shopId＝827122,2021,编者有删改）

 点评：用网络直播缩短购买决策的路径

束氏茶界的春茶直播活动大获成功，一方面，预售下单的会员可以通过直播观看他们即将收到的茶叶的采摘和制作情况，塑造束氏茶界品牌影响力；另一方面，通过用户分享直播，吸引更多的用户下单，实现最大化的引流和拉新。在互联网已经高度发达的今天，线上线下流量难获取成为不争的事实，直播作为目前最直观的一种营销方式，极大地拉近了消费者与商家之间的距离，缩短了消费者作出购买决策的路径，是行之有效的一条好路子。

互联网技术飞速发展和5G时代的到来，使得网络直播迅速崛起，特别是2020年突如其来的疫情更是让网络直播被越来越多的消费者所接受，企业对网络直播营销模式的应用也越来越普遍化。

10.1　网络直播营销的特点

网络直播营销是指在现场随着事件的发生、发展进程同时制作和播出节目的营销方式，该营销活动以直播平台为载体，达到企业获得品牌提升或销量增长的目的。网络直播既保持了传统广播电视灵活生动的表现形式，又具有互联网按需获取的交互特性，同时因其快速、开放、共享、自由、可存储等特性将沟通和应用变得更加方便。

10.1.1　网络直播营销的基本特征

网络直播营销融合了流媒体技术和互联网本身所具有的交互性、不受时空限制等特点，形成了实时性、互动性、真实性、多样性等基本特征。

1. 实时性

网络直播营销依托宽带网络资源，利用流媒体视频压缩技术手段，将拍摄、录制的音视频信号进行一系列的编码、压缩处理，在互联网上实时播放出去，只要登录网站就可以看到现场直播的节目，实时生动地呈现直播现场的视频全貌。

二维码
（视频 10-1）
网络直播营销
的基本特征

随着手机与 4G 网络的普及和 5G 的应用，网络直播已经成为能够随时、随地、随心发布的一种表达方式。实际应用中，企业可以利用直播的实时性"留悬念爆卖点"，进而达到营销目的。例如，苹果、小米、OPPO 的新品发布，企业在前期会花费很大的人力、物力来宣传造势，给用户制造期待感（悬念）；然后把企业的用户聚集在某一个时刻，通过现场的渲染，打造爆点来引起现场及直播观众的共鸣。

2. 互动性

网络直播营销能够采用双向在线交流形式，实现与用户的实时互动。例如，受众可以在网上通过文字提交问题，现场主持人和嘉宾通过视频画面解答，实现文字、语音、视频同步交互传输。同时，直播的内容也可以同期随录下来，供用户在直播后进行点播收看，更有效更立体地完成客户的宣传需求。

【微型案例 10-1】A 公司的一款新品发布之后，很多用户第一次接触到产品，因为不了解正规操作流程而引起了一系列错误操作导致产品无法很好的使用，有些用户反映从各个渠道也只能搜集到一些碎片化的信息。为此，公司为这款产品做了一系列的网络直播节目，从产品使用方法、竞品分析对比、现场应用案例等多方面为用户解答各种问题，同时抛出一些能引起用户产生共鸣的话题，使用户、围观群众以及直播公司三方产生强烈互动。最后由直播方引导大家加入微信群，以便直播结束后可以继续讨论相关问题。这种直播＋社群的模式非常有效地将互动延伸到了直播后。

3. 真实性

企业营销过程中，最重要的环节就是解决客户的信任问题，这也是企业最大投入的环节。传统的宣传方式如文字、图片等有时已很难取得客户的信任,甚至视频也因后期做的大量的剪辑而不再为客户所充分信任。企业把其生产、服务的过程,通过网络直播的形式展示出来,就能够很容易获得用户的信任。

例如,某饭店的"直播＋美食"节目,不只是展示饭菜怎么漂亮精致,顾客怎么夸奖,还把饭店从食材的采购、运输、保鲜,厨房的卫生、厨师的烹饪等一系列过程通过直播呈现在观众的面前,从而取得顾客的信任。因此,网络直播营销有着微信、微博等其他营销方式无法具备的优势。

4. 多样性

网络直播的形式灵活内容广泛,一般无须精心编排,只要在法律允许的范围内,直播者就可以自由自在地选择适当的形式和内容来与受众互动,特别是移动网络直播者甚至可以不受地域场景的限制。网络直播的形式可以多种多样,如旅行直播、美食直播、秀场直播、购物直播、工作直播等;直播的内容广泛,也可以更加生活化,如吃饭、唱歌、逛街、运动、买菜、读书、游戏、踏青等。实践中企业可以很好地利用这种多样化的直播方式和内容,将品牌植入直播中,从而提升企业品牌的认知度。

10.1.2　网络直播营销的主要优势

网络直播营销是一种营销模式上的重要创新,也是互联网视频特色的体现。对于广告主而言,网络直播营销的优势主要体现在以下方面。

(1)能够轻松地引起关注。当下的很多直播营销在某种意义上就是一场事件营销,除本身的广告效应外,直播内容的新闻效应往往也很明显。一个具有新闻性的事件或话题,相对而言,可以更轻松地进行传播和引起关注。

(2)能够体现出用户群的精准性。在观看直播视频时,用户需要在一个特定的时间共同进入直播页面,虽然这其实与互联网视频所倡扬的"随时随地性"背道而驰,但这种播出时间上的限制,也正好能够真正识别出并抓住一批具有忠诚度的精准目标客户群。

(3)能够深入沟通并引发情感共鸣。网络直播这种带有仪式感的内容播出形式,能够让一批具有相同志趣的人聚集在一起相互沟通,聚焦在共同的品牌爱好上,情绪相互感染。在这种氛围下主播再恰到好处的推波助澜,就很容易达成情感气氛上的共鸣,使直播营销活动收到四两拨千斤的效果。

10.2　网络直播营销的市场基础

网络直播营销兴起的市场基础,既有相关技术条件的成熟、资本的关注,也有大量企业及网络用户的需求驱动。

(1)移动网络提速和智能设备的普及。移动网络速度的提升,以及流量资费的降低,使得视频直播能够比以往更加流畅;更为重要的是智能手机的普及,让人们逐渐摆脱无线网络和电脑而可以直接通过智能手机进行视频拍摄上传,这就使得视频直播能够有更多的场景,从而让企业有了全新的营销机会,可以随时随地、更加立体地展示企业文化,发出企业的声音,而不再仅仅只能依靠微博或微信。诸如"花椒直播"这样的移动社交直播平台,就是在移动互联网时代的视频直播 app 开始涌现、并受到资本市场关注的产物。

（2）企业需要更立体的营销平台。在过去几年,很多企业、政府机构已经将在微博、微信平台开通账号作为企业品牌营销和文化传播的标配。不过,这些传播主要还是基本以图文为主的,而图文始终不够立体,用户看到的还都几乎是静止的,并且在如今信息泛滥的环境下,单纯的文字传播很可能被忽略。网络直播的兴起,正好弥补了企业进行营销传播时的缺憾,在微博、微信之外,多了一个更为立体生动的营销平台。

（3）网友看视频玩视频的习惯养成。无论是移动互联网时代的机遇也好,还是企业营销的需求驱动也罢,这一切最重要的基础是用户愿意访问这个平台。越来越多的人愿意在视频平台上花费时间创造内容和浏览内容,这都得益于用户在网上看视频玩视频习惯培养的完成。

10.3　网络直播营销的常见模式

网络直播营销在信息传播上具有现场感真实、互动性强、内容形式自由广泛等特点,能够快速聚合网络用户的关注。"网络直播＋"模式逐渐成为企业进行产品或品牌营销的新宠。目前针对企业产品或品牌的网络直播营销模式主要有"网络直播＋明星""网络直播＋线下活动""网络直播＋平台""网络直播＋电商"等,企业只有根据产品特质、品牌核心理念等需要,选择不同的网络直播模式进行产品行销与品牌宣传,才能收到较好的营销效果。

10.3.1　网络直播＋明星模式

明星代言已成为各大品牌提升其知名度的重要策略之一,明星具有较高的知名度,也拥有一定的粉丝基础。品牌商在选择明星代言时,一般会考量明星的知名度和明星自身形象与品牌的契合度。尤其是在互联网时代,作为公众人物,明星的一举一动都会受到粉丝的关注,品牌商可以很好地利用明星代言人做网络直播营销。例如,直播明星参加品牌活动的现场或日常生活场景,并在直播中自然地植入相应的品牌信息。网络直播现场实时性的特点可以使网民在直播中具有与明星面对面交流的真实体验,网络直播互动性强的特点可以更好地增加消费者的粘性。

【微型案例 10-2】在第 69 届戛纳国际电影节,欧莱雅与美拍直播平台合作的"零时差追戛纳"系列直播,全程直播了李宇春、巩俐、李冰冰等明星参加电影节的现场情况,创下 311 万总观看数、1.639 亿总点赞数、72 万总评论数的数据,带来的直接市场效应就是直播四小时之后,李宇春同款色系 701 号 CC 轻唇膏欧莱雅天猫旗舰店售罄。

10.3.2　网络直播＋平台

网络直播平台是网络直播的重要载体,其数量在不断增长变化,目前较为知名的有虎牙、斗鱼、映客、快手、bilibili、企鹅电竞、CC 直播等。不仅是普通网民在使用网络直播平台,很多明星、名人也纷纷使用直播平台与粉丝互动,增加了直播平台的注册量。注册量越高的直播平台越能得到各大品牌商的青睐,因为直播平台可以为其品牌带来更高的认知度。

【微型案例10-3】歌手林俊杰在熊猫 TV 直播平台直播自己制作美食的过程,引来近 40 万网民的关注。

【微型案例10-4】唯品会与美拍合作,让美拍首发直播唯品会与歌手周杰伦签约活动"唯品会 CJO 首席惊喜官签约发布会",并邀请传统媒体的记者和 30 多位来自各大直播平台的热门主播来到发布会现场,很好地为唯品会电商品牌形象做了一次广泛宣传。

10.3.3　网络直播+线下活动

企业做线下活动一般是根据品牌形象宣传或产品发布促销的需要在固定场所和时间举办的,主要商业活动形式有产品发布会、路演、晚会、会展等。企业线下的商业活动受限于时间、空间和人数,单纯依靠线下活动来进行品牌的宣传显然是不够的。网络直播实时、互动、真实的特点正好弥补了网络用户去不了现场的遗憾。

【微型案例10-5】小米品牌在发布其"无人机"产品时,通过新浪直播以及旗下的直播平台小米直播 APP 进行在线移动直播。小米直播 APP 拥有超过 50 万人的关注,而新浪直播的在线人数一度超过 100 万,从而扩大了产品及品牌的影响力。

10.3.4　网络直播+电商

电商平台一直是企业网络营销的重要渠道,众多企业和各大品牌纷纷进入电商平台(诸如淘宝、天猫、京东、唯品会等),看重的是电商平台能够带给其更多的产品销量和利润。但是,消费者对购物体验的要求越来越高,尤其是网络消费者在与商家的沟通及产品的对比选择上很难得到良好的用户体验,这也是网络消费者在电商平台购物的一大痛点。网络直播的出现在一定程度上提升了消费者的用户体验,消费者借助在线直播可以更加便捷地与商家沟通,可以在视频直播中直接看到商家对产品的现场试用,从而更加真实地了解和掌握产品的外观及功能,不再受限于被美化过的产品图片。

目前各大电商平台都开始涉足移动网络直播,并不断地进行创新,加以节庆、活动等营销方式,进一步吸引消费者的关注并促使其购买。例如,淘宝直播于 2016 年 3 月开始试运行,进行直播售卖,在直播的过程中,利用"边看边买"的功能将商品加入购物车,让消费者切身感受到网络直播的便捷性;京东电商平台在其"618 品质狂欢节"期间与斗鱼合作的"龙虾激战之夜"网红直播活动,促使其订单量达上一年同期的 6 倍;聚美优品也专门开设了直播平台进行产品售卖。

10.4　网络直播营销的一般流程

实施网络直播营销需要按一定的流程有序推进。网络直播营销的一般流程是:首先通过市场调研确定直播主题、定位市场受众,然后策划直播脚本(包括设计直播内容与直播方案)、选择直播平台与准备直播设备、直播预热及调度直播中的数据与场控,最后进行直播后有效反馈。

1. 市场调研确定直播主题和定位市场受众

开展网络直播营销首先需要确定直播主题,避免同质化的竞争。为此,有必要精确地做好市场调研,了解用户需求,再根据直播账号定位,选择合适的直播主题,确定直播性质是游戏直播、秀场直播、生活直播还是电商直播。

例如,喜爱玩游戏的人可能会选择游戏直播;擅长唱歌的人可以做秀场直播展现其人格魅力;富于生活情趣的人可以选择诸如生活地理优势、美食分享等做生活直播;若要在直播间卖货则可以选择电商直播为主题。

营销能够产生结果才是一个有价值的营销,营销信息的受众是谁,他们能够接受什么等,都需要做恰当的市场调研,只有找到合适的受众才是做好整个直播营销的关键。

2. 策划直播脚本

定下直播主题后,紧接着要围绕直播主题和受众定位展开直播脚本策划。策划直播脚本的目的在于让网络直播能够按照流程有序进行。在直播脚本中,要注意规划好直播时间、直播内容、直播方案、产品讲解话术以及优惠券设置等内容,同时还要注意分析项目自身优缺点,做好营销经费和人脉资源的预算。

二维码
(知识卡片 10-1)
话术

直播方案设计需要销售策划及广告策划人员共同参与,让产品展示在营销和视觉效果之间恰到好处,以免在直播过程中过分的营销行为引起用户的反感。

直播内容设计主要包括话术、互动和成交方面。例如,如果做带货直播,要用什么话术来引入产品? 又要用什么方式来和观众互动,再怎么做促进成交? 主播可以通过品牌或者产品背后的小故事或历史引入产品;然后讲解产品的外观特点、卖点,展示产品的使用方法,并和其他同类产品进行对比,突出直播产品的优势;同时可以通过福利抽奖、分享评论等引导方式促进用户成交;最后再用促单话术"催"用户下单。

3. 直播平台的选择与直播设备的准备

直播平台种类多样,根据属性可以划分为互联网直播服务平台、互联网音视频服务平台、电子商务平台等几个领域。如果直播推销衣服、化妆品,选择电子商务类平台将会带来意想不到的流量。所以,网络直播营销选择合适的直播平台也是成功的关键。

高质量的直播营销除手机外,还需要很多辅助工具辅助提升直播质量。主要包括灯光、支架、背景墙、声卡、麦克风、产品陈列、其他道具等。其中,支架主要是为手机直播准备,以便直播时用来支撑手机保持稳定性;麦克风的作用主要是防止爆音和杂音,如大部分主播偏好使用电容麦克风;声卡的作用在于优化直播声音质量,避免声音中的杂音、延迟失真等问题,所以尽量选择质量好一点的声卡也很重要。很多人误以为,直播只需要一部手机就能完成。虽然一台智能手机可以直播,但不能保证直播质量。

此外,直播间光线明亮舒适是最基本的要求。例如,美妆等品类的近景拍摄,室内灯光较弱时,往往需要配置一盏美颜灯,常见的是使用环形美颜灯。

4. 直播前的预热及直播中数据与场控的调度

(1)直播前的预热。直播前的预热就是将直播时间、直播内容、直播福利等进行文案策划,并发布在用户能够看到的地方,最常见的做法是发布预热短视频、微博、微信等。在抖音,几乎所有主播在直播前都会发布预热短视频,通过各种各样的方式告诉用户"我要直播了!"

【微型案例 10-6】 Angelababy 直播前就在抖音连续三天发布了预热短视频,并同时在微博发布直播预热文案,通知用户 7 月 18 日抖音直播首秀。结果获得 10.9 万点赞、3.7 万评论、1.7 万转发,也就是说有十几万的用户对她的直播预告给出了回应。而当晚,她的直播间观看总人次达 2600 万。

(2)直播中数据与场控的调度。直播过程中需要有助理随时监测直播数据,并根据观众的反应和产品销量以及直播现场各种突发状况及时做出策略上的调整,以保证直播的有序进行。直播后台推送调度主要是维护商品库存,及时上架商品并把控抽奖送福利等环节;场控调度要求助理根据直播时观众的反应以及主播的需求举牌提醒直播进度以及直播注意事项。例如,薇娅、李佳琦直播间就经常需要加货,这个时候就需要有助理及时跟品牌商确认是否加量,然后再反馈给主播,主播传达给观众,形成一个流畅的传播链。

5. 直播后有效反馈

营销效果最终要由转化率来衡量。直播过程中的实时反馈及后期的反馈都要同步关注,同时通过数据反馈及时修整方案,不断提高营销方案的可操作性和转化率。

因此,不要以为网络直播结束营销工作就结束了,每一场直播结束后都应该及时做直播沉淀和复盘,发现直播中的不足之处然后制定应对措施,以便于在下一场直播时避免同样的失误。具体来说,直播结束后,首先要核对直播中送出的奖品福利以及免单发放明细,确保用户的福利得以顺利发放;其次,复盘正常直播,并记录直播中的失误,盘点直播成果,分析直播中的规律(诸如产品销量好的时段、品类等);最后做总结会议,提出解决以及优化方案。

10.5　网络直播营销的法律规范

为了规范近年来火爆的直播带货等网络直播营销行为,有关主管机关和行业协会从 2020 年以来相继发布了系列规范性和指导性文件。了解网络直播营销的相关法律规范,有助于在从事网络营销过程中增强法律意识,依法依规开展网络直播营销活动。

10.5.1　《网络直播营销行为规范》解读

国内首部《网络直播营销行为规范》由中国广告协会发布,于 2020 年 7 月 1 日起实施。该《规范》对直播电商中的各类角色、行为都做了全面的定义和规范。

《规范》规定了商家、主播、平台以及其他参与者等各方在直播电商活动中的权利、义务与责任。其中明确禁止刷单、炒信等流量造假以及篡改交易数据、用户评价等行为,商家不得发布产品、服务的虚假宣传信息,欺骗、误导消费者。

《规范》要求,电商平台类的网络直播营销平台经营者,应当加强对入驻本平台的商家主体资质规范,督促商家公示营业执照及与其经营业务有关的行政许可信息;内容平台类的网络直播营销平台经营者应当加强对入驻本平台的商家、主播交易行为的规范,防止主播采取链接跳转等方式,诱导用户进行线下交易;社交平台类的网络直播营销平台经营者应当规范内部交易秩序,禁止主播诱导用户绕过合法交易程序在社交群组进行线下交易。

《规范》作为行业自律文件,主要是倡导和引导自律自治,虽然不具有强制性,但也通过一定措施来保障自律的有效实施,如可以视情况进行提示劝诫、督促整改、公开批评,对涉嫌违法的,提请政府监管机关依法查处等。

10.5.2　《网络直播营销管理办法(试行)》解读

随着监管导向的进一步明确,为了规范平台主体责任履行不力、主播言行失范、虚假宣传、数据造假等突出问题,国家互联网信息办公室等七部门联合发布《网络直播营销管理办法(试行)》(以下简称《办法》),2021 年 5 月 25 日起施行。《办法》对直播营销环境下的不同参与主体予以划分,压实直播营销平台的责任,并且对直播间运营者、直播营销人员的行为规范提出明确要求,规范直播营销行为。下面对《办法》体现的几个核心内容进行解读。

1. 明确各方主体

《办法》第二条对直播营销环境下的各方参与主体予以明确。直播营销平台指在网络直播营销中提供直播服务的各类平台,包括互联网直播服务平台、互联网音视频服务平台、电子商务平台;直播间运营者指在直播营销平台上注册账号或通过自建网站等其他网络,开设直播间从事网络直播营销活动的个人、法人或其他组织;直播营销人员指在网络直播中直接向社会公众开展营销的个人;直播营销人员服务机构指为直播营销人员从事网络直播营销活动提供策划、运营、经纪、培训等的专门机构。

在电子商务环境下,网络直播营销活动中直接参与直播营销的主体与其他法律法规下规定的责任主体会存在相应的交叉与重合,例如直播营销平台与电子商务平台、广告经营者、网络服务提供者的身份重合;直播间运营者与平台内经营者的身份重合等。

在网络直播营销活动中,上述主体除遵循《办法》中规定的责任和义务外,亦需要遵守构成广告经营者、广告发布者、网络服务提供者、电子商务平台或平台内经营者的情形下的相关责任与义务。例如,某网络直播营销平台,除提供直播技术服务,亦为直播间运营者提供付费导流服务,并且参与到直播活动的运营、分佣中,对用户的控制力较强,此时该直播营销平台将具有多重身份,除遵循《办法》中明确的义务外,也应承担作为电子商务平台、广告经营者或广告发布者的责任。

2. 引入"前、中、后"管理机制压实直播平台责任

《办法》要求直播营销平台建立"前、中、后"的管理机制。一是事前预防。要求平台方对直播间建立分级管理制度,对重点直播间采取安排专人实时巡查、延长直播内容保存时间等防范措施;建立风险识别模型,依法开展安全评估;建立未成年人保护机制等。二是事中监控与提示。要求平台对直播营销人员真实身份动态核验机制;对高风险营销行为采取弹窗提示、违规警示、限制流量、暂定直播等措施;加强事中信息安全管理,对直播间内链接、二维码进行信息安全管理。三是强调事后惩戒。要求平台方对违法违规行为采取阻断直播、关闭账号、列入黑名单、联合惩戒等处置措施。

3. 通知—删除规则的适用

《办法》在很多条款中不仅明确了平台的义务,也限制了平台的行为。如第十一条明确,直播营销平台不得为直播运营者、直播营销人员的虚假宣传提供便利、帮助条件。从规定本身看,"不得"表明了义务的强制性,该条为一项禁止性条款。但是该条如何适用,如何认定在"虚假宣传"的语境下,直播营销平台"提供了帮助、便利条件",需要结合法律对平台义务规定进行分析。

根据我国现有法律体系,"通知—删除"规则适用于电商平台的治理,特别是《网络交易监督管理办法》公布后,在对直播营销平台的责任认定中,此规则仍是核心判断基础。在对上述第十一条的适用判断中,如果直播营销平台"知道或应当知道"直播间运营者、直播营销人员存在虚假或引人误解的宣传侵害消费者合法权益的行为,未采取必要措施(在直播营销环境下,例如违规警示、暂停或强制关闭直播等)的,应当与直播间运营者承担连带责任。

关于"应当知道"的判断,可参考《最高人民法院关于审理涉电子商务平台知识产权民事案件的指导意见》第十一条中的关于"应当知道"的判断因素并结合直播营销的特点做出。例如:直播营销平台是否制定了广告营销行为规则,是否履行了身份认证及动态核验义务、专人实时巡查制度,是否采取了敏感或关键词监测、拦截等技术手段,及时发现并处理相关虚假宣传行为等。对此,直播营销平台应当结合平台的实际情况、技术能力等,制定直播营销广告宣传的相关规则、提高技术监测及处理能力,严格履行相关义务,避免承担连带责任。

4. 直播间运营者的判断

《办法》对"直播间运营者"与"直播营销人员"的概念予以明确,关于主播(尤其有一定影响力的主播,简称 KOL)是否会构成直播间运营者,《办法》给出了判断依据。

首先,《办法》第二条规定,"直播间运营者是指在直播营销平台上注册账号或者通过自建网站等其他网络服务,开设直播间从事网络直播营销活动的个人、法人和其他组织"。第十七条规定,"直播营销人员或者直播间运营者为自然人的,应当年满十六周岁",可见,《办法》并未排除主播作为自然人构成直播间运营者的可能性。

其次,从直播行业现状来看,在一般情况下,电商主播的主要作用在于对商品或服务的性能、功能、质量等进行宣传、推广,并不直接向消费者提供商品或服务,不符合《电子商务法》第九条第三款中关于"平台内经营者"的"通过平台销售商品或者提供服务"的定义。然而,目前还存在一类 KOL 主播,其背后拥有专业化的团队,招商选品、产品议价、流量定档、直播、发货、退货、售后、PR 宣传,每一个环节都有专业的团队运作;某些 KOL 会对商品的选择进行深入了解和严格把控,深度参与商品的采买,甚至以其名义签署买卖合同,故从KOL 对整个交易活动的参与情况分析,在特定情况下,KOL 亦会构成平台内经营者,若其通过注册账号或者通过自建网站开设直播间从事网络直播营销活动,则构成《办法》第二条项下的"直播间运营者"。

5. 直播间运营者和直播营销人员的合规责任

《办法》在以往《指导意见》的基础上对直播间运营者及直播营销人员提出了更加明确、具体的要求,具体体现在如下几个方面:

(1)明确区分广告法下的责任承担。《办法》第十九条规定,如果发布直播内容构成广告,则直播间运营者相应的承担广告发布者、广告经营者的责任,而直播营销人员相应的承担广告代言人的责任。如果直播营销人员亦构成直播间运营者,则也应承担广告发布者、广告运营者的责任。

(2)明确"8 条红线,5 个重点环节管理"。《办法》第十八条要求直播间运营者、直播营销人员发布的商品或服务信息应真实、准确、全面,并且明确了 8 条红线,要求不得出现相关行为。《办法》第二十条第二款明确直播间运营者及直播营销人员应当在 5 个直播间重点环节的设置上符合国家规定,包括直播间的头像、简介、标题、布景、直播营销人员的着装等方面。

(3)明确对供应商的核验义务。《办法》第二十二条首次以法规的形式明确了直播间运营者对商品或服务供应商的核验义务,要求直播间运营者对供应商的身份、地址、联系方式、行政许可、信用情况等信息进行核验,并且留存相关记录备查。

(4)明确与直播营销人员服务机构的协议签署义务。基于直播营销环境下,合作模式、参与主体的多样性,《办法》第二十三条将与直播营销人员服务机构(简称 MCN 机构)的合作纳入对直播间运营者、直播营销人员的管理和规范中,要求与 MCN 机构签署的合同中应当明确信息安全管理、商品质量审核、消费者权益保护等义务。

(5)明确对他人肖像及声音的保护义务。在直播营销环境下,主播数量巨大,竞争激烈,因此明确个人风格与自身定位,提高个人辨识度,是主播赖以长远发展的基础。例如,有些主播会以某固定的宣传语或口号作为个人的标识,某些主播会以固定的形象作为个人标识。《办法》第二十五条明确了直播间运营者、直播营销人员对他人肖像和声音的保护义务,对于规制侵权行为、不正当竞争行为等具有积极作用,有利于防止直播间或主播之间的恶意、无序竞争。

总体而言,《办法》体现了当下以及未来一段时间国家对于互联网行业监管的基本思路,即"全面覆盖,分类监管",将各类相关主体、线上线下各项要素均纳入监管范围。对于企业以及各方参与者而言,需要根据各类规范,审慎地做好合规工作,履行自身的社会义务,树立健康良好的企业形象。

本章小结

本章着重介绍了网络直播营销的基本特点、市场基础、常见模式、一般流程以及相关法律规范问题。网络直播营销具有实时性、互动性、真实性、多样性等特点;移动网络提速和智能设备的普及、企业需要更立体的营销平台、网友看视频玩手机的习惯养成是网络直播营销发展的市场基础与驱动力;网络直播营销目前主要有"网络直播+明星""网络直播+线下活动""网络直播+平台""网络直播+电商"等模式;网络直播营销有一定的工作流程,实践中应依法依规开展网络直播营销活动。

复习思考题

1. 选择题(有一项或多项正确答案)

(1)网络直播营销的基本特征是(   )。

    A. 实时性   B. 互动性   C. 真实性   D. 多样性

二维码
(参考答案)
第 10 章选择判断题

(2)《网络直播营销管理办法(试行)》明确指出,直播营销平台指在网络直播营销中提供直播服务的各类平台,主要包括(   )。

    A. 互联网直播服务平台   B. 微信公众平台

    C. 互联网音视频服务平台   D. 电子商务平台

2. 判断正误

(1)网络直播营销是指以直播平台为载体,在现场随着事件的发生、发展进程同时制作

和播出节目的营销方式。( )

(2)网络直播营销选择合适的直播平台是良好效果的关键因素之一。( )

(3)直播营销人员指在网络直播中直接向社会公众开展营销的个人。( )

3．简答题

(1)网络直播营销有哪些优势？试结合实例简要说明。

(2)网络直播营销的一般流程是怎样的？实施过程中应注意什么问题？

4．讨论题

网络直播营销的常见模式有哪些？试分别列举具体案例,并与研讨学习小组的成员一起讨论各种模式的优势与不足之处,并给出进一步完善的建议。

第11章　威客营销

 导入案例：猪八戒网的威客营销

　　猪八戒网（zbj.com）成立于 2006 年，是一个面向中小微企业的服务平台，聚集了海量专业服务人才资源，可为企业、公共机构和个人提供定制化的解决方案，涵盖品牌营销、软件开发、知识产权、税务、科技咨询、共享办公等多个服务领域。猪八戒网通过平台赋能、人才涵养、科技驱动、资本引领的四位一体发展模式，可满足企业初创期、成长期、成熟期等各发展阶段的专业服务需求。猪八戒网的主要交易模式：

　　（1）先交稿模式。指买家在发布需求时，先将赏金完全托管到猪八戒网，再从服务商交稿中选出中标稿件的交易模式。猪八戒网收取赏金的 20％ 左右作为平台服务费。

　　（2）计件模式。指买家按一个合格需求支付一份服务商酬金的方式进行选稿，选稿数量视买家需求而定，稿件合格将立即支付服务商报酬的交易模式。

　　（3）先报价模式。指买家在发布需求时未托管赏金至猪八戒网，根据服务商报价选择一位服务商完成工作的交易模式。

　　（4）一对一服务模式。指买卖双方直接通过猪八戒网的托管服务进行交易的交易模式。

　　（5）先抢标模式。指买家发布需求时，先将诚意金托管到猪八戒网，再由众多服务商进行抢标（服务商抢标也需要托管诚意金），最终买家确认一位服务商来完成需求的交易模式。

 点评：聚众智、汇众力实现创意、智慧与技能的价值转化

　　猪八戒网是一家典型的"聚众智、汇众力、创众业"企业，能将创意、智慧、技能转化为商业价值和社会价值。其核心价值主要体现在以下四个方面：①连接的价值。连接买卖双方，连接的背后存在太多人的需求和梦想，这是平台最基础，最本质的特点。②基础设施的价值。平台建立一系列的基础设施工具，使得整个运转效率明显提高，它是提升项目价值的关键。③数据的价值。猪八戒网像海洋一样在不断的汇聚各种数据，包括数百万家中小微企业数据、人才数据、设计作品数据等。在沉淀了大规模的交易之后，这些数据的价值不可估量。④社会价值。社会价值是猪八戒网最重要的价值，主要体现在两个方面：其一，在猪八戒网上创业,成本低、订单多,新创企业易存活,是天然的创业孵化器;其二,猪八戒网的交易逻辑决定了必须要把平台的订单散布给尽可能多的卖家才可能得到解决,这就解决了一大批人的就业问题。

威客最早出现于 2005 年,它源于英文单词 Witkey,是 wit(智慧)与 key(钥匙)的合成词,直接意思为 The key of wisdom(智慧的钥匙)。在网络时代,凭借自己的创造能力(智慧和创意)在互联网上帮助别人,而获得报酬的人就是威客。威客可以是一类互联网应用网站,也可以是这类网站的注册用户。通俗地讲,威客就是在网络上出卖自己无形资产(知识商品)的人,或者说是在网络上做知识(商品)买卖的人。

11.1 威客营销的含义

威客营销就是利用威客这种网络应用形式开展网络营销,主要是指参与的用户借助互联网平台的互动性完成知识技能与经济价值的平等置换,解决商业、生活等方面出现的问题,从而让知识技能体现出其应有的商业价值。

企业可以通过威客招标来吸引悬赏型威客关注企业的网站、产品或者服务,还可以进一步引导其来企业网站注册,真正了解和宣传企业;也可以通过百度知道等工具以问答的方式来推广其网站、服务、产品、品牌等,同时方便百度等搜索引擎检索出来。

威客网站的理念是把企业或个人的难题交给网络志愿者去解决。方法是:企业提出问题并通过互联网发布和传播,请求志愿者给出解决方案;志愿者个人或小组接受任务并完成;企业奖励胜出者并获得解决方案的所有权。威客营销与搜索引擎等营销工具相结合,更有利于企业进行各种信息的宣传。

【微型案例 11-1】 美国甘耐特报业集团曾经做过一个 Witkey 试验,将旗下 90 家报纸的新闻部开放给公众,任何人均可通过网站对正在发生的新闻提供消息或意见,如果信息被报社采用,提供者将获得奖励。一位读者报料称,新房子开通自来水和排水管道有关部门竟然要收 2.8 万美元。报社以往的做法是派记者立即调查,一段时间后调查报告才见诸报端。而这次记者在网上让读者帮忙找出费用奇高的原因,结果这份报纸收到了来自国内外读者的海量响应,网站流量 6 周内出现前所未有的高涨,发行量迅速攀升。通过这次试验,甘耐特不仅节约了采访费,掌握了翔实的新闻材料,还免费获得了巨大的潜在读者群,这是一个成功的威客营销案例。

11.2 威客营销模式的运营机制

威客营销模式就其本质来说可以看成 C2C 型电子商务模式。威客网站作为一个将知识、经验、智慧转化为经济效益的市场平台,一般由任务发布系统、知识库系统、检索系统、交易系统四大模块组成。需求方在威客网站提供的互动平台上发布其所遇到的难题或课题信息,

二维码
(视频 11-1)
威客营销的运营机制

威客(志愿者)则通过该平台提交解决方案。

威客网站的基本运营模型如图 11-1 所示。

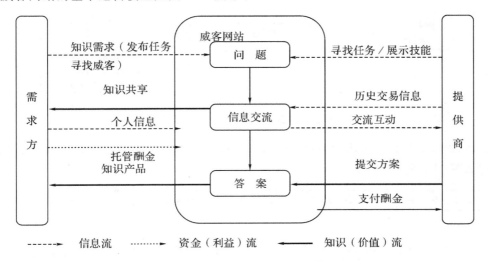

图 11-1　威客网站的基本运营模型

从图 11-1 可以看出,威客网站运营中主要涉及的内容是需求方与提供商之间的利益传递,问题与答案通过威客网站进行信息传递,整个运营过程中需求方、提供商与网站三方共同进行创造价值活动。按照主体导向的不同,威客营销模式的运营机制可以分为由需求方主导的运营机制与由提供商主导的运营机制。

11.2.1　由需求方主导的运营机制

由需求方主导的运营机制,即由平台方建立起的威客模式服务平台,制定相关的知识服务合约,吸引各种类型的威客进驻,整合威客提供商与威客需求方信息,建立类似传统商业的加盟运营模式,对威客成员信息进行需求匹配,共同创造财富。需求方主导的运营机制的核心在于通过平台方整合利益三方的服务流、信息流和资金流,建立起相关架构让提供商和平台方全力为自身服务。

目前以需求方为主导的威客营销网站主要分为两大类:一类是以需求方为主导的现金交易型威客网站,包括猪八戒威客网、任务中国、创意网、威客中国等网站;另一类是以需求方为主导的非现金交易问答式威客网站,包括百度知道、爱问知识人、天涯问答、外包网等网站。其中,现金交易型威客模式占据着主流,根据运营方式又可分为现金悬赏模式、招标模式、威客地图模式三类。

1. 现金悬赏模式

现金悬赏模式是大多数威客网站采用的模式,一般由客户发布任务后预付全部赏金给威客网站,网站收取百分之二十的费用,其余赏金支付给最终由客户选出的任务完成最好的威客。现金悬赏模式运营流程如图 11-2 所示。

2. 招标模式

在招标模式中,威客凭借其大致的计划方案以及以往的成绩和信用状况参与竞标,一旦

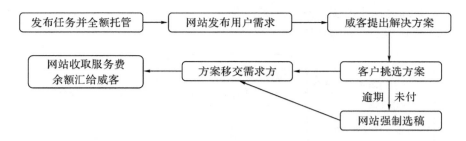

图 11-2　现金悬赏模式的运营流程

中标成功,接下来再执行具体的项目任务,赏金则随项目完成进度逐步支付。招标模式的运营流程如图 11-3 所示。

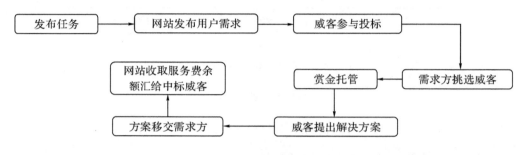

图 11-3　招标模式的运营流程

3. 威客地图模式

威客地图模式借用了知识管理理论中知识地图的概念,即知识的导航系统,它表明了不同知识存储间重要的动态关系,通过互联网将人的地理位置、擅长技能、联系方式、服务项目、个人空间五大属性聚集起来,形成了关于人的搜索引擎。需求方可以预先发布自己的需求,然后根据自身的需求主动从备库的服务商中搜寻合适的威客,进而进行相互的沟通交流来完成下一步的任务实施和交易。

11.2.2　由提供商主导的运营机制

由提供商主导的运营机制,即提供商按平台方服务规则,要求威客将自己的技能、知识、智慧等智力作品放在网站上展示销售;或是威客主动在网站上展示其所拥有的技能及所能服务的范围,由需求方按其需求来选择服务。该模式的核心在于提供商能否提出有价值、有吸引力的服务或产品,通过平台方的信息整合,展现给需求方供其选择。可见,这种营销模式是利于威客的。

由提供商主导的运营模式分为两大类:一类是独立运营的提供商主导;另一类是依附运营的提供商主导。独立运营的提供商主导是指网站中只有提供商展示其方案的形式,网站并不直接提供具体的商品,而是告诉需求方所具有的某方面特长技能,可以帮助需求方来完成任务。

依附运营的提供商主导是指网站中除了有提供商自己展示方案的形式外,还有需求方主动提出任务的方式(即主动告诉需求方所能提供的服务),它是一种混合型的威客模式,这种混合型的威客模式虽然主体部分仍是以需求方为主导的,但是仍有一部分是以提供商为主导的。

11.3　威客营销的价值

企业在威客营销模式中获得价值,一是通过采纳志愿者的解决方案,直接将其贡献转化为产品价值的一部分;二是提供一个供用户交流分享创作内容的平台,由平台方建立相关技术标准、服务标准,并通过用户交流分享创作的内容产生直接销售或广告收入,其他各参与方按平台方所规定的合约和规定按比例分享知识服务费收入。

威客营销借助互联网开展资源互补、协同创新、合作共赢的经营活动,为企业和个人提供价值实现、技能展示的创新平台,在这个平台上,企业与个人互利互惠共同创造财富。

11.4　威客营销模式存在的问题

威客模式起源于中国并一直处于不断发展和完善之中,虽然已出现了一些在业界内比较有影响的威客网站,但其在运营方面也还存在一些问题,突出表现在以下方面。

1. 定价机制方面

常常由于需求方出价较少,导致威客流失或威客完成任务的质量不高,需求方对其不满意而不想付款或减少付款,这种情况又使得威客更加不满意,导致流失加剧或完成任务的质量更加低下,如此恶性循环。

2. 信用机制方面

威客营销模式的信用评价大都是基于任务发布者与中标者的互评,信用值没有考虑可能存在作弊的情况。

3. 盈利机制方面

目前威客网站主要的盈利方式是服务费形式,即从知识产品交易金中抽取一定比例的金额作为服务费,盈利模式单一,盈利能力还有待提升。

4. 信息服务机制方面

绝大多数网站、客户、威客相互间开辟的沟通渠道处于一种散乱和媒介形式单一化的状态,沟通渠道整合运用比较欠缺,信息服务能力不足。

此外,威客网站也存在智力成果浪费严重、智力成果知识产权归属不清等问题。这些问题的存在,制约着威客营销模式的发展。

本章小结

本章介绍了威客营销的含义、价值以及威客营销模式的运营机制与存在的问题等内容。威客网站的理念是把企业或个人的难题交给网络志愿者去解决;威客营销模式的运营机制按照主体导向的不同可以分为由需求方主导的运营机制与由提供商主导的运营机制;威客营销的价值,一是通过采纳志愿者的解决方案将其贡献转化为产品价值的一部分,二是提供一个供用户交流分享创作内容的平台并由此获得收益；目前威客营销在定价机制、信用机制、盈利机制、信息服务机制等方面存在一些问题有待完善。

复习思考题

1. 选择题(有一项或多项正确答案)

(1)威客网站的理念是(　　　)。

    A. 把企业或个人的难题交给网络志愿者去解决　　B. 个人的难题个人自行解决

    C. 把企业的难题交给上级主管　　　　　　　　D. 有奖征集解决问题的方案

(2)威客网站一般由(　　　)几大模块组成。

    A. 任务发布系统　　　　　　　　B. 知识库系统

    C. 检索系统　　　　　　　　　　D. 交易系统

2. 判断正误

(1)威客营销中参与的用户可以借助互联网平台的互动性完成知识技能与经济价值的平等置换，从而让知识技能体现出其应有的商业价值。(　　　)

(2)威客营销模式就其本质来说可以看成 C2C 型电子商务模式。(　　　)

(3)现金悬赏威客模式一般由客户发布任务后预付全部赏金给威客网站，网站收取一定比例的费用，其余赏金支付给最终由客户选出的任务完成最好的威客。(　　　)

3. 简答题

(1)以需求方为主导的威客营销网站可分为哪几种类型？分别有什么特点？

(2)威客营销的价值主要体现在哪些方面？试举例说明。

4. 讨论题

威客营销模式的核心运营机制是什么？试分小组进一步查阅有关资料，对威客营销模式的主要价值、存在问题以及发展前景进行分析并展开讨论。

二维码

(参考答案)

第 11 章选择判断题

第 12 章　移动营销

教学目标

➤ 理解移动营销的含义,掌握移动营销的基本特征,了解移动营销的发展历程;

➤ 熟悉移动营销的原则、内容和常用方法;

➤ 熟悉移动营销的模式和赢利模式;

➤ 了解移动营销的问题及发展前景。

 导入案例:美食纪录片《小店看中国》里的移动营销

在第六届移动互联网营销峰会暨金鸣奖颁奖典礼上,8 集美食纪录片《小店看中国》获评"最佳移动营销案例"。《小店看中国》以 2020 年"新冠"疫情下餐饮从业者的故事为切入点,带领观众领略南京、郑州、重庆、成都、长沙、西安、东莞、杭州等 8 座城市的人文、美食风貌,展现了疫情下小店店主努力改善困境、积极拥抱生活的热情,折射出了中华儿女坚韧向上的精神。例如,第 1 集南京有三宝:鸭子、粉丝、馄饨。南京什么最好吃,这要问问经营几十年馄饨店的老夫妻、凌晨 4 点钟开始慢火熬鸭汤的阿姨、掌勺夜夜排队的砂锅店的老板……问题的答案,就藏在这些小店老板的灶台上。第 2 集重庆:一盆辣椒里的"山城性格"。川渝一家亲,在大家的印象里,成都和重庆的味道用同一个"辣"字就能概括,但江湖重庆、烟火成都,细细品之下,便能透过不同的饮食,看到两个城市不一样的"性格"。……整部 8 集美食纪录片背后隐藏着浓厚的人情味,在央视新闻客户端、腾讯视频、爱奇艺等多个平台播出后,引起了食客对当地美食的热评,以及对家乡小店的记忆和支持。

点评:借助短视频展示产品的人文情怀凸显移动营销魅力

《小店看中国》在对移动营销发展趋势敏锐洞察的基础上,捕捉行业内具有影响力和里程碑价值的应用产品和案例,通过不同地区的饮食行为、饮食文化,展现其背后的人文风俗、地域特色、族群生活方式,针对年轻受众出品的短视频、微视频等形式,深化融合传播,以更便捷的传播、更具接地气的表达、更加潮流的文案,收获了一大批年轻受众。特别是在疫情大背景下,小店所展示出来的人文情怀,以小见大还原本色的主题,极具社会意义,也得到了更多认可,充分显示了移动营销的魅力。

移动营销是网络营销的一个重要组成部分,主要研究无线网络中的营销问题,一般基于定量的市场调研深入地研究目标消费者,并整合运用多种营销手段实现企业产品的销售目标。随着 5G 时代的来临,移动营销面临着新的应用发展机遇。

12.1　移动营销的定义与特征

移动营销诞生于日韩,后在欧洲兴起并在北美增长。2000 年中国移动短信业务(SMS)开通,标志着我国移动营销市场开始起步。2005 年初我国移动营销市场开始迅速推广,经历了发展初期和市场培育期后,现已成为各类营销商重点推荐的服务之一。

12.1.1　移动营销的定义

移动营销早期也被称作无线网络营销或手机互动营销,一些研究机构和专业协会对移动营销给出了各自的定义。Manecksha(2000)提出移动营销是一种能直接与任何个人,通过任何网络和任何装置,在任何地点,在任何时间进行沟通的新兴营销方式。Mort & Drennan(2002)则认为移动营销是适用于手机、智能型手机、个人数码助理(PDA)等通讯设备和行动环境下的营销活动,并提出方便性(Convenience)、成本(Cost)、机不离手(CompulsionTouse)、情景感知(Contextually Sensitive)是移动营销的四大关键成功要素。美国移动营销协会(AMA)在 2003 年将其定义为:移动营销是对介于品牌和终端用户之间作为通讯和娱乐渠道的移动媒体的使用。移动营销是随时随地都能够带来即时、直接、交互沟通的一种亲身渠道,概而言之,就是通过移动渠道来规划和实施想法、对产品或服务进行定价、促销、流通的过程。

在以上定义中,对移动营销的以下两个特性达成了共识:首先是交互性,移动电话是一种很好的即时交流媒介,消费者能在收到营销信息后立即将回应传送给营销者,使营销者通过基于位置的服务提供更适合和更深入具体的信息;其次是营销信息特制化,也就是营销者通过潜在消费者的发讯地和发讯时间等资讯传送给消费者最适合的营销信息,即基于位置的服务。

综合上述各种定义,本书认为:移动营销(Mobile Marketing)是依据企业整体营销战略开展的,以移动设备及无线通信信息系统为载体,在移动终端上直接向目标受众精确地传递时间和地点敏感性的、个性化的商品或服务信息,并通过与消费者的信息互动达到提升品牌、沟通客户等市场营销目标的商业活动。移动营销一般通过手机互联网、短信回执、短信网址、彩铃、彩信、声讯、流媒体等多种形式,帮助商业企业或个人把个性化即时信息精确有效地传递给消费者,达到"一对一"的互动营销目的。

正确理解移动营销的定义,需要把握以下几点:①移动营销是企业整体营销战略的一部分,移动营销的目的在于提升品牌知名度,改进客户信任度和提高企业收入;②移动营销的载体是各种移动终端和无线通信系统;③移动营销强调交互性,以便提升营销信息带给消费者的价值;④移动营销直接面向目标受众传递信息,即直接面对事先已经定位的用户而不是大众,具有强烈的个性化特征。

12.1.2　移动营销的基本特征

移动营销是一种基于交互式、随时随地通信技术的营销手段,它通过移动通信平台,针对移动人群进行产品营销、服务营销和品牌营销。从策略层面而言,移动营销以客户数据库为基础,选择合适的时间、地点开展发布广告、销售产品、提供基于移动性的服务等营销活动,通过与客户个性化和人性化的接触,与客户保持长期互动关系,培养客户的品牌忠诚度。移动营销的基本特征可概括为以下 6 个方面。

二维码
（视频 12-1）
移动营销的基本特征

(1)拥有高度的便携性和粘度。由于移动终端具有先天的随身性,能够让人们大量的碎片化时间得以有效利用,从而吸引越来越多的手机用户参与其中。平台的开放也给手机用户更多个性化选择;同时,基于信任的推荐可以帮助企业打造主动传播的社会化网络媒体,快速形成品牌粘度。

(2)高度精准性。移动营销借助手机报刊、短信等投放系统,通过精准匹配将信息实现四维定向(即时空定向、终端定向、行为定向、属性定向),在浩瀚人海中锁定与项目匹配的目标人群,并把新的信息有效地传递给与之相配的目标群体。

(3)成本相对低廉。降低企业营销成本,拓展企业市场是企业的永恒需求。基于移动互联网络的移动营销具有满足这种需求的明显优势,它能以低廉的成本,广泛的受众规模成为企业提升竞争力、拓展销售渠道、增加用户规模的重要手段,正受到越来越多企业的青睐。

(4)强调品牌的重要性。品牌是企业与消费者建立信任的中间体,它能够通过自身的价值将消费选择的复杂度降低,塑造品牌可以提高目标消费群体的品牌忠诚度。移动营销带来方便性和选择多样性的同时也带给消费者困惑,塑造品牌在无线世界里就显得尤为重要。

(5)重视企业客户服务与客户关系。移动营销要求企业重视客户关系与客户服务。客户对企业的要求已经远远超过了对产品本身的要求;企业对客户表示关怀,从与客户建立商业关系到个人关系,关注客户满意,使客户获得完美的消费体验,是获得客户信任和提升客户对品牌忠诚度的关键。移动营销关注客户,为客户创造特殊的购物体验,主张企业与客户以对话方式建立起一种"随时随地"背景下的以客户为中心的"一对一"学习型关系。

(6)将与客户互动看成是学习的过程。通过移动营销平台与客户的每一次接触都会增进对客户的了解,并将所获得的信息经过整合后转化为一种知识与企业的潜能相结合,形成企业的核心竞争力。

总之,移动营销带给企业的不仅是一种新的营销技术手段,更是一种创新的营销策略。

12.2　移动营销的基本原则与业务内容

移动营销目前主要基于手机进行一对一沟通。由于每一部手机与其使用者的身份都具有对应的关系,并且可以利用技术手段进行识别,所以能与消费者建立确切的互动关系,能够确认消费者是谁、在哪里等问题。

12.2.1 移动营销的基本原则

开展移动营销,要求遵循以下基本原则:

(1)用户自愿与隐私保护原则。移动营销的首要原则应是用户自愿,并尊重与保护用户的个人隐私。企业在实施移动营销的过程中,应避免对用户的骚扰,避免被用户投诉,这是一项基本准则。移植到手机内容市场的无线广告,要传递到目标受众,必须得到用户的允许,充分尊重用户的个人意愿,由用户自主选择接受,并且对由此所获得的用户信息加以严格的保护。

(2)信息内容与消费者需求的相关度原则。无线运营商应反复强调移动营销内容与消费者需求的相关度,无论是跨媒体促销还是关于本地产品的信息内容,都必须是消费者期望的信息。调查表明,手机用户并非一概拒绝无线广告信息,许多手机用户希望通过手机等手持设备接收其喜欢的游戏、活动、电视节目、网站、体育及其他感兴趣的内容。因此对于无线推广最重要的是,通过明确的预先说明让消费者主动订阅手机信息,以确保其所接收的信息和广告都是真正感兴趣的内容。

12.2.2 移动营销的业务内容

移动营销的业务内容主要通过 WAP 网站平台表现出来。WAP(即 Wireless Application Protocol,无线应用协议)是一项全球性的网络通信协议,向移动终端提供互联网内容和先进的增值服务协议标准,将 Internet 的丰富信息及先进的业务引入到移动电话等无线终端之中。WAP 定义可通用的平台,把目前 Internet 网上 HTML 语言的信息转换成用 WML(Wireless Markup Language)描述的信息,显示在移动电话的显示屏上。WAP 只要求移动电话和 WAP 代理服务器的支持,而不要求现有的移动通信网络协议做任何的改动,因而可以广泛地应用于多种无线网络。

现阶段通过 WAP 网站和手机 App,主要可表现以下内容:

(1)无线下单。通过手机填写订单发送后即可获得及时订单服务。

(2)市场动态。及时发布新闻和促销信息。

(3)域名查询。输入域名即可查询是否被注册。

(4)关键词查询。如产品关键词购买情况查询。

(5)产品价格。列出各类产品的价格。

根据 Frost & Sullivan(www.frost.com)的研究,移动营销可以增加顾客忠诚度。由于 WAP 网站受流量速度限制,因此移动营销内容必须短小精悍,直奔主题,不需要太多的修饰。

12.3 移动营销的常用方法与参与者

移动营销方式是依据移动网络特点,在参考有线网络营销基本方法的基础上形成。移动互联网接入设备由于自身的特点限制,不可能将常规网络营销的方式全盘照搬到无线领域,这也决定了移动营销的参与者除了消费者之外,还需要有各类服务提供商。

12.3.1　移动营销的常用方法

移动营销目前的常用方法可大致分为基于 WAP 网站平台的移动营销、基于手机 App 与短信息的移动营销两大类。

1. 基于 WAP 网站平台的移动营销方法

主要是通过移动电子公告板、移动电子邮件、移动企业通讯助理、无线信息搜索引擎等来传递营销信息。

(1)移动电子公告板。主要是推送营销信息到用户移动设备端,这些信息包括用户关心的信息(如公司通知等)、个性化定制服务信息(如关心的股票行情等),此外还有用户调查、企业内部投票等其他各种信息。

(2)移动电子邮件。包括提供个人用户邮件列表、与企业内部电子邮件系统无缝集成、与因特网邮件系统(如新浪、网易等)无缝集成等。

(3)移动企业通讯助理。主要是通过帮助用户登记、修改、查询企业内部个人信息,查询公共日历以及企业内部日历,提供纪念日或重大活动的提醒服务等,含蓄地表达营销意图委婉地达到营销目的。

(4)无线信息搜索引擎。主要提供企业内部信息、因特网公共信息的搜索及查询等。

2. 基于手机 App 和短信息的营销方法

主要包括点告与直告方式、WAP 网站代理方式、小区广播方式、定制营销方式、App 营销方式等。

(1)点告与直告方式。这是一类用户相对被动地接受信息的销售促进方式,以短信群发公司"凯威点告"为代表。点告是一种定点广告投放模式,通过多个无线互联网站将客户广告精确地投放到其目标消费者手机上;直告是手机直投广告的简称,是在手机用户许可的前提下,将广告直接投放到用户手机上的广告投放模式。

(2)WAP 网站代理方式。该方式主要是以 WAP 网站免费内容吸引用户访问,然后利用流量做手机广告,以"魅媒科技"为代表。

(3)小区广播方式。该方式主要是利用手机的小区广播功能,向进入特定区域的用户发送商场广告等信息,以"北京天拓"为代表。这种服务既为移动运营商带来利益,又能给商场带来商机,客户也满意,可以实现三赢。

(4)定制营销方式。该方式主要采取会员制,只针对会员进行广告推送,会员可以自主选择广告种类,以上海聚君公司为代表。

(5)App 营销方式。该方式是通过智能手机、网络社区、社交网站等平台上运行的应用程序来开展营销活动。APP 指智能手机的第三方应用程序。APP 起初只是作为一种第三方应用的合作形式参与到互联网商业活动中,目前 APP 营销方式已经成为各大企业营销的常态。如淘宝开放平台,腾讯的微博开发平台,百度的百度应用平台等都是 APP 思想的具体表现,一方面可以积聚各种不同类型的网络受众,另一方面借助 APP 平台获取流量,其中包括大众流量和定向流量。

12.3.2 移动营销的参与者

现阶段移动营销的参与者主要包括以下六大类,如图 12-1 所示。

(1)内容和应用服务提供商。主要包括内容制作商、内容集成商等,为不同的客户群体提供诸如广告、音频、图片和视频等各种形式的内容和服务。

(2)门户和接入服务提供商。门户和接入服务提供商又可分为两

图 12-1 移动营销的参与者

种类型,即门户网站运营商和互联网服务提供商。它们共同为用户提供无线网络接入服务,使得内容及应用服务提供商所提供的移动服务产品能顺利地到达用户,进而实现移动商品的价值。

(3)无线网络运营服务商。主要包括无线网络基础设施运营商和无线服务提供商,它们共同为门户与接入服务提供商和用户搭建信息传递的通道。

(4)支持性服务提供商。支持性服务提供商主要为无线网络运营服务商提供各种支持性服务,如搭建无线传输网络必要的硬件设施和程序,以及提供付费支持和安全保证等。

(5)终端平台和应用程序提供商。终端平台和应用程序提供商包括终端平台提供商、应用程序提供商和终端设备提供商等,主要为用户提供良好服务界面。

(6)最终用户。最终用户包括个人用户和企业用户。他们是利用无线终端设备享受移动商务的实体,也是价值链中价值分配的价值提供者。

12.4 移动营销的应用模式

移动营销的应用模式包括移动营销的业务模式和移动营销的赢利模式。随着中国移动通信行业的迅速发展以及 5G 时代的来临,企业的营销创新空前活跃,移动营销面临着前所未有的发展机遇,涌现出多种可利用的业务模式和盈利模式。

12.4.1 移动营销的业务模式

移动营销可以让企业以手机或平板电脑等多种移动终端为渠道,通过二维码、APP(即

Application,智能手机的第三方应用程序)等各种移动应用,面向消费者进行精准高效推广,并凭借移动互联网先天具有的即时交互性、易于分享性、精准位置化服务等特色,为消费者提供实时、个性化的服务,实现企业营销价值的最大化。企业移动营销业务模式主要有推送模式、独立 WAP 网站模式、WAP 组合模式、移动短信营销模式、终端捆绑嵌入模式等。

1. 推送模式

推送模式(PUSH 模式)是指企业通过无线通信系统的群发功能直接向用户发送带有广告性质或以营销为目的的短信或彩信。由于短信操作简单,成本较低,传播对象群体规模大,并且可以针对特定的对象展开营销,因此,短信营销在推送模式中应用最广,在整个移动营销中也占很大份额。

推送模式的优点在于可直接将企业的营销信息迅速发传递给用户,且覆盖率较广;缺点是如果企业对信息的内容、信息发送的时机把握不好的话,容易引起用户的反感。因此企业采取这种方式来推送信息,最好应建立许可与退出机制。

2. 独立 WAP 网站模式

包括在企业自建的 WAP 网站和在第三方知名 WAP 网站上宣传两种方式。WAP 的中文含义是无线应用协议,是一项全球性的网络通信协议。WAP 网站为企业提供了一个移动营销平台,企业在 WAP 网站上可以做产品信息宣传广告或开展互动营销活动等业务。消费者可以主动在 WAP 网站上主动获取电子折扣等促销信息,帮助商家避免营销信息传播方向单一和范围有限等问题,还可以通过分析技术来帮助企业进行精确促销。

3. WAP 组合模式

WAP 组合模式主要包括以下三种应用方式。

(1)PUSH＋WAP 组合模式。这种方式采用短信或彩信推送,加上无线网络的超链接形式进行移动营销。

(2)二维码＋WAP 组合模式。这种方式用户通过手机扫描二维码或输入二维码下面的号码即可实现快速手机上网,随时随地下载图文、音乐、视频,获取优惠券,参与抽奖,了解企业产品信息。

(3)手机搜索＋WAP 组合模式。即通过手机搜索关键词获取企业 WAP 网站信息。应用该模式需要注意以下两点:首先,要求企业选择某一特定关键词,如果关键词选择不当,企业的目标客户将很难找到企业网站和相关广告。关键词的选择要综合考虑企业名称、行业名称、产品、网站内容、竞争对手网站内容、用户使用关键词频率等多种因素。其次,企业可以选择将 WAP 网站提交给知名的搜索引擎公司,以使企业的网站获得较为高效的推广。

4. 移动短信营销模式

移动短信营销模式包括企业短信互动营销平台模式和短信网址模式。

(1)企业短信互动营销平台模式。该模式主要是利用手机进行各种营销管理活动,包括收集信息、宣传企业、销售产品、维系客户关系等。企业可以采取两种方式自建互动营销平台。一种方式是企业向移动运营商申请短信端口号,通过互联网连上移动运营商的网关,即可实现功能强大的短信群发功能。顾客可以通过编制指令发送到指定号码查询与反馈各种信息。另外一种方式是向移动运营商直接申请"企信通"、"集信通"等业务,由运营商来帮助企业搭建短信平台。

(2)短信网址模式。短信网址指的是移动互联网上用自然语言注册的网址。该模式是利用短信服务方式或 WAP 寻址方式为移动终端设备快捷访问无线互联网内容和应用而建立的寻址方式,为企业用户提供了一个更加灵活的业务服务和营销接口。

5. 终端捆绑嵌入模式

这种模式是将广告内容嵌入到手机应用软件中,或者将广告以图片、彩铃、游戏等形式嵌入到手机等终端设备中,是一种具有创新性和挑战性的新型广告模式。

该模式的主要特点是对终端的占有,是手机广告一个行之有效的模式。但终端的覆盖率是广告主特别关心的问题,因此,移动营销策划者借鉴终端捆绑嵌入模式时还需关注手机厂商的情况。

12.4.2 移动营销的赢利模式

移动通信网络有可控制、可管理的特点,用户付费习惯和收费体系非常成熟,从而使得以手机为终端的移动营销也有着清晰的赢利模式。

(1)短信或流量收费。这种赢利方式由参与各方相互确定收费标准及分成方式。

(2)按使用频率收费。这种方式打破了以往移动增值业务应用必须由用户来付费的使用习惯,改由商家广告主来付费,用户得到收益,有利于加深用户对广告的印象,并与广告主形成一种良好的互动关系,同时延展运营商的产品线,提升品牌形象。

(3)按效果收费。手机广告反馈率以及成交额都可以作为广告效果的考量指标,因此,运营商和服务提供商可以尝试与广告主就广告效果进行分成的业务模式。

本章小结

移动营销是一个值得重视的领域。本章给出了移动营销的定义,分析了移动营销的基本特征,介绍了移动营销的发展历程;阐述了现阶段移动营销的原则、内容、参与者和方法;着重介绍了移动营销的业务模式和盈利模式;分析了移动营销存在的问题和发展前景。

复习思考题

1. 选择题(有一项或多项正确答案)

(1)移动营销通过精准匹配可以将信息实现四维定向,从而有效地传递给目标群体。这四维定向包括(　　　)。

    A. 时空定向　　　　　　　　　　B. 终端定向与属性定向

    C. 行为定向　　　　　　　　　　D. 目标客户定向与潜在客户定向

(2)移动营销的参与者主要包括(　　)等。

    A. 内容和应用服务提供商

    B. 门户和接入服务提供

    C. 无线网络运营服务商和支持性服务提供商

    D. 终端平台和应用程序提供商

    E. 最终用户

(3)移动营销的业务模式主要包括(　　)等。

    A. 推送模式　　　　　　　　　　B. WAP 组合模式

C. 移动短信营销模式　　　　　　　　D. 终端捆绑嵌入模式

2. 判断正误

(1)移动营销不仅是一种营销技术,更是一种营销策略。(　　)

(2)移动营销将与客户互动看成是学习的过程,并将所获得的信息经过整合后转化为一种知识与企业的潜能相结合,形成企业的核心竞争力。(　　)

(3)移动营销的信息内容与消费者需求相关度原则认为移动营销内容不必与消费者需求相关,信息内容可以不是消费者期望的信息。(　　)

(4)在移动营销的点告与直告方式中,用户只能相对被动地接受信息。(　　)

(5)移动营销策划者使用终端捆绑嵌入模式时必须关注手机厂商的情况。(　　)

3. 简答题

(1)移动营销比邮件列表营销具有更多的优势,是对邮件列表营销的替代和补充。这个观点对吗? 试阐明支持你观点的理由。

(2)如何正确理解移动营销的定义? 移动营销的基本特征是什么?

(3)移动营销应遵循什么原则?

(4)移动营销有哪些业务模式? 分别有什么特点?

4. 讨论题

5G 技术的应用对移动营销会产生什么样的影响? 移动营销的发展前景如何? 在小组研讨会上说出你的看法并阐明依据。

二维码

(参考答案)

第 12 章选择判断题

第三篇　网络营销组合策略

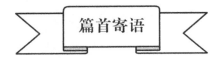

凡战者，以正合，以奇胜。

——《孙子兵法》

推销的要点不是推销商品，而是推销自己。

——世界吉斯尼汽车销售冠军：乔·吉拉德

第 13 章　网络营销 4P 策略

 导入案例:吉利汽车的"秒杀"促销

吉利汽车全球鹰品牌曾经在其淘宝官方旗舰店利用"双十一"推出形式多样的优惠促销活动,其中以 5 折秒杀双色熊猫的活动最具吸引力,秒杀价格更是史无前例的降低至 29900 元,将价格策略运用到极致。

在全球鹰举行此次优惠活动的半价秒杀环节,全球鹰品牌推出 4 辆 1.3L 手动挡无敌型蓝白双色熊猫,售价 29900 元。秒杀活动分四个时段,分别于当天上午 9:00、10:00、15:00、16:00 展开。秒杀伊始,用户需首先支付 4999 元预付款,获取"买车资格权"。在得到客服电话确认的前 50 名用户中,首先付清余款的用户即可秒杀成功;没有秒杀成功的用户,全球鹰旗舰店全额退还预付款。

全球鹰双色熊猫是全球鹰首款在网上销售的车型,双色熊猫在现有熊猫仿生学的外观造型上,配以蓝白色系的纹饰,同时该车还增加了可视倒车雷达、DVD 导航等配置,极力满足年轻消费群要求个性、独立、洒脱的购车需求。

在全球鹰品牌与淘宝合作推出的"双十一网购狂欢节"期间,全球鹰品牌在 11 月 11 日至 11 月 22 日期间,优惠力度空前,如 GX 车型现金让利 4000 元,单色熊猫最低 86 折销售。在 11 月 11 日至 11 月 13 日期间,在全球鹰淘宝官方旗舰店购买全球鹰 GX2 最高优惠 6800 元;购买单色熊猫最高优惠 7000 元;购买全球鹰双色熊猫可享受最高 13800 元的优惠,同时均有机会获得 500 元支付宝现金红包加 850 元狂欢礼包的双重惊喜。此外,全球鹰淘宝官方旗舰店还推出了汽车精品五折狂欢区,优惠力度空前。

 点评:抓住特定时间利用特殊方式开展营销活动可以事半功倍

本案例所陈述的事件,是吉利汽车为扩大其通过网络渠道开展汽车销售业务而在吉利全球鹰淘宝官方旗舰店举行的一次宣传推广活动。此次活动选在"双十一网购狂欢节"当日举行，又采用了当下盛行的网络秒杀形式，吸引了众多年轻消费者的关注，而这些年轻消费者正是全球鹰品牌潜在的消费人群。本次活动不仅扩大了全球鹰品牌的影响力，同时也增加了其网络平台销量，吉利汽车善于抓住特定时间利用特殊方式开展促销活动，将产品与价格策略有机结合，收到了远超预期的营销效果，真可谓是事半功倍。

20世纪60年代，美国营销学学者麦卡锡教授提出了著名的4P营销组合策略，即产品（Product）、价格（Price）、渠道（Place）和促销（Promotion），认为一次成功和完整的市场营销活动，意味着以适当的产品、适当的价格、适当的渠道和适当的促销手段，将适当的产品和服务投放到特定市场的行为。这个4P营销组合策略也同样适用于网络营销，但在网络环境下4P营销策略在具体内涵和实施方法上有其新的特点。

13.1 网络营销产品策略

网络环境下，传统的产品策略已经开始变化，作为产品策略的内容，已转化为实物产品、服务产品和信息产品等形式，而且实物产品在网络营销中也被赋予了新的含义。因此，网络产品具有比传统产品更为丰富的内容和层次，企业网络营销的产品策略也相应地有了更多的新创意。

13.1.1 网络产品概念及其生命周期

1. 网络产品的定义层次

二维码
（视频13-1）
网络产品的5个层次

网络产品（Network Products）是在网络经济条件下能满足网络消费者需求的物质产品、信息产品和网络服务的总称。完整的网络产品概念，包括五个基本层次（如图13-1所示）。

（1）核心产品。核心产品也称核心利益或服务层，是指产品能够提供给消费者的最为核心或最基本效用或利益。这一层次的利益是目标市场消费者所追求的共同的无差别的利益，如消费者购买电脑通常都是为了获得能满足其学习、工作、娱乐等方面需要的效用。

（2）形式产品。形式产品也称有形产品层，是产品在市场上出现时的具体物质形态，是产品核心利益的物质载体。对于实物产品来说，形式产品主要由产品的材质、式样、包装等因素构成；对于服务产品而言，其形式产品则由服务程序、服务人员、地点等构成。

（3）期望产品。期望产品也称个性利益层，是指除核心利益之外不同消费者对产品所期望的其他效用，表现出很大的个性化色彩。也就是说，产品的个性化特征，往往通过产品的期望层次表现出来。例如，不同消费者购买面包所期望的核心效用或利益都是充饥，但有的消费者喜欢豆沙面包，有的消费者喜欢果酱面包，有的消费者却喜欢奶油面包等。

（4）延伸产品。延伸产品也称延伸利益层，是消费者网上购物希望得到一些附加利益的总称，通常包括售后服务、质量保证、免费赠品等。延伸产品是产品生产者或经营者为了帮助消费者更好地获得核心利益与个性化利益而提供的一系列服务。

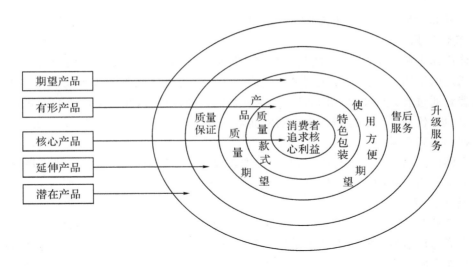

图 13-1　网络产品概念的五个层次

　　(5)潜在产品。潜在产品也称潜在利益层,是由企业提供的能满足顾客潜在需求的产品层次。潜在产品通常主要是产品的某种增值服务。例如,购买软件产品时,营销人员承诺客户该产品可终身免费升级,这种升级服务就是该软件产品的潜在产品层次。

2. 网络产品的市场生命周期

　　网络产品与传统产品一样具有一定的市场生命周期。网络产品市场生命周期是指网络产品从研制成功投入市场开始,经过成长、成熟阶段,最终到衰退、被淘汰为止所延续的全部时间。一般要经历四个阶段:产品的投入期、成长期、成熟期、衰退期,如图 13-2 所示。

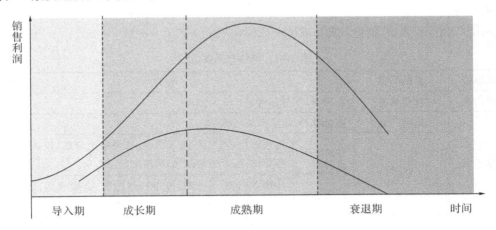

图 13-2　网络产品市场生命周期图

　　网络产品市场生命周期的长短主要取决于市场的需求和新产品的更新换代程度。市场有持续的需求,产品更新换代慢,其市场生命周期就长,反之就较短。

13.1.2　网络营销的产品类型

　　在互联网(包括移动网络)上销售的产品,按照其形态性质的不同主要可以分为两大类,即实体产品和无形产品。其中无形产品又包括数字类和服务类产品两个子类。

1. 实体产品

实体产品也称有形产品,是指具有具体物理形状的物质产品,如普通消费品、工业品、旧货等。通过网络销售实体产品的过程中,买卖双方主要通过互联网进行交互式沟通交流。网络消费者通过卖方的主页或网店鉴赏、选择欲购买的商品,以在线下订单的方式表达自己对品种、质量、价格、数量的选择;卖方则将面对面的交货方式改为邮寄产品或送货上门,与传统的购物方式有所不同。

在实体产品的网络销售过程中,互联网主要起到了分销渠道的作用,网络零售商与分销商则构成了网络市场的商家主体,如当当网、亚马逊网络公司等。

2. 无形产品

无形产品是相对于有形的实体产品而言,这种产品一般不具备具体的产品形态,即使表现出一定形态也是通过特定的载体呈现。例如,通过网络向航空公司购买电子机票,所获得的产品是无形的。通过网络销售的无形产品主要有两类:数字类产品和服务类产品。

(1)数字类产品。比如计算机软件数字类产品主要指计算机软件类产品、电子图书、数字音乐、网店等。企业通过网络销售数字类产品时,可以采用两种方式:一种是由顾客直接从网上下载该产品;另一种方式是与有形产品类似,将无形产品通过一定的介质(光盘、磁盘等)进行有形化,以送货上门的方式送达给网络订购者。数字类产品的最大特点是其物流可以通过互联网在线完成,产品的性质和性能则必须通过其他方式才能表现出来。

(2)服务类产品。服务类产品包括普通服务产品和信息服务产品两类。其中,普通服务产品指一般的网上服务,如远程医疗服务、网上旅游服务、远程教育服务等;信息服务产品指专门提供有关增值信息和进行咨询的服务,如股市行情分析、信息库检索和查询、电子新闻、研究报告等。

网络产品类型及其常见形式如表 13-1 所示。

表 13-1　网络产品类型

商品形态	商品品种		举例
实体商品	普通商品		消费品、工业品等。
无形产品	数字产品		电脑软件、电子游戏、网店等。
	服务	普通服务	远程医疗,飞机票、火车票、入场券网上订购,饭店、旅游服务预约,医疗预约挂号,网络交友服务等。
		信息服务	法律咨询、医药咨询、股市行情分析、金融咨询、资料库检索、电子新闻、电子报刊、研究报告等。

13.1.3　网络新产品的开发策略

常见的网络新产品开发策略主要有:全新产品策略、仿制新产品策略、现有产品线外新增产品策略、对现有产品改良或更新换代策略、降低成本的产品策略、重新定位的产品策略等 6 种。

（1）全新产品策略。即开发一个全新市场的产品。这种策略主要应用于创新公司，凭借好的产品构思和服务概念开发新产品，是网络时代行之有效的策略。

（2）仿制新产品策略。是对国际或国内市场上已经出现的产品进行引进，或模仿、研制生产出的产品。使用这种策略时，企业应注意对原有产品的某些缺陷和不足加以改造，而不应全盘照抄；同时，由于网络时代新产品开发速度加快和产品市场生命周期缩短等因素的影响，这种策略只能作为一种防御性策略。也就是说，企业要想持续发展，不断做强做大，就不能一味地只采用仿制新产品策略。

（3）现有产品线外新增产品策略。即补充公司现有产品线的新产品。由于网络市场需求差异性加大，市场分工越来越细化，这种策略既能满足不同层次的差异性需求，还能以较低风险进行新产品开发。

（4）对现有产品改良或更新换代策略。即提供改善功能或能替换现有产品的新品，例如电视机的数字化和上网功能就是对传统产品的改良。

（5）降低成本的产品策略。即提供同样功能但成本较低的新产品。网络消费者虽然注重个性化消费，但其消费行为变得更加理智，更强调产品所者带来的价值和所花费的代价。因此，提供相同功能的但成本更低的产品更能满足日益成熟的网络市场需求。

（6）重新定位的产品策略。企业的老产品经过重新定位进入新的市场而被称为该市场的新产品。因为网络营销的市场空间更加广泛，企业可以突破时空限制，以有限的营销费用去占领更多的市场。

以上产品开发策略各有其优势和特点，企业可以根据自身实际选取新产品开发策略，以利于在激烈的市场竞争中取胜。

13.2　网络营销价格策略

网络营销价格（Price）是指企业在网络营销过程中买卖双方成交的价格。价格是网络营销 4P 组合中产生收入的唯一要素，营销组合的其他要素都只代表成本。在传统市场营销中价格作为 4P 之一是十分重要的竞争手段，由于网络市场不同于传统的有地域限制的局部市场，因而网络营销的定价策略在很多方面有别于传统策略。

狭义的网络营销价格是指人们为得到某种商品或服务而支出的货币数量；广义的网络营销价格是指消费者为获得某种商品或某项服务与销售者所做的交换，这其中包括货币、时间、精力和心理担忧等。网络营销价格包括两层含义：一是可以量化的成本，这是价格的狭义理解，也是通常人们头脑中的价格概念，可称之为产品（服务）的标价；二是不可量化的无形成本因素，也就是顾客在交易过程中所付出的除货币成本外的其他所有成本。

13.2.1　网络营销价格的特点

网络营销价格的形成是极其复杂的，它受到多种因素的影响和制约。一般来说，影响企业产品网上定价的因素包括传统营销因素和网络自身对价格的影响因素。

在传统的营销组合中,企业自主定价,产品到达消费者时价格是固定的,消费者只是被动地接受。传统营销制定价格策略时,所依据的是产品成本、需求状况和竞争状况。由于网络营销减少了中间环节,网络营销会节省一定的经营成本,加之因特网及时性、互动性和信息自由的特点,企业、消费者和中间商对产品的价格信息都有比较充分的了解,这使得网络营销在价格策略方面呈现出与传统营销不同的特点。

1．价格标准化

在传统的市场营销活动中,价格策略主要考虑产品的生产成本和同类产品的市场价格。由于信息不对称,厂商往往对不同国家、不同地区、不同层次的消费者采取不同的价格;或是利用消费者的消费心理,采用各种心理定价策略以获取最大利润。但由于因特网的全球性和互动性,网络营销市场是开放的、透明的,消费者可以利用因特网及时获得同类产品或相关产品的不同价格信息,对价格及产品进行充分的比较,这必然会给实行地区价格差异的企业带来巨大冲击。为了消除这种不利影响,企业需要努力使价格差异减少,最终实行价格标准化。

2．价格弹性化

因特网已使得单个消费者可以同时得到某种产品的多个甚至全部厂家的价格以做出购买决策,这就决定了网上销售的价格弹性很大。因此企业在制定网上销售价格时,应充分检查所有环节的价格构成,做出最合理的定价决策。网络营销的互动性使消费者拥有更多的信息,讨价还价的能力增强,可以和企业就产品价格进行协商。企业必须以比较理性的方式拟订和改变价格策略,根据企业竞争环境的变化不断对产品的价格进行及时恰当的调整。另外,由于网络上的消费者有较强的理性,企业在制定价格策略时更要考虑消费者的价值观念,企业可以根据每个消费者对产品和服务提供的不同要求,来制定相应的价格。

3．价格趋低化

网络环境下企业营销人员可以直接消费者打交道,而不需要经过传统的中间环节,使企业产品开发和促销成本降低,企业可以降低产品的价格促销。同时由于因特网的开放性和互动性,网上市场的产品及价格变得透明,消费者可以就产品及价格进行充分的比较和选择,拥有极大的选择余地。因此,网上产品价格比传统营销中产品的价格更具有竞争性,这迫使网络营销者以尽可能低的价格推出产品,增大顾客让渡价值。

二维码
（知识卡片 13-1）
顾客让渡价值

4．定价难度大

对于网络消费者而言,网上信息更易于搜索,借助搜索引擎如 Google、baidu、Yahoo 等,可以从全世界的网站海洋中寻找所需产品和服务。消费者也可以从一个内容丰富的网站上找到与需要解决问题有关的信息,或者通过注册 BBS 或聊天室获得世界上不同地方志趣相投者的观点和体验。网站的这种代理作用已被用来减少购买者搜索各种在线商店的成本,并把各种各样的物品变为经济上有效的市场。新的代理(如可以搜索、购物、代表网络用户比较价格和式样的软件)赋予网络购物者更大的购买权利和选择权利,为消费者创造巨大的定价自由,使得网络营销者的定价难度增大。

5．定价以顾客需求为主导

在网络营销时代根据产品成本进行定价逐步被淡化,逐渐发展为以顾客需求为导向进行定价。互联网的发展使需求由过去的被动选择转变为主动选择,顾客的需求引导着企业的生产,消费者可以根据市场信息来选择购买或定制自己满意的产品或服务。

13.2.2 网络营销的定价目标

定价目标是指企业通过制定产品价格所要达到的目的。企业在为产品定价时,首先必须要有明确的目标。不同企业、不同产品、不同市场、不同的时期有不同的营销目标,因而也就要求采取不同的定价策略。但是,企业定价目标不是单一的,而是一个多元的结合体。在网络营销中,企业定价目标主要有以下几种:

(1)以维持企业生存为目标。当企业经营管理不善,或由于市场竞争激烈、顾客的需求偏好突然发生变化等原因,而造成产品销路不畅、大量积压、资金周转不灵,甚至濒临破产时,企业只能为其积压了的产品定低价,以求迅速出清存货收回资金。但这种目标只能是企业面临困难时的短期目标,长期目标还是要获得发展,否则企业终将破产。

(2)以获取当前理想的利润为目标。追求目前利润的最大化,而不考虑长期效益。选择此目标,必须具备一定的条件,即当产品声誉好,而且在目标市场上占有竞争优势地位时,方可采用,否则还应以长期目标为主。

(3)以保持和提高市场占有率为目标。市场占有率是企业经营状况和企业产品竞争力的直接反映,它的高低对企业的生存和发展具有重要意义。一个企业只有保持或提高市场占有率,才有可能生存和发展。因此,这是企业定价选择的一个十分重要的目标。所以要实行全部或部分产品的低价策略,以实现提高市场占有率这一目标。

(4)以应付或抑制竞争为目标。有些企业为了阻止竞争者进入自己的目标市场,而将产品的价格定得很低,这种定价目标一般适用于实力雄厚的大企业。中小企业在市场竞争激烈的情况下,一般是以市场为导向,随行就市定价,从而也可以缓和竞争、稳定市场。

(5)以树立企业形象为目标。有些企业的定价目标实行的是"优质优价",以高价来保证高质量产品的地位,以此来树立企业的形象。

企业定价目标一般与企业的战略目标、市场定位和产品特性相关。企业价格的制定应主要从市场整体来考虑,它取决于需求方的需求强弱程度和价值,取决于接受程度以及来自替代性产品的竞争压力的大小。例如,许多企业进入网络市场的主要目的首先是占领市场以求得更多的生存和发展机会,然后才是追求企业的利润。因此,其网络营销产品的定价起初一般都是低价,甚至是免费,以期在快速发展的虚拟市场中寻求立足机会。

二维码
(视频 13-2)
网络营销的定价目标

网络市场一般可分为两个部分,即消费品市场和生产资料市场。对于消费品市场,企业必须采用相对低价的定价策略来占领市场;对于工业品市场,购买者一般是商业机构和组织机构,购买行为比较理智,所以企业可以采用通过网络技术降低企业、组织之间的供应采购成本而带来的双方价值增值的双赢策略。总之,企业应选择合适的定价目标以促进企业的长期、稳定发展。

13.2.3　网络营销的定价方法

企业在确定了定价目标、掌握了各有关影响因素的资料后,就可以开始具体的定价工作。定价实质上是一个企业怎样把它提供给消费者的利益转变成它可得到的利润。任何企业都不能只凭直觉随意定价,而必须借助于科学的、行之有效的定价方法。

从营销学的基本理论来分析,传统市场营销定价的基本原理也同样适用于网络市场。但是,网络市场与传统市场相比存在着很大的差异,这种差别就导致了网络市场的定价方法不同于传统市场的定价方法。在网络市场中,企业重点研究如何满足客户的需要,以成本为导向来确定产品价格将逐渐被淡化,而以需求导向确定价格成为主要方法,同时竞争导向中的投标定价法和拍卖法也在不断得到强化,如拍卖网站"阿里拍卖"将拍卖法这种定价方法在网络上发挥得淋漓尽致。

1. 需求导向定价法

在网络环境下,价值法和区分需求定价法得到充分的应用。首先,价值法的关键问题,即如何准确地进行价值评估,在网络市场中得到很好的解决。企业可以利用网络的互动性和快捷性的特点,及时、准确地掌握和了解消费者或用户的预期价格,从而比较正确地确定商品的价格,避免估价过高或偏低现象的发生。

其次,在网络市场上,企业也可以通过网络互动性和快捷性的特点,比较准确地把握消费者需求的差异变化,使区分需求定价法得到更有效的发挥。例如,在传统的市场营销中,商品价格的高低主要是根据其样式的新颖程度、外观的漂亮程度来确定的,而忽视了消费者的个性化需求和多样化需求;而在网络营销中,企业可让消费者根据自己的需求,自行设计产品的外观、式样、花色、档次,并依此来确定商品的价格,使消费者的个性化和多样化需求得到更好的满足。

2. 竞争导向定价法

在网络市场中,同样存在着竞争,而且这种竞争并不逊色于传统市场的竞争。在网络市场中,目前以竞争为导向进行定价的方法主要有:招投标定价法和拍卖定价法。

(1)招投标定价法。招投标定价法是招标单位通过网络发布招标公告,由投标单位进行投标而择优成交的一种定价方法。它是买方引导卖方通过竞争成交的一种方法,通常用于建筑包工、大型设备制造、政府大宗采购、劳务贸易等。一般是由买方公开招标,卖方竞争投标、密封递价,买方按物美价廉的原则择优录取,到期公开开标,中标者与买方签约成交。这种定价法对于招标单位来说,扩大了招标单位对投标单位的选择范围,从而使企业能在较大范围内以较优的价格选择投标单位;对于投标单位来说,不仅增加了投标的营销机会,而且使企业能获得较为公平的竞争环境,为企业的发展创造了良机。

(2)拍卖定价法。拍卖定价法是市场经济中常用的一种定价法,它是指拍卖行受出售者委托在特定场所公开叫卖,引导买方报价,利用买方竞争求购的心理,从中选择最高价格的一种定价方法。由于许多拍卖行在网上进行有益的尝试,使拍卖定价法在网络营销中得到了较快的发展。例如,日本的 AUC 网在网上实施了旧车拍卖,并取得明显效果。

需要强调的是,拍卖价格与投标价格的形成有所不同,其区别在于前者是买方公开竞价,后者是卖方密封递价。

13.2.4　网络营销的定价策略

产品的销售价格是企业网络营销过程中一个十分敏感而又最难有效控制的因素,它直接关系着市场对产品的接受程度,影响着市场需求量即产品销售量的大小和企业利润的多少。企业要想制定出科学合理的价格,必须对成本、顾客品味和竞争活动中不断发生的变化进行及时的追踪,确定企业合理的定价目标,从而确定产品的价格。另一方面,定价又是网络营销活动中最活跃的因素,一个企业或它的竞争对手往往可以在瞬间根据市场需求改变价格。

由于网上信息的公开性和消费者易于搜索的特点,网上的价格信息对消费者的购买起着重要的作用。消费者选择网上购物,一方面是由于网上购物比较方便,另一方面是因为从网上可以获取大量的产品信息,从而可以择优选购。企业为了有效地促进产品在网上销售,必须针对网上市场制定有效的价格策略。本节主要根据网络营销的特点,着重阐述低位定价策略、个性化定制生产定价策略、使用定价策略、折扣定价策略、拍卖定价策略和声誉定价策略。

1. 低价渗透策略

低价渗透策略,就是企业把产品以较低的价格投放网上市场,以吸引网上顾客,抢占网上市场份额,提高网上市场占有率,以增强网上市场竞争优势。低价能使企业取得最大网上市场销售量,并且能够有效阻碍竞争者的跟进与加入。

(1)直接低价定价策略。采用低位定价策略就是在公开价格时一定要比同类产品的价格低,定价时大多采用成本加一定利润,有的甚至是零利润,一般是由制造商在网上进行直销时所采用。采取这种策略一方面是企业产品由于通过互联网直销可以节省大量的成本费用;另一方面也是为了扩大宣传、提高网络市场占有率。在采用这一策略时,应注意以下三点:首先,在网上不宜销售那些顾客对价格敏感而企业又难以降价的产品;其次,在网上公布价格时要注意区分消费对象,要针对不同的消费对象提供不同的价格信息发布渠道;第三,因为消费者可以在网上很容易地搜索到价格最低的同类产品,所以网上发布价格要注意比较同类站点公布的价格,否则价格信息的公布会起到反作用。

(2)折扣定价策略。折扣定价策略即在原价基础上进行折扣来定价,让顾客直接了解产品的降价幅度以促进顾客购买。在实际营销过程中,网上折扣定价策略可采取会员折扣、数量折扣、现金折扣、自动调价、议价策略等。例如,为鼓励消费者多购买本企业商品,可采用数量折扣策略;为鼓励消费者按期或提前付款,可采用现金折扣策略;为鼓励中间商淡季进货或消费者淡季购买,也可采用季节折扣策略等。目前网上商城绝大部分要求消费者成为会员,依会员资格在购物时给予折扣。

(3)促销定价策略。企业为拓展网上市场,但产品价格又不具有竞争优势时,可采取网上促销定价策略。

2. 高价撇脂策略

高价撇脂策略是指在产品市场生命周期的投入期,企业产品以高价投放市场,以攫取高额利润,犹如从牛奶中撇走奶油一样。以后,随着销量和产量的扩大、成本的降低,再逐步降低价格。

3. 个性化定制生产定价策略

个性化定制生产定价策略是在企业具备定制生产条件的基础上,利用网络技术和辅助设计软件,帮助消费者选择配置或者自行设计能满足自身对产品外观、颜色等方面的具体需求的个性化产品,同时承担自己愿意付出的价格成本。

这种策略是利用网络互动性的特征,根据消费者的具体要求,来确定商品价格的一种策略。网络的互动性使个性化行销成为可能,也将使个性化定价策略有可能成为网络营销的一个重要策略。

4. 使用定价策略

使用定价策略是指顾客通过互联网进行必要的注册后,无须完全购买就可以直接使用企业的产品或服务,企业则按照顾客使用产品的数量或接受服务的次数进行计费的方式。

这种策略一方面减少了企业为完全出售产品进行大量不必要的生产和包装的浪费,同时还可以吸引过去那些有顾虑的顾客使用产品,扩大市场份额。采用这种定价策略,一般要考虑产品是否适合通过互联网传输,是否可以实现远程调用。目前比较适合的产品有软件、音乐、电影等产品。

5. 拍卖定价策略

网上拍卖是目前发展较快的领域,随着互联网市场的拓展,将有越来越多的产品通过互联网竞价拍卖。由于目前购买群体主要是消费者市场,个体消费者是目前拍卖市场的主体,因此,这种策略并不是目前企业首要选择的定价方法,因为它可能会破坏企业原有的营销渠道和价格策略。比较适合网上拍卖竞价的是企业的一些原有积压产品,也可以是企业的一些新产品,可以通过拍卖展示起到促销作用。

6. 密封投标定价策略

密封投标定价策略,就是企业根据招标方的条件,综合考虑竞争对手出价水平、企业出价的可获利水平以及中标概率大小等确定标的价格的方法。

7. 差异定价策略

企业在制定网上销售价格时,应注意所有环节的价格构成以作出合理的定价决策。当条件具备时,定价时应注意与传统营销渠道中产品价格保持一定的差别,即使价格相同,也应充分体现它产品的价值不同。

8. 声誉定价策略

在网络营销的发展初期,消费者对网上购物和订货还有着很多疑虑,例如网上所订商品的质量能否保证、货物能否及时送到等。所以,对于声誉较好的企业来说,在进行网络营销时,价格可定得高一些;反之,价格则定得低一些。

9. 灵活定价策略

在网络营销环境中,企业应注意两个影响定价因素的改变:一是市场的垄断性在减少,消费者在一定程度上控制交易,企业面对趋于完全竞争的市场,采用价格垄断是行不通的;二是消费者的购物心理趋于理智,网络为其提供了众多的商品信息,有条件对商品进行综合比较后选择价位适中或性价比高的商品。所以,企业进行产品定价时应加强灵活性。

【微型案例 13-1】美国的通用汽车公司允许消费者在因特网环境中,通过公司的导引系统自己设计和组装所需的汽车。在这一过程中,用户首先确定自己可接受的价格标准,然后导引系统根据价格显示用户要求的汽车式样,用户还可以在系统上进行适当的修改,使公司最终生产的汽车恰好能满足消费者价格和性能上的要求。

10. 收益最大化策略

在许多情况下,最大化收益比最大化价格更好。企业制定的复杂定价方案不仅要经得起消费者的比较,而且要使收益最大化,尽管实际上平均价格并不一定提高。例如,许多航空公司通过网站出售陆续坐满或即将起飞的飞机机票,或者降低出售或者是拍卖;同时也可以利用外部服务,如利用价格网站来了解市场环境或出售最后一分钟的空位,以使一次航班收益达到最大化。

此外,免费价格策略也是网络营销中常用的营销策略。虽然这种策略一般是短期的和临时的,但它对于促销和推广产品却有很大的促进作用,许多新型公司往往就是凭借这一策略获得成功。目前,企业在网络营销中采用免费策略的目的,一是先让用户免费使用,等习惯后再开始收费;二是想发掘后续商业价值,是从战略发展的需要制定定价策略,主要目的是先占领市场,然后再在市场中获取收益。

总之,企业可以根据自身产品的特性和网上市场的发展状况来选择合适的价格策略。但无论采用什么策略,企业的定价策略都应与其他策略相配合,以保证企业总体营销策略的实施。

13.3 网络营销渠道策略

营销渠道是产品或服务从生产者向消费者转移过程的具体通道或路径,营销渠道本质上是对使产品或服务能够被使用或消费的一系列相互依存的组织的研究(Stern,1980)。企业的营销渠道随着市场环境的变化,其在建立、应用、发展的过程中也在不断地变革和演化。

13.3.1 网络营销渠道的定义

互联网是一种新的营销渠道,美国著名渠道研究学者 Rosenbloom(2003)将其命名为网络营销渠道、在线营销渠道或电子营销渠道,并给出网络营销渠道(Place)的定义:利用互联网获得产品和服务信息,从而使目标市场能够利用计算机或其他可行的技术购物,并通过交互式电子方式完成购买交易。

互联网直接把生产者和消费者连到了一起,将商品直接展示在顾客面前,回答顾客的疑问,并接受顾客的订单。这种直接互动与超越时空的电子购物,无疑是营销渠道上的革命。目前,许多企业在网络营销活动中除了自建网站外,大部分都通过中介商信息服务、广告服务、撮合服务等扩大企业影响,如中国化工网、医药网、纺织网等中介商,能帮助企业顺利地完成商品从生产到消费的整个转移过程,并进而达到开拓市场的目标。

网络营销渠道是借助互联网的销售平台将产品从生产者移动到消费者的中间环节,是商品和服务从生产者向消费者转移过程的具体通道或路径,完善的网络销售渠道应该有网上订货、结算以及配送三大功能。

13.3.2 网络营销渠道的特点

二维码
（视频13-3）
网络营销渠道的特点

网络营销渠道利用互联网提供可利用的产品和服务，以便使用计算机或其他能够使用技术手段的目标市场通过电子手段进行和完成交易活动。在传统营销渠道中，中间商是其重要的组成部分。中间商之所以在传统营销渠道中占有重要地位，是因为营销渠道利用中间商能够在广泛提供产品和进入目标市场方面发挥最高的效率。营销中间商凭借其业务往来关系、经验、专业化和规模经营，提供给公司的利润通常高于自营商店所能获取的利润。

互联网的发展和商业应用，使得传统营销中间商凭借地缘原因获取的优势被互联网的虚拟性所取代，同时互联网的高效率的信息交换，改变着过去传统营销渠道的诸多环节，将错综复杂的关系简化为单一关系。互联网的发展也改变了营销渠道的结构，使得网络营销渠道作用更广泛，结构更简化，费用更低廉。网络营销渠道呈现出以下特点：

（1）网络营销渠道反映了某一特定产品或服务价值实现过程所经由的通道。其一端连接企业，另一端连接消费者，是该产品或服务从生产者到消费者建立的沟通或分销过程。与传统渠道不同，网络营销渠道的传输媒介是互联网络。而且，不是所有产品都可以通过网络实现流通价值的全过程。对于实体产品的交易，物流环节需要线下完成。

（2）网络营销渠道承担分销功能时使产品或服务的所有权在购销环节流向消费者。网络条件下，生产者可将产品直接销售给消费者，一次转移产品所有权或使用权，这时分销渠道最短。但在更多场合生产者要通过一系列中间商转卖或代理专卖产品，在较长的分销渠道中多次转移产品所有权。渠道的长短决定了零售商、批发商的比较利益。

（3）网络营销渠道是一个多功能系统。它不仅要在虚拟市场中提供产品和服务以满足需求，而且要通过建立实体市场的促销活动来刺激网络市场的需求。网络渠道与企业战略目标的有机结合，不仅为最终消费者最大限度地降低了购买成本，而且为企业市场的拓展开辟了新的途径。

总之，网络信息渠道的主要特点在于，企业通过互联网发布产品或服务信息，了解消费者需求，掌握社会消费趋势，最终实现了从商家到消费者的信息流的传递。网络交易渠道除了具备上述特点外，更重要的是通过网络渠道搭建并完成从商家到消费者的资金流和物流的全过程。

13.3.3 网络营销渠道的类型

经典营销渠道理论将渠道划分为沟通渠道、分销渠道和服务渠道（Kotler 和 Keller，2008）。对于网络营销渠道，可以从渠道信息交互特点、渠道功能和应用等不同角度，将其划分为不同的类型。

1. 按渠道信息交互特点分类

利用互联网的信息交互特点，网络营销渠道可以分为两大类：一类是通过互联网实现的从生产者到消费（使用）者的网络直接营销渠道；另一类是通过融入互联网技术后的中间商机构提供网络间接营销渠道。

(1)网络直销渠道。网络直接销售是指生产者通过互联网直接把产品销售给顾客的分销渠道,一般适用于大宗商品交易和产业市场的 B2B 的交易模式,这时传统中间商的职能发生了改变,由过去的环节的中间力量变成为直销渠道提供服务的中介机构,如提供货物运输配送服务的专业配送公司,提供货款网上结算服务的网上银行,以及提供产品信息发布和网站建设的 ISP 和电子商务服务商。网上直销渠道的建立,使得生产者和最终消费者直接连接和沟通。通过网络直销,第一,生产者能够直接接触消费者,获得第一手的资料,开展有效的营销活动。第二,减少流通环节,给买卖双方都节约了费用,产生了经济效益。第三,企业能够利用网络工具如电子邮件、公告牌等直接联系消费者,及时了解用户对产品的需求和意见,从而针对这些要求向顾客提供技术服务,解决难题,提高产品的质量,改善企业的经营管理。但是同时也要注意到,虽然网络直销能给企业直接面对消费者的机会,但是还应该建立高水准的专门服务于商务活动的网络信息服务中心,使其能吸引消费者前往访问。

(2)网络间接销售。网络间接销售是指生产者通过融入了互联网技术后的中间商机构把产品销售给最终用户,一般适合小批量商品和生活资料的销售。传统中间商由于融合了互联网技术,大大提高了中间商的交易效率、专门化程度和规模经济效益。同时,新兴的中间商也对传统中间商产生了冲击,如美国零售业巨头 Wal-Mart 为抵抗互联网对其零售市场的侵蚀,在 2000 年元月开始在互联网上开设网上商店。基于互联网的新型网络间接营销渠道与传统间接分销渠道有着很大不同,传统间接分销渠道可能有多个中间环节如一级批发商、二级批发商、零售商,而网络间接营销渠道只需要一个中间环节。

二维码
(知识卡片 13-2)
规模经济效益

2. 按照渠道功能和应用分类

网络营销渠道按照渠道功能和应用,可分为网络信息渠道和网络交易渠道两大类(如表 13-2 所示)。

表 13-2　网络营销渠道的分类

大类	一级子类	二级子类	说明
网络信息渠道	产品或服务的网络信息渠道	企业信息网站	网站主要介绍本企业的产品和服务、相关业绩、联系方式等(如真维斯服饰网,大宝化妆品网)
		信息中介	为实现网络交易建立的信息发布平台(如打折网、新品快播网)
	网络服务渠道	服务商在线服务	传统服务业的在线实现(如丁丁地图)
	网上中介服务渠道	网上银行	支持网络交易的电子支付和资金划拨
		内容订阅	提供高质量的内容订阅服务
		第三方物流	由第三方建立支持网络交易的物流配送模式
	虚拟社区		网上论坛、博客、SNS 等消费者之间,消费者与企业的交流场所(如篱笆网;开心网;新浪微博)
	广告服务		以网络广告为主要的收入模式(如百度网,优酷网)

续表

大类	一级子类	二级子类	说明
网络交易渠道	网络直销交易渠道	销售商网上店铺	批发商和销售商不通过其他中间商直接实现营销目标的模式在线销售(如钻石小鸟)
		制造商网上店铺	制造商直接通过互联网出售产品提供服务(如海尔商城)
		在线拍卖	在网上销售产品采竞价拍卖模式,是传统拍卖的在线运用
		网上网下结合	实体店自建交易网站,实体虚拟相结合的营销渠道(如华联超市、欧迪芬内衣、海尔商城)
	网络第三方交易平台	行业第三方交易平台	由第三方建立的专业性平台(如女鞋类"美眉拜平台"、运动类"卡路里平台"、偶像商品"快乐盒子平台"、手机类"北斗手机网"等)
		综合第三方交易平台	由第三方建立的网络交易平台网络购买的场所(如京东商城)
		传统企业与第三方平台	传统大企业与电子商务平台融合(如天猫商城旗舰店)

在表 13-2 中,对于网络信息渠道而言,包括发布企业和产品信息,但尚未搭建消费者互动平台的静态企业网站;以及接收顾客询问、电子邮件、并允许用户注册,但未实现网上买卖的互动企业网站。对于网络交易渠道而言,包括实现网上销售和购买产品或服务的可交易网站;以及搭建供应商、消费者、内部部门、物流相结合的网络系统,实现商务交易电子化的整合网站。

13.3.4　网络营销渠道的功能

网络营销渠道的功能是多方面的,网络营销渠道推进了企业的技术革新和产品与服务的演进,成为企业新的传播媒介,帮助消费者实现了网络购买,并不断改变分销渠道和零售模式,带给消费者对产品和服务的极大热情和预期,改变消费者传统的交易习惯。由此可见,网络营销渠道承担着互联网环境下的沟通与分销功能。

1. 网络营销渠道的沟通功能

传统营销管理中,渠道的出现是为了弥合生产厂商和最终用户之间的缺口,所以传统营销渠道的职能主要包括:分类、整理、匹配、仓储、运输等。随着营销人员对营销渠道功能认识的变化,营销渠道由原来单纯的"物流"功能向增值服务功能转化,服务功能在现代营销活动中的作用越来越突出。

网络技术的普及和营销观念的发展,使营销渠道充当生产商和最终消费者之间信息搜寻、传递媒介、售后服务的作用日益被人们所认识,这部分功能包括:调研、促销、联系、谈判、财务、承担风险等。而随着我国买方市场形式出现,顾客在交易市场中的地位逐渐上升,人们越来越多地注意到渠道另一项独立出来的功能,即服务。此时企业通过渠道销售提供的不仅仅是产品,还包括信誉、感情等市场所需的附加功能。

按照这种思路,Daniel 和 Klimis(1999)从以下五个角度认识网络营销渠道功能:

(1)从服务角度：向企业传达消费者的需求，是降低服务费用，提高产品质量和服务速度的工具；

(2)从交易的角度：提供了通过互联网购买和销售产品、信息的能力，并提供了其他在线服务的可能；

(3)从合作的角度：搭建了在组织间和组织内部新的合作框架；

(4)从社区的角度：为社区成员提供了一个学习、分享和交流的集会场所；

(5)从通信角度：是借助电话、网络或任何其他电子媒介进行信息、产品或服务传递以及支付的通道。

2. 网络营销渠道的分销功能

在经济学中，分销的含义是建立销售渠道的意思，即产品通过一定渠道销售给消费者。据著名营销大师菲利普·科特勒的定义，分销渠道（Distribution Channel）是指某种商品或服务从生产者向消费者转移的过程中，取得这种商品或服务的所有权或帮助所有权转移的所有企业和个人。从分销的角度看，一个完善的网上销售渠道应有三大功能：订货功能、结算功能和配送功能。

【微型案例 13-2】 雅芳公司曾自主开发了一套基于互联网的经销商管理软件系统，简称为 DRM 系统，雅芳称这套系统为"直达配送"。该系统是利用互联网将企业的顾客、零售商与企业各个部门联系起来，覆盖了公司销售策略、促销、订货、配送、销售、客户服务等整个交易过程。通过 DRM 系统，经销商可以在互联网上查询产品信息，了解最新的市场促销活动，足不出户就能实现与企业之间的信息流、资金流和物资流的准确、顺畅的流通和运转。此外，借助 DRM 系统中的支付功能，经销商可以在网上订购产品，并通过银行的网上支付业务实行网上结算。此时，雅芳的供应链体系转变为"工厂生产—区域服务中心—送达经销商"模式。住在新疆南门和川地区的经销商，如今进货时再也不需要长途跋涉、肩扛手提了，只需要在互联网下单，在线通过银行网上支付业务付款，然后就可以等着第三方物流公司在 72 小时内将货物送到店里，最后在网上签收就可以了。

(1)订货功能。网络分销渠道能够为消费者提供产品信息，用户和消费者通过浏览企业网页上的商品，选中以后可以直接下订单，并进行支付和交货。订货功能的实现通常由购物车完成，购物车的作用与超市中的购物篮相似，消费者选购商品后，将其放入购物车中，系统会自动统计出所购物品的名称、数量和金额，消费者在结算后，生成订单，订单数据进入企业相关数据库，为产品生产、配送提供依据。

(2)结算功能。消费者在购买商品后，可以通过多种方式进行方便地付款，因此企业应该有多种结算方式。目前国外有几种结算方式：信用卡、电子货币、电子支票等；而国内付款结算方式主要有：邮局汇款、货到付款、信用卡、电子货币等。电子货币是一种以数字形式流通的货币，它通过一个适合于在互联网上进行的实时的支付系统把现金数字转换成一系列的加密序列数，通过这些序列数来表示现实中各种金额的币值。用户在开展电子货币业务银行开设账户并在账户内存钱后，就可以在接受电子货币的商店购物了。但是电子货币对软件和硬件的要求都相当高，存在货币之间的兑换问题，以及如果某个电子用户的硬盘损坏，电子现金丢失的风险。一些网上银行提供电子钱包等工具。电子钱包是顾客在电子交易中常用的一种支付工具,是在小额购物或购买小商品时普遍使用的,它以智能卡为电子现金支付系统,具有信息存储、安全密码等功能。

(3)配送功能。一般来说产品分为有形产品和无形产品,对于无形产品如服务、软件以及数字音乐等可以直接通过网上进行配送。而有形产品的配送,则需要仓储和运输,一些网络企业将配送交给专业的物流公司进行,商品流通的过程信息流、商流、资金流和物流四个方面的传递,在网络比较发达的情况下,信息流、商流和资金流可直接通过网络渠道来完成,但是物流即商品的实体运动必须借助传统渠道通过存储和运输来完成。不是每个企业都有实力,建立自己的完善的物流配送体系,专业的第三方物流公司就应运而生。因此网上销售要获得快速、健康的发展,安全、高效的第三方专业物流公司尤显重要,专业配送公司的存在是国外网上商店得以迅速发展的原因所在,在我国充分利用遍布全国的乡镇邮政系统来提高物流配送的水平是切实可行的选择。

13.4 网络促销策略

随着网络经济的快速发展,企业的市场竞争已从传统的竞争模式走向了网络竞争模式。现代企业竞争的最终目标是获得更多的顾客,使企业产品获得更好的销路。因此,企业除了要重视生产适销对路的产品和制定具有诱惑力的价格等传统营销要素外,还要重视产品的网络促销,设计并传播产品外观、特色、购买条件以及产品将给目标顾客带来的利益等信息。

13.4.1 网络促销的概念

1. 网络促销的含义

促销(Promotion)是营销者向消费者传递有关企业及产品的各种信息,说服或吸引消费者购买其产品,以扩大销售量的一种沟通活动。网络促销是指利用计算机及网络技术向虚拟市场传递有关商品和服务的信息,以引发消费者需求,唤起其购买欲望和促成购买行为的各种活动。网络促销已成为现代企业提高竞争力、树立良好形象的重要工具。

与传统促销一样,网络促销的核心问题也是如何吸引消费者,为其提供具有价值诱因的商品信息。最常见的网络促销形式,是将公司的名称列入门户网站(如 Yahoo、Sohu、Sina 等著名门户网站)的探索引擎中,尽可能让客户容易查询到公司的资料,使其能快速获得所需商品的信息。此外,发布网上广告也是目前最普遍的商业应用,如网页上常见的擎天柱广告、通栏广告、横幅广告、流媒体按钮广告、全屏广告等;与其他网站建立友情链接方便互访,也同样是网络促销的一个重要方面。

2. 网络促销的特点

网络促销是指利用现代化的网络技术向虚拟市场传递有关商品和劳务的信息,以启发需要,引起消费者购买欲望和购买行为的各种活动。它突出表现为以下三个明显的特点:

第一,网络促销通过网络技术传递商品和服务的存在、性能、功效及特征等信息。它建立在现代计算机与通信技术基础之上,并且随着计算机和网络技术的不断改进而改进。因此,网络促销不仅需要营销者熟悉传统的营销技巧,而且需要相应的计算机和网络技术知识,包括相关软件的操作和硬件的使用。

第二，网络促销是在基于互联网和移动网络的虚拟市场上进行的，不受时间和地域的限制。互联网是连接世界各国的大网络，它在虚拟的网络社会中聚集了广泛的人口，融合了多种文化。所以，从事网上促销的人员需要跳出实体市场的局限性，采用虚拟市场的思维方法。

第三，网络促销面临的是全球统一的国际市场。网络虚拟市场将所有的企业，不论是大、中企业还是小、微企业，都推向了一个世界统一的市场。传统区域性市场的小圈子正在被一步步打破，全球性的竞争迫使每个企业都必须学会在全球统一的大市场上做生意。

3. 网络促销与传统促销的区别

虽然传统促销和网络促销都能引导消费者认识商品，引起消费者的注意和兴趣，激发其购买欲望，并最终实现购买行为。但由于互联网强大的信息传播能力和覆盖范围，网络促销在时间和空间观念上、在信息传播模式及顾客参与程度上都与传统的促销活动有了较大的变化。

二维码

（视频 13-4）

网络促销与传统
促销的区别

（1）时空观念的变化。传统促销建立在工业化社会顺序、精确的物理时空观的基础上，网络促销建立在网络化社会柔性可变、没有物理距离的电子时空观（Cyber Space）之上。以商品流通为例，传统的商品销售和消费者群体都有一个地理半径的限制，网络促销则突破了这个半径成为全球范围的竞争；传统的产品订货都有一个时间的限制，而在网络上订货和购买可以在任何时间任何地点进行。

（2）信息沟通方式的变化。促销的基础是买卖双方信息的沟通。在网络上，信息沟通渠道是单一的，所有信息都必须经过线路传递。然而，这种沟通又是十分丰富的。多媒体信息处理技术提供了近似于现实交易过程中的商品表现形式，双向的、快捷的、互不见面的信息传播模式，将买卖双方的意愿表达得淋漓尽致，也留给对方充分思考的时间。在这种环境下，传统的促销方法显得软弱无力，网络营销者需要掌握一系列新的促销方法和手段，撮合买卖双方的交易。

（3）消费群体和消费行为的变化。在网络环境下，消费者的概念和客户的消费行为都发生了很大的变化。网络消费群体具有不同于传统消费大众的消费需求，网络消费者普遍实行大范围的选择和理性的购买，直接参与生产和商业流通的循环。这些变化对传统的促销理论和模式产生了重要的影响。

（4）网络促销与传统促销手段相互补充。网络促销虽然与传统促销在促销观念和手段上有较大差别，但由于它们推销商品的最终目的是相同的，因此，整个促销过程的设计具有很多相似之处。所以，对于网络促销理解，一方面应当站在全新的角度去认识这一新型的促销方式，理解这种依赖现代网络技术、与顾客不见面、完全通过电子邮件交流思想和意愿的商品推销形式；另一方面则应当通过与传统促销的比较去体会两者之间的差别，吸收传统促销方式的整体设计思想和行之有效的促销技巧，使网络促销与传统促销互为补充相得益彰。

13.4.2 网络促销的常用策略

传统的促销方式主要有广告、销售促进、人员推销和利用公共关系宣传推广等方式，具有传递信息、提供情报、诱导需求、指导消费、扩大与稳定销售等功能。网络环境下，促销的手段和策略更为丰富。

现阶段网络促销通常采用的策略包括网络公共关系促销、网上销售促进、网上折价促销、网上赠品促销、网上抽奖促销、积分促销、网络广告促销、网站推广、发行虚拟货币促销等。有关网络广告促销详细内容请参阅本书 6.3 节,有关网站推广详细内容请参阅本书 3.3.4 节。

1. 网上销售促进

网上销售促进是指企业运用各种短期诱因,在网上市场利用销售促进工具刺激顾客对产品或服务的购买和消费使用的促销活动。网上销售促进在刺激产品销售的同时,还可以与顾客建立互动关系,了解顾客的需求和对产品的评价。网上销售促进主要是用来进行短期性的刺激销售,一般主要有以下形式:

(1)网上有奖促销。在进行有奖促销时,提供的奖品要能吸引促销目标市场的注意;同时要善于利用互联网的交互功能,充分掌握参与促销活动群体的特征和消费习惯,以及对产品的评价。

(2)网上拍卖促销。网上拍卖市场是新兴的市场,由于快捷方便,能吸引大量用户参与网上拍卖活动。拍卖促销就是将产品不限制价格在网上拍卖,如 Compaq 公司与网易合作,通过网上拍卖电脑,获得很好的销售促进效果。

(3)网上免费促销。免费促销就是通过为访问者无偿提供其感兴趣的各类资源和服务,吸引访问者访问企业网站或网店,提高站点流量并从中获取收益。目前利用提供免费资源获取收益比较成功的站点越来越少。

利用免费资源促销要注意的问题:①首先要考虑提供免费资源的目的是什么。比如有的是为形成媒体作用,有的是为扩大访问量形成品牌效应。②其次要考虑提供什么样的免费资源。目前网上免费资源非常丰富,只有提供有特色的服务才可能成功,否则成为追随者,则永远不可能吸引访问者。③最后要考虑收益是什么。免费促销的收益可能是通过增加访问量而从广告主获取直接收益,或者是扩大品牌知名度等间接收益。

2. 网络公共关系促销

公共关系是一种重要的促销工具,它通过与企业利益相关者包括供应商、顾客、雇员、股东、社会团体等建立良好的合作关系,为企业的经营管理营造良好的环境。网络公共关系促销是企业借助互联网作为媒体和沟通渠道,为改善与社会公众的关系,促进公众对企业的认识、理解及支持,达到树立良好企业形象、实现企业与公众的共同利益与目标的促销活动。网络公共关系既要收集信息、传递信息,还要反馈信息,是一种双向的交流,其作为营销沟通的手段,在提升企业形象、赢得顾客信任,为企业发展创造良好的外部环境方面发挥着越来越重要的作用。

网络公共关系与传统公共关系功能类似,但由于网络的开放性和互动性特征,使得网络公共关系又具有一些新的特点:一是主体主动性增强;二是客体参与性增强;三是能进行一对一的公关活动;四是效能提高。传统公共关系是"一对多"的双向沟通模式,由于媒介的限制,传播的效能大大降低。网络公共关系可以利用网络的及时互动性,进行"一对一"的个体沟通,其传播目标更具体,传播内容更深入,效果明显提高。

3. 网上折价促销

折价亦称打折、折扣,是网上最常用的一种促销方式。由于网上销售商品不能给人全面、直观的印象,也不可试用、触摸等原因,再加上配送成本和付款方式的复杂性,影响人们网上购物和订货的积极性,而幅度较大的折扣则可以促使消费者进行网上购物的尝试并做出购买决定。

目前大部分网上销售商品都有不同程度的价格折扣。打折券是直接价格打折的一种变化形式,有些商品因在网上直接销售有一定的困难性,便结合传统营销方式,可从网上下载、打印折价券或直接填写优惠表单,到指定地点购买商品时可享受一定优惠。

4. 网上赠品促销

赠品促销目前在网上的应用也很常见,一般在新产品推出试用、产品更新、对抗竞争品牌、开辟新市场情况下,利用赠品促销可以达到比较好的促销效果。大部分网上销售商都会在特定的时期附赠品。

赠品促销的优点:①可以提升品牌和网站的知名度;②鼓励人们经常访问网站以获得更多的优惠信息;③能根据消费者索取赠品的热情程度而总结分析营销效果和产品本身的反应情况等。

赠品促销应注意赠品的选择:①不要选择次品、劣质品作为赠品,这样只会起到适得其反的作用;②明确促销目的,选择适当的能够吸引消费者的产品或服务;③注意时间和时机,注意赠品的时间性,如冬季不能赠送只在夏季才能用的物品,另外在紧急情况下也可考虑不计成本的赠品活动以挽回企业公关危机。④注意预算和市场需求,赠品要在能接受的预算内,不可过度赠送赠品而造成营销困境。

5. 网上抽奖促销

抽奖促销是网上应用较广泛的促销形式之一,是大部分网站乐意采用的促销方式。抽奖促销是以一个人或数人获得超出参加活动成本的奖品为手段进行商品或服务的促销,网上抽奖活动主要附加在调查、产品销售、扩大用户群、庆典、推广某项等活动中。消费者或访问者通过填写问卷、注册、购买产品或参加网上活动等方式获得抽奖机会。

网上抽奖促销活动应注意以下几点:①奖品要有诱惑力,可考虑大额超值的产品吸引人们参加;②活动参加方式要简单化、有趣味性和容易参加,太过复杂和难度太大的活动较难吸引匆匆的访客;③保证抽奖结果的真实性、公正性、公平性,由于网络的虚拟性和参加者的广泛地域性,对抽奖结果应请公证人员进行全程公证,并及时通过 E-mail、公告等形式向参加者通告活动进度和结果。

6. 积分促销

积分促销在网络上的应用比起传统营销方式要简单和易操作。网上积分活动很容易通过编程和数据库等来实现,并且结果可信度很高,操作起来相对较为简便。积分促销一般设置价值较高的奖品,消费者通过多次购买或多次参加某项活动来增加积分以获得奖品。积分促销可以增加上网者访问网站和参加某项活动的次数;可以增加上网者对网站的忠诚度;可以提高活动的知名度等。

【微型案例 13-3】苏宁易购在网上推出会员以积分兑换礼品、购物返积分、积分购买商品等促销形式,其积分兑换与传统的购物积分有很大区别,手续也比较简单。消费者在苏宁易购消费将可以用积分兑换相应系列的礼品,这大大激起了消费者的再次购买欲望。

一些电子商务网站发行的"虚拟货币"是积分促销的另一种体现。这类网站通常通过举办活动来使会员"挣钱",同时可用仅能在网站使用的"虚拟货币"来购买本站的商品,实际上是给会员购买者相应的优惠。

7. 网上变相折价促销

变相折价促销是指在不提高或稍微增加价格的前提下,提高产品的数量及服务品质,较大幅度地增加产品或服务的附加值,让消费者感到物有所值。由于网上直接价格折扣容易造成商品降低了品质的嫌疑,利用增加商品附加值的促销方法则会更容易获得消费者的信任。

8. 网上联合促销

由不同商家联合进行的促销活动称为联合促销,联合促销的产品或服务可以起到一定的优势互补、互相提升自身价值等效应。如果应用得当,联合促销可起到相当好的促俏效果,如网络公司可以和传统商家联合,以提供在网络上无法实现的服务。

13.4.3 网络促销策略的实施

对于任何企业来说,如何实施网络促销都是网络促销人员必然面对的挑战。营销人员首先必须深入了解商品信息在网络上传播的特点,分析网络信息的接收对象,设定合理的网络促销目标,然后通过科学的实施程序,打开网络促销的新局面。根据国内外网络促销的大量实践,网络促销的实施流程可以按以下六个步骤进行。

1. 确定网络促销对象

网络促销对象是针对可能在网络虚拟市场上产生购买行为的消费者群体提出来的。随着网络的迅速普及,这一群体也在不断膨胀。目前网络消费群体主要包括产品的使用者、产品购买的决策者、产品购买的影响者三部分人员。

(1)产品的使用者。指实际使用或消费产品的人。实际的需求构成了这些顾客购买的直接动因。抓住了这一部分消费者,网络销售就有了稳定的市场。

(2)产品购买的决策者。指实际决定购买产品的人。在许多情况下,产品的使用者和购买决策者是一致的,特别是在虚拟市场上更是如此。因为大部分上网人员都有独立的决策能力,也有一定的经济收入。但在另外一些情况下,产品的购买决策者和使用者则是分离的。例如,中小学生在网络光盘市场上看到富有挑战性的游戏,非常希望购买,但购买决策往往需要学生的父母做出。婴儿用品更为特殊,产品的使用者是婴儿,但购买的决策者却是婴儿的母亲或其他有关的成年人。所以,网络促销同样应当把购买决策者放在重要的位置上。

(3)产品购买的影响者。这里指看法或建议上对最终购买决策可以产生一定影响的人。在低价、易耗日用品的购买决策中,产品购买影响者的影响力较小,但在高价耐用消费品的购买决策上,产品影响者的影响力较大。这是因为对高价耐用品的购买,购买者往往比较谨慎,希望广泛征求意见后再做决定。

2. 设计网络促销内容

网络促销的最终目标是希望引起购买,这个最终目标需要通过设计具体的促销信息内容来实现。消费者的购买过程是一个复杂的、多阶段的过程,促销内容应当根据购买者目前所处的购买决策过程的不同阶段和产品所处的经济寿命周期的不同阶段特点来决定。一般来说,一项产品完成试制定型后,从投入市场到退出市场大体上要经历四个阶段:投入期、成长期、成熟期和衰退期。

(1)投入期。在新产品刚刚投入市场的开始阶段,消费者对该种产品还非常生疏,促销活动的内容应侧重于宣传产品的特点,引起消费者的注意。

(2)成长期。当产品在市场上已有了一定的影响力,促销活动的内容则需要偏重于唤起消费者的购买欲望,同时还需要创造品牌的知名度。

(3)成熟期。当产品进入成熟阶段后,市场竞争变得十分激烈,促销活动的内容除了针对产品本身的宣传外,还需要对企业形象做大量的宣传工作,树立消费者对企业产品的信心。

(4)衰退期。在产品的衰退阶段,促销活动的重点在于密切与消费者之间的感情沟通,通过各种让利促销,延长产品的生命周期。

3. 决定网络促销组合方式

促销组合是一个非常复杂的问题。网络促销活动一般主要通过网络广告促销和网络站点促销两种促销方法展开,但由于企业的产品种类及销售对象不同,促销方法与产品种类和销售对象之间会产生多种组合方式。企业应当根据网络广告促销和站点促销两种方法的特点,同时考虑自身产品的市场和顾客情况合理组合,以达到最佳促销效果。

通常网络广告促销主要实施"推战略",其主要功能是将企业的产品推向市场,获得广大消费者的认可。一般说来日用消费品,诸如化妆品、食品饮料、医药制品、家用电器等,网络广告促销的效果比较好。网络站点促销则主要实施"拉战略",其主要功能是将顾客吸引过来,保持稳定的市场份额。通常大型机械产品、专用品采用站点促销的方法比较有效。

在产品的成长期,宜侧重于网络广告促销,重点宣传产品的新性能、新特点;在产品的成熟期,则应加强自身站点的建设,树立企业形象,巩固已有市场。企业应当根据自身网络促销的能力,确定两种或多种网络促销方法配合使用的比例。

4. 制定网络促销预算方案

网络促销实施过程中,使企业感到最困难的是预算方案的制定。所有的价格、条件都需要在实践中不断比较和体会,并不断地总结经验,才可能用有限的精力和有限的资金收到尽可能好的效果,做到事半功倍。

首先,必须明确网上促销方法,选择合适的信息服务商。选择不同的信息服务商做宣传,支付的费用可能悬殊极大。这类似于选择不同的电视台上做广告,在中央电视台上做广告的价格远远高于在地方电视台上做广告的价格。企业通过自建站点进行促销宣传价格最低,但宣传的覆盖面可能最小。所以,企业应当明确网上的促销方法和组合方式,认真比较投放站点的服务质量和服务价格,从中筛选适合于本企业的、质量与价格匹配的信息服务商。

其次,需要确定网络促销的目标和投放内容。企业网络促销的目标通常是树立企业形象、宣传产品、宣传售后服务等。围绕这些目标再来策划投放的内容,包括文案的数量、图形的多少、色彩的复杂程度;投放时间的长短、频率和密度;广告宣传的位置、内容更换的时间间隔以及效果检测的方法等。这些细节确定好了,对整体的投资数额就有了预算的依据,与信息服务商谈判就有了一定的把握。

其三,需要明确促销信息的受众。因为在服务对象上,促销所针对的不同群体、不同阶层,以及宣传范围是国外或国内,各个站点有较大的差别。有的站点侧重于中青年,有的站点侧重于学术界,有的站点侧重于商品消费者。一般来讲,侧重于学术交流的站点的服务费用较低,专门从事商品推销的站点的服务费用较高,而某些综合性的网络站点费用最高。在宣传范围上,单纯使用中文促销的费用较低,使用中英文促销则费用较高。企业促销人员应当熟知自身产品的销售对象和销售范围,合理进行促销费用估算。

5. 衡量网络促销效果

网络促销方案实施过程中,必须对已经执行的促销内容进行评价,衡量促销的实际效果是否达到了预期的促销目标,网络促销效果评价的具体方法请参阅本书 13.4.4 节。

13.4.4 网络促销效果的评价

随着网络促销的广泛开展,要求对网络促销效果能进行科学、合理的评价。现代企业如何从传统的、定性的、单个的促销手段的评价转到现代的、定量的、整合的促销手段评价上来,对企业网络促销的健康发展至关重要。

1. 网络促销效果评价的基本思想

网络促销效果评价需要以客观事实或数据为基本依据,同时借助科学的方法和相应的分析经验,从结果和过程两个方面进行,既要分析企业网络促销的直接效果,又要评价企业网络促销过程的有效性。促销效果的评价具体应把握以下三点:

(1)网络促销效果评价要充分利用促销活动的统计数据。这些数据包括主页访问人次、点击次数、千人广告成本等,可利用网络软件对其进行统计分析。因为网络宣传不像报纸或电视等传统媒体难以确认实际阅读和观看的人数,在网上利用网络统计软件可以很容易地统计出站点的访问人数、广告的阅览人数,甚至可以告知访问者是第几位访问者。利用这些统计数字,网上促销人员可以了解自身的优势与弱点,以及与其他促销者的差距。

(2)网络促销效果评价要建立在对实际效果全面调查的基础上。通过调查市场占有率的变化情况,产品销售量的增加情况,利润的变化情况,促销成本的降低情况,判断促销决策是否正确。同时,还应注意促销对象、促销内容、促销组合等方面与促销目标的因果关系的分析,从而对整个促销工作作出正确的判断。

(3)网络促销效果的定量分析需要建立相应的评价指标体系和评价模型。评价指标体系和评价模型是定量分析评价的基础,必须科学合理。

2. 影响网络促销绩效的因素

网络促销是企业以网络为媒介对网络广告、网站推广、销售促进和公共关系等各种网络促销方式进行的适当选择和综合编配,从而实现整体营销效果的企业营销活动。因此,影响网络促销绩效的因素可从网络广告、网站推广、销售促进、网络公共关系 4 个方面的成本和影响力因素去考虑。

(1)网络广告的影响。网络广告是指确定的广告主以付费方式运用网络媒体劝说公众的一种信息传播活动。影响其效果的因素分为两类:广告成本和广告影响力。前者包括广告费用占销售额比重、广告设计成本占销售额比重;后者包括网络广告浏览率、点击率、回馈率、购买率等。

(2)网站推广的影响。网站推广是指利用各种传媒让目标公众获知企业站点的活动。影响其效果的因素分为两类:推广成本和推广影响力。前者包括站点推广费用占销售额比重、站点推广策划成本占销售额比重;后者包括站点链接规模、直接站点点击率、直接站点购买率等。

(3)销售促进的影响。销售促进是指企业运用各种短期诱因,鼓励购买或销售企业产品或服务的促销活动。影响其效果的指标分为两类:销售促进成本和销售促进影响力。前者指销售促进服务成本占销售额比重;后者主要指销售促进购买量增长率。

(4)公共关系的影响。公共关系是指企业为改善与社会公众的关系,促进公众对企业的认识、理解及支持,树立良好组织形象,实现组织与公众的共同利益与目标而进行的促销活动。影响其效果的因素也分为两类:公共关系成本和公共关系影响力。前者主要指公共关系成本占销售额比重;后者主要指公众反映指数。

综上所述,网络促销绩效的影响因素可归纳如图 13-3 所示。

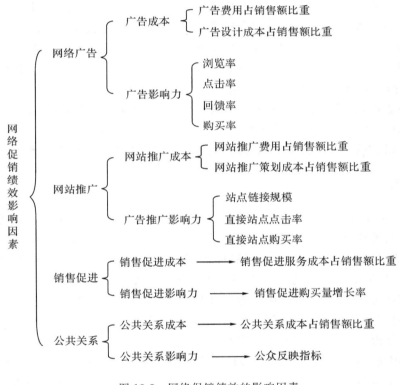

图 13-3　网络促销绩效的影响因素

13.4.3　网络促销绩效评价的方法

绩效评价方法是指绩效评价时所采用的具体手段,它包括数据的处理方法、指标的合成方法、结果的分析方法、结果的比较方法等。没有科学的分析评价方法对数据的处理,就得不出正确的结论,分析模型、指标体系和实际的数据也就没有意义。因此,科学合理的评价方法是取得公正评价结果的重要保障。

1. 建立网络促销绩效评价指标体系

网络促销效果的定量评价需要有一个科学合理的指标体系为依据,可以根据上述影响

167

因素构建一个绩效评价指标体系。构建网络促销绩效评价指标体系应该遵循以下原则：

（1）目的性原则。构建评价指标体系要以能客观、准确地反映促销的综合效果，为企业提供可用的决策信息为目的。

（2）科学性原则。所构建的指标体系应能准确地反映实际情况，以利于通过指标的核算与综合评价，找出与竞争对手的差距，成为自我诊断、自我完善的有力工具。

（3）全面性原则。所构建的指标体系应能够多角度、多层次反映企业网络促销的效果，不但要有进行纵向比较的指标，也要有进行横向比较的指标。

（4）实用性原则。评价指标要有明确含义，指标的核算应以现有统计数据为基础，且指标设计要突出重点，尽量简化，从而使指标体系在实际中易于操作。

2. 构建网络促销绩效评价参考模型

网络促销绩效评价模型的构建过程，实质上是指出从哪些方面和角度来衡量绩效，并建立不同衡量方面和角度之间的关系，运用数理统计、运筹学等方法建模。例如，可以把企业网络促销的绩效看作一个函数，自变量为影响其效果的主要因素，即企业网络促销的绩效＝f(网络广告、网站推广、销售促进、公共关系)；然后确定各影响因素的相关权重和贡献值。

3. 网络促销绩效的综合分析与评价报告

通过绩效数据，利用评价模型和相关方法进行计算、加工和处理，在一定的评价标准下经过综合分析得出关于网络促销绩效的判断和结论，并形成绩效评价报告。网络促销绩效评价报告是网络促销绩效评价工作的结论性文件，可作为网络促销优化改善的参考依据。

本章小结

4P策略是经典的营销策略，在网络环境下应用也具有十分明显的特点。本章分别介绍了网络产品策略的概念、特点，网络营销产品的类型和网络新产品的开发策略；网络营销价格的特点，网络营销的定价目标、方法和策略；网络营销渠道的定义、特点、类型和功能；网络促销的概念、常用策略、实施流程以及效果评价思想与方法。

需要强调的是：首先，4P策略中的四种因素是企业可以调节、控制和运用的，企业可以根据目标市场情况，自主决定生产什么产品，制定什么价格，选择什么销售渠道，采用什么样的促销方式。其次，这些因素都不是固定不变的，而是不断变化的。企业受到内部条件、外部环境变化的影响，必须能动地做出相应的反应。其三，这四种因素是一个整体，它们不是简单的相加或拼凑集合，而应在统一目标指导下，彼此配合、相互补充，能够求得大于局部功能之和的整体效应。

复习思考题

1. 选择题（有一项或多项正确答案）

（1）4P营销组合策略中的4P是指（　　　　　）。

    A. 产品（Product）   B. 价格（Price）

    C. 促销（Promotion）   D. 渠道（Place）

（2）完整的网络产品的概念包括（　　　　）、潜在产品几个基本层次。

    A. 核心产品   B. 形式产品

C. 期望产品　　　　　　　　　　　　D. 延伸产品

(3)网络营销价格的主要特点是(　　　)。

A. 价格标准化　　　　　　　　　　　B. 价格弹性化

C. 价格趋低化　　　　　　　　　　　D. 定价难度大

(4)从分销的角度看,一个完善的网上销售渠道应有(　　　)等功能。

A. 订货功能　　　　　　　　　　　　B. 结算功能

C. 支付功能　　　　　　　　　　　　D. 配送功能

(5)赠品促销时选择赠品正确的做法是(　　　)。

A. 一般选择次品、劣质品作为赠品

B. 注意赠品的时间性,如在冬季赠送只在夏季才能用的物品

C. 赠品数量要根据市场需求控制在能接受的预算内

D. 将赠品的成本通过提升促销产品的价格转嫁给者消费者

2. 判断正误

(1)价格是网络营销 4P 组合中产生收入的唯一要素,4P 营销组合的其他要素都只代表成本。(　　　)

(2)网络营销渠道具有沟通功能和分销功能。(　　　)

(3)网络促销在基于互联网和移动网络的虚拟市场上进行,不受时间和地域限制。(　　　)

(4)网络促销与传统促销手段互不相容。(　　　)

3. 简答题

(1)网络营销定价的一般目标是什么? 有哪些常见的定价方法和策略?

(2)为什么亚马逊公司的差别定价实验会失败? 从中我们可以得到什么启示?

(3)网络营销渠道有哪些功能? 你认为百度微购的渠道整合实验前景如何? 在小组研讨会上陈述你的观点并说明理由。

(4)网络促销与传统促销有什么区别? 本章案例"华为的悬念促销"给予我们哪些有益的启示?

4. 讨论题

企业网络营销如何避免走入价格战的误区? 中小企业能否有效地实施网络品牌营销策略? 试结合企业实例进行分析并分小组展开讨论。

二维码

(参考答案)

第 13 章选择判断题

第 14 章　网络营销 4C 策略

 导入案例：7 天连锁酒店的 4C 营销策略

7 天连锁酒店秉承让顾客"天天睡好觉"的愿景，快乐自主的服务理念，致力于满足客户的核心住宿需求。连锁酒店最大的顾客群体主要集中在中小企业商务人士及"背包族"。对于这类消费者而言，酒店环境舒适卫生安全、价格经济实惠、出入交通便利、手续办理快捷高效，是其选择酒店时最为关注的几个因素。为此，7 天连锁酒店坚持"顾客感受第一"的理念，将核心消费者锁定并提供个性化服务。

1. 以消费者需求为核心，注重品牌体验式服务

（1）全面提升服务质量。7 天高度关注顾客"天天睡好觉"的核心需求，努力为顾客打造一个舒适如家的住宿环境。坚持以顾客切身感受为导向，并在服务在细节上下功夫。例如，在保持价格优势的前提下，通过配置高质量淋浴设备、五星级标准大床，实现洁净毛巾封包、改善营养早餐搭配、提供睡前牛奶、升级隔音设施、室内拖鞋等措施，全面提高各项产品品质及舒适度。

（2）营造快乐服务氛围。7 天酒店服务人员基本都是年龄 20 岁左右的年轻人，充满朝气、善于沟通，不管是前台接待、还是电话咨询，都努力给人热情大方的感觉，有效减少了顾客对异地的陌生感，有助于顾客放松心情，营造一种轻松氛围。

2. 以"经济"性为中心，力求控制客户成本

为了满足消费者的"实惠"要求，7 天全面控制成本，在硬件设施配置上用心斟酌。摈弃了传统酒店客房中大衣柜、笨重书桌、浴缸等物品，转而将简约、实用、清新、便利的宜家式板式组合家具融入客房设计中，注重增添客房"家"的温馨感和实用性。

3. 以"便捷"为重心，为客户创造方便快捷

（1）交通环境便捷。7 天酒店一般位于交通便利的地方，如市内长途汽车站、火车站等交通枢纽附近；主要会所如会展中心等附近；市内各大地标附近，如重庆解放碑、成都春熙路等，极大程度上满足了顾客出行方便的要求。

(2)预定方式高效。7天酒店成功构建了电子商务平台,同时还建立了互联网络、呼叫中心、短信预订、手机 WAP 及店务管理等一体化系统,顾客足不出户就能通过多种便捷方式完成客房资源的实时查询、预订、确认、支付等流程。既节约了顾客的时间、精力,又节约了 7 天的人力资源成本,而且非常符合当代消费者"网络化"生活特点。

(3)网络信息分享便利。这主要表现在以下方面:①连锁分店信息全面化。7 天在其主页上提供了各家分店的详细信息,包括整体情况介绍、电子地图、会员评价、预定情况、房间价格、设施配套情况、乘车路线等,让顾客在预订之前能做出有效地选择,提前熟悉异地环境;②城市资讯向导化。为了给顾客提供更加丰富的信息,使其有个精彩的异地游经历,7 天联合口碑网将相关城市的特色餐饮、娱乐、交通及其他的生活资讯通过网络与消费者实现共享,成为名副其实的"网络导游"。

4. 以"真诚相待"为宗旨,实现交流方式多样化

(1)网络信息丰富实用。7 天酒店主页设置了"会员分享"板块,为非会员顾客提供了一个入住经验分享的自由平台。同时,"24 小时客服小秘书"及时在线回答最新活动、积分管理、预定导航、入住宝典等各类业务问题,让顾客通过网络与 7 天零距离接触。

(2)精彩活动推陈出新。7 天通过开展一系列公益捐款、会员优惠、半价兑换、获取电子抵用券、征稿等增值活动,有效调动顾客的参与积极性。这种做法是比较明智的,既保护连锁酒店的价格体系的稳定,又对消费者变相提供不同质量水平的服务,采取差异化的应变策略来提高顾客满足度,创造新的顾客价值。

(3)信息反馈积极互动。针对网上预订且本人入住的顾客,7 天设计出了"7 天连锁酒店服务质量调查"问卷,并配备了增加积分政策,鼓励顾客在亲身入住体验之后积极填写反馈;同时,7 天通过不定期召开会员主题座谈会、《7 天四季》刊物面向全体顾客征稿等接触形式认真倾听来自顾客的声音,作为不断改进服务的重要参考。

(资料来源:wenku. baidu. com/view,www. 7daysinn. cn,编者有删减)

 点评:以消费者为中心的个性化服务营销是企业竞争取胜的法宝

7 天连锁酒店已成为中国经济型酒店行业的领先品牌之一,有效地运用以顾客需求为中心的 4C 营销策略是其获得成功的一个重要原因。

(1)七天是一个经济型酒店,它的价格处于中等水平,但服务质量却较高,因此受到青年人的青睐。

(2)七天酒店的设备虽没有其他酒店的那么完善,没有提供用餐,没有娱乐场所,可这种"静"恰恰是该酒店吸引顾客的一大亮点。舒适的房间、安静的环境,这可以使劳累了一天的人们能够很快入睡,更能体现出了七天的"让顾客天天睡好觉"的经营宗旨。

(3)七天注重利用科技和模式创新,给顾客带来更经济和更高品质的住宿生活。七天建成了能够实现企业门户网站和数据库实时对接的电子商务平台,能够实现更为彻底的会员制直销模式,能同时接受互联网呼叫中心、短信、手机 WAP 等便利预订方式,这些是其能在业内处于领先地位的重要保障。

4C 营销策略由美国北卡莱罗纳大学罗伯特·劳特朋(Robert F. Lauterborn)教授在 1990 年提出,强调以消费者需求为导向,重新设定了营销组合与传统 4P 相对应的四个基本

要素：即消费者（Consumer）、成本（Cost）、便利（Convenience）和沟通（Communication）。4C营销策略主张的观念是：先研究消费者的需求和欲望，再制定产品策略；先研究消费者为满足需求所愿意付出的成本，再考虑定价策略；先考虑怎样能让消费者方便地购买到商品，再考虑渠道策略；先着重于加强与消费者的沟通和交流，再考虑促销策略。

网络营销4C策略的核心理念：强化以消费者需求为中心的营销组合。针对网络时代新的经济环境下以产品为中心的4P策略的局限性，4C策略强调企业首先应该把追求顾客满意放在第一位，产品必须满足顾客需求；同时降低顾客的购买成本，产品和服务在研发时就要充分考虑客户的购买力；然后要充分注意到顾客购买过程中的便利性；最后还应以消费者为中心实施有效的营销沟通。在网络营销中，消费者掌握了主动权，企业不再是市场的中心。因此，网络环境下应用4C策略整合企业的营销因素，实现消费者需求的最大满足和企业利润最大化的目标更有优势。

二维码
（视频 14-1）
网络营销4C策略的核心理念

14.1 网络营销的消费者策略

14.1.1 网络营销消费者策略的含义

4C营销策略中的消费者策略（Consumer Wants and Needs）是指以研究消费者的需求和欲望为中心，强调创造顾客比开发产品更重要。企业要把重视顾客放在第一位，不能仅仅卖企业想制造的产品，而是要提供顾客确实想购买的产品，满足消费者的需求和欲望比产品功能更重要。消费者策略体现了从产品为中心向顾客需求和期望为中心转移的营销思想，企业应在产品设计乃至销售过程中坚持以顾客的需求和期望为起点。

网络营销的消费者策略要求充分利用网上各种资源工具，以满足消费者需求为核心，以个性化的产品和良好的售后服务来满足消费者、吸引消费者，并发挥其主动性和积极性，加强网络消费者与企业的双向联系，建立消费者的服务数据库，形成真正的"一对一"网络营销体系。

在网络营销中居于主导地位的是消费者，个性化消费需求的回归使消费者在心理上要求自己成为主动方，互联网的互动性、实时性和无地域局限等特点使其实现主动方地位成为可能。企业以消费者需求和期望为中心进行网络营销可以从论坛、统计数据等渠道广泛搜集在线数据，还可以让消费者在产品设计上扮演积极的角色。

14.1.2 网络环境下消费者的行为特点

网络营销使商品交换活动空间由传统的有形产品交换空间向电子空间转化，因而网络环境下的消费者行为，与传统商业模式下的消费者行为有明显区别，并表现出其自身特点。

（1）消费个性化突出。在过去标准化和工业化生产下，更多的追逐生产成本而忽略了消费者的个性。在互联网络环境下，消费者的选择空间越来越大，而且可以很方便地将自身的个性化需求凸显出来,于是个性化消费成为网络消费的主流。

（2）消费行为理性化。这主要体现在三个方面:一是消费者可以利用网络和搜索引擎等技术工具方便地充分搜索并仔细筛选所需商品信息。二是由于网络上的商品琳琅满目,消费者可以对商品在更大范围进行质量、价格、服务、态度等各方面的选择比较。三是消费者主动性增强。由于各方面的原因,现代社会具有很强的不确定性,使得消费者更加追求心理稳定和平衡。在这种不确定性和追求平衡的心理作用下,消费者会更加主动地选择商品,这就使得消费者的网上购买行为偏向理性化。

二维码
（视频 14-2）
网络消费者
的行为特点

（3）需求产品的层次具有逆向扩展性和交叉性。按照马斯洛需求层次理论,人类的需求应该是先满足低层次的需求,再满足高层次的需求。而在网络营销中,经常是先满足了高层次的需求,然后再考虑低层次的需求,并且往往高层次的需求和低层次的需求同时考虑,例如同时订购一本书和一个汉堡。

二维码
（知识卡片 14-1）
马斯洛需求层次理论

（4）对购物方便性与购买乐趣的追求并存。网络购物中,消费者一方面是追求方便、快捷,足不出户完成购物、支付;同时,很多人网上购物也不仅仅是为了购买商品,而是为了体验网上购物的快感。

（5）价格仍然是影响消费心理的重要因素。正常情况下,网上销售的低成本将使经营者有能力降低商品销售的价格,并开展各种促销活动,给消费者带来实惠。例如,亚马逊书店比市场低 15%～30% 的书价对消费者就有很大的吸引。

14.1.3　基于消费者行为的网络营销策略

1. 满足消费者的个性化需要

网络消费者策略需要考虑如何满足消费者的个性化需求,为此可以采取以下策略实施了个性化营销:

（1）建立和完善目标顾客数据库。个性化营销是建立在对顾客充分研究基础上的,因此,企业应该建立完备的目标顾客数据库,并与顾客建立良好关系,充分挖掘顾客价值。数据库资料应该尽可能完善,应包括顾客姓名、电话、地址、消费记录、消费习惯、顾客偏好等在内的多种信息。

（2）为顾客提供差别化服务。亚马逊公司总裁 Jeff Bezos 曾说:"如果我们有 450 万个顾客,我们就有 450 个商店。"言下之意,亚马逊把每一个顾客都看作是一个市场。在工业化大生产时代这种观念是无法实施的,在网络营销中这个观念可以得到充分的体现。因此,企业应该在完善的数据库的背后,充分考虑顾客价值,满足顾客需求。

（3）加强与目标顾客的沟通。企业应该以满足个性化需要为前提,充分与顾客进行交流沟通,才能不断更好地满足消费者需要。目前我国许多网站都推出了互动式的交流平台,就是一种体现。

2. 采取合理的促销策略吸引消费者

网络促销是一种常用手段,也有很多的网络促销方式:一是折价促销。如当当网的书籍几乎都采用这种方式,按照定价的八五折销售等。二是赠品促销。如京东网上大部分的手机销售商都会采用这种策略,购买手机送内存卡、皮套、数据线等,通过这些强有力的赠品诱惑消费者。三是网上抽奖销售。如淘宝网在节假日期间,往往都会采用购物参加抽奖的活动。四是积分促销。如中国建设银行网络购物赠送积分,积分达到一定数额就可兑换相应奖品等;同时网络中采用积分的方式是非常容易操作的,参加也很方便。五是网上联合促销。由有关联的不同商家共同促销,如山地自行车和运动服装的商家可以联合促销。

3. 注重承诺服务

网络环境下,由于买卖双方互不见面,消费者对产品、服务、售后的承诺更加重视,消费者对于服务的安全性及企业的信用更加重视。因此,企业必须制定明确的服务承诺并履行到位。如果企业为了吸引消费者而盲目夸大其词,最终不能兑现诺言,不仅会损害消费者利益,而且会造成消费者对企业的不满,影响顾客忠诚度。

总之,消费者策略要求以消费者为中心,通过研究消费者的需求进一步细分网络市场,针对不同消费者实行不同的营销策略,充分满足每个顾客的具体需求,从而达到定制营销。

14.2 网络营销的成本策略

网络营销的成本策略(Cost and value to satisfy consumer needs and wants)是指消费者获得满足的成本或消费者满足自身的需要和欲望所愿意付出的成本价格。营销价格因素延伸为生产经营过程的全部成本,包括企业的生产成本和消费者购物成本。其中企业的生产成本,即生产适合消费者需要的产品成本,是卖方成本的一部分。企业要想在消费者支持的价格限度内增加利润,就必须降低成本。

14.2.1 消费者购物成本

消费者购物成本,包括购物的货币支出、时间耗费、体力和精力耗费以及风险承担。

二维码
(视频 14-3)
网络消费者
的购物成本

1. 消费者货币成本

货币成本是指消费者购买和使用产品所付出的直接成本和间接成本。对于网络消费者来说,网上购物的货币成本体现为网络使用费、通讯费、支付直到商品送达所花费的费用总和。上述成本都是可以用货币来衡量的,消费者只要一开始享受这样的服务,就要承担相应的成本费用。

从消费者的货币成本看,网络购物价格不再由厂商单方面制定,而是由顾客主导定价,让定价主动权转移到消费者手中。所谓顾客主导定价,是指为满足顾客的需求,让顾客通过充分了解市场信息来选择购买或者定制生产其满意的产品或服务,最终能以最小代价(产品价格、购买费用等)获得这些产品或服务。

【微型案例 14-1】根据国外拍卖网站 eBay.com 的统计分析,在网上拍卖定价产品,只有 20% 产品的拍卖价格低于卖者的预期价格,50% 产品的拍卖价格略高于卖者的预期价格,剩下 30% 产品的拍卖价格与卖者的预期价格相吻合,在所有拍卖成交产品中有 95% 的产品成交价格卖主比较满意。

2. 消费者精力和时间成本

4C 营销策略同样重视消费者的精力成本。在网络营销中,顾客需要耗费大量的时间访问各种不同的网站,以便获得有关产品或服务的完整信息。相似产品的快速链接、详尽的产品信息介绍以及一目了然的网络界面设计,都会让消费者节省下寻找产品的时间与精力,从而节省消费者的精力和时间成本。

3. 消费者体力成本

为顾客节约体力成本是网络销售的优势所在。商家应开展送货上门等服务项目,让消费者足不出户就可以获得想要的商品。这一特点使网络销售受到工作繁忙者、居住偏远地区者以及行动不便者的青睐。

4. 消费者承担的风险

风险成本是一种隐形成本,成本的形成是由一些不确定因素如计算机病毒、黑客攻击、假冒伪劣产品、网络信息安全问题产生的。消费者一旦涉足网上商务交易,就必须承担这种风险,这种风险感同样影响顾客网上交易的积极性。

14.2.2 卖方成本

营销要付出成本,企业也需要对成本进行控制和管理。对于企业来说,网络营销系统开发与应用的费用按其经济用途划分,主要包括规划设计费用、设备及软件购置费用、工程实施费用、运行费用、故障损失费用、系统改进费用等。对网络营销系统费用识别与测算,一方面要充分积累资料,采用科学态度进行测算的定性与定量研究,使测算结果尽可能与实际一致;另一方面应认识到,企业网络营销系统费用具有潜在增长特征,不可能得出精确的费用测算结果,只能得到大概的结果。

1. 网络化建设成本

企业要进行网络营销,其网络化建设成本主要包括两部分:网络硬件及相关软件成本、网络维护成本。

(1)网络硬件及相关软件成本。网络营销离不开计算机及计算机网络和各种软件的支持,因此硬件设备的购置和安装费用、网络服务软件成本、域名的注册费、空间租用费、网页设计费等都是企业必须投入的成本。

(2)网络维护成本。网络维护成本是网络化建设的主要成本。企业一旦建立并运行网络系统,与之配套的服务和相关费用也就随之而来。从当今的发展趋势来看,网络设备在整个网络投资中的比例在迅速下降,同时维护网络正常运行的相关服务的投资比例逐渐占到主要地位。对于大型的企业网站,一般采用独立专线接入互联网,并由企业自己的技术人员自行维护;对于中小型企业来说,资金和技术水平都不足,租用虚拟主机是另一种较好的选择。

2. 网站推广成本

网站推广的目的是提高网站访问量。作为经营者,企业必须投入一定的资源来提升网站的知名度,完善网站内部信息的搜索能力,对目标市场进行准确定位,让更多的潜在客户认识网站并经常访问网站。网站推广采用的方法:可以通过在主要搜索引擎注册、向行业网站请求作交换链接、在访问量较大的网站中做广告来达到目的,也可以通过传统媒体如电视、报刊、户外广告来提高知名度;企业还可以通过开展有奖访问活动来吸引网民。利用各种手段推广网站,其所发生的成本构成企业营销成本的一部分。

3. 生产成本

按照企业在网上销售产品的性质,可以分为数字化产品、服务产品以及实物产品三种。

数字化产品的生产成本主要是开发过程中的人力成本,包括企业对员工的工资支付、管理费用等。例如,微软的软件产品都是若干个开发小组历经多年开发而成,其中企业要投入大量的人力资源也会产生成本。产品的价值实质并非在于产品载体,这是数字化产品的特点。

服务产品具有无形性、不可分割性、可变性和易消失性等多种特点。它的生产成本主要是它的人力资本。例如新浪网站,它主要提供信息浏览服务,各种信息的采集、加工、整理等工作都必须付出人力成本;网络银行提供的是一种网上金融服务,网上证券交易则是目前互联网应用最成功的范例。它们的生产成本主要体现在必须付出的人力、管理成本。

实物产品的生产成本并不是使用网络带来的直接特别变化,它主要与企业的生产技术水平、原材料采购成本及劳动效率有关。互联网给企业带来的生产成本下降主要表现为企业可以通过建立一体化的信息传递和信息处理体系来提高管理水平从而降低采购、库存成本最终降低生产成本。

4. 配送成本

配送是按用户的订货要求在物流据点进行分货、配货工作,并将配好的货品送交收货方的活动。通过配送最终使物流活动得以实现,使得交易最终完成。

完成配送活动是需要付出代价的,目前有许多网站以"免费配送"、"限时配送"等方式营销,这种行为只能被看作是网站拓展市场的一种方式,其成本投入则更像是宣传推广成本。从长远发展考虑,企业应将配送成本控制在可盈利的范围之内。网络企业应该选择合理的有赢利的配送体系,在满足一定的顾客服务水平与配送成本之间寻求平衡。

5. 顾客服务成本

网络化客户服务在为顾客提供更贴心服务的同时,也意味着增加更大的顾客服务成本。企业不能指望将网上客户服务工作全部扔给电脑,计算机系统可以立即给顾客回复一封似乎及时的电子邮件,却无法解决实质问题;网页上的 FAO 可能很长很详细,但顾客要从这些复杂的信息中找到自己的解答并不容易,而且很容易导致顾客的不满,这对于复杂的交易很难发挥良好的效果。所以,为提高顾客的满意度和忠诚度,企业必须投入更多的人力和物力开展顾客服务工作。例如开通 24 小时在线服务,安装新的客户数据分析软件以满足客户对个性化服务的要求,重新设计公司内部的管理系统以提高内部的信息交换速度,使之与外部的顾客服务系统要求的速度相一致。这些措施的根本目的是为了更好地服务于顾客,提高顾客忠诚度。

由于顾客在购买商品时,总希望把有关成本包括货币、时间、精神和体力等降到最低限度,以使自己得到最大限度的满足。因此,企业必须考虑顾客为满足需求而愿意支付的"顾客总成本",努力降低顾客购买的总成本。降低商品进价成本和市场营销费用从而降低商品价格,以减少顾客的货币成本;努力提高工作效率,尽可能减少顾客的时间支出,节约顾客的购买时间;通过多种渠道向顾客提供详尽的信息、为顾客提供良好的售后服务,减少顾客精神和体力的耗费。

总之,网络营销的成本策略要求企业站在顾客的立场考虑问题,不是如何运用价格策略获取高额利润,而是如何节约顾客成本,使顾客以最少的代价获得最大的利益。由于网络营销本身不是企业生产经营活动的目的,即使它能为企业带来更大的利益,也必须建立在有效的投入产出比例之上。成本将既是网络营销能够持续发展的关键,也是网络营销能否成为一种有效营销方式的关键。

14.3　网络营销便利与沟通策略

14.3.1　网络营销的便利策略

便利策略(Convenience to buy)是指购买的方便性。与传统的营销渠道相比,便利策略更重视服务环节,强调在销售过程中为顾客提供便利,让顾客既购买到商品,也购买到便利。企业要深入了解不同的消费者有哪些不同的购买方式和偏好,把便利原则贯穿于营销活动的全过程,售前做好服务,及时向消费者提供关于产品的性能、质量、价格、使用方法和效果的准确信息;售后应重视信息反馈和追踪调查,及时处理和答复顾客意见,对有问题的商品主动退换,对使用故障积极提供维修方便,大件商品甚至终身保修。

4C 中的便利策略要求企业不应仅仅盯住销售渠道,而应该着重考虑为消费者购买商品提供方便。网络创造了一种随时随地的分销体系,它缩短了生产商和最终消费者间的距离,甚至替代了传统的批发商和零售商等中间环节。以顾客便利为中心设计销售渠道,可以有效地达到促进销售的目的,而不会进入一味降低成本或求多求全的误区。

14.3.2　网络营销的沟通策略

沟通策略(Communication with consumer)是指与用户沟通,包括向消费者提供有关商店地点、商品、服务、价格等方面的信息,影响消费者的态度与偏好,说服消费者光顾商店、购买商品,在消费者的心目中树立良好的企业形象等。在当今竞争激烈的零售市场环境中,零售企业的管理者应该认识到,与消费者沟通比选择适当的商品、价格、地点、促销更为重要,更有利于企业的长期发展。

企业可以尝试多种营销策划与营销组合,如果未能收到理想的效果,说明企业与产品尚未完全被消费者接受。这时不能仅仅依靠加强单向劝导顾客,而要着眼于加强双向沟通,增进相互的理解,实现真正的适销对路,培养忠诚的顾客。

1. 互动营销

基于互联网的互动营销,强调企业利用各种网络营销工具和消费者进行交互式交流的双向推动,改变了传统营销中企业对消费者的推动方式,即由企业单向的推动消费者转变为企业和消费者的双向推动。传统的营销理论着重使用促销手段是以企业为主体,让顾客被动地接受产品信息。这一促销手段不仅成本昂贵,还容易让顾客产生抵触情绪。4C 策略中用沟通代替了促销,更能调动消费者积极性,建立起消费者忠诚。

2. 关于信息不对称问题

信息不对称问题在传统购物和网络购物中都不同程度地存在。网络购物中的信息不对称问题主要由三个原因导致:首先,技术门槛的提高。虽然大多数用户享受着高新技术带来的便利,但对于网络的后台运作很多人却一无所知。第二,金融操作的专业化。与传统营销一样,网络营销存在金融的操作失误风险。这要求金融机构增强危机公关意识,积极迅速地解决问题来赢得顾客。第三,买卖方信息不对称。商家应采用实名注册,提供尽可能的信息;网络中介应严格检查经营者的真实性;消费者也应出具自身和消费能力证明。

14.4 网络营销 4C 与 4P 策略的融合

4C 营销策略注重以消费者需求为导向,克服了 4P 策略只从企业考虑的局限。但是从企业的营销实践和市场发展的趋势来看,4C 策略也有一些不足。首先,它立足的是顾客导向而不是竞争导向,而在市场竞争中,要取得成功既要考虑到客户,也要考虑到竞争对手;其次,4C 策略在强调以顾客需求为导向时却没能结合企业的实际情况;其三,4C 策略仍然没有体现既赢得客户,又长期地拥有客户的关系营销思想,被动适应顾客需求的色彩较浓,没有解决满足顾客需求的操作性问题。因此,在网络营销策略的实施过程中,重视分析网络市场环境及消费者的新特征,做好 4C 与 4P 的整合是一种较好的选择。

二维码
(视频 14-4)
4C 与 4P 的融合
营销策略

1. 以消费者(Consumer)的需求和欲望为中心的产品(Product)策略

在网络经济条件下,标准化产品和传统的产品形式受到挑战,网络消费者的个性化需求表现得比以往更强烈,消费者希望根据自己的需求对产品提出设计要求,因此应当把每一个消费者看作是一个目标市场,并根据其个性化的需求为其定制产品。网络时代的到来使大规模定制成为可能,能在不牺牲企业经济效益的前提下,最大限度地满足个别消费者的需求。大规模定制模式增强和巩固了企业与顾客的关系,使得营销的良性循环成为可能。

2. 让消费者花费最低成本(Cost)的价格(Price)策略

在网络环境下,产品的价格是完全透明的,企业应当从以往单纯考虑定价转移到研究消费者为满足需求所愿意付出的成本上来。企业要改变以往的定价思维,即由过去的"价格=成本+利润"的思维方式改为"利润=价格-成本"。为此,企业需要想方设法降低生产经营各个环节的成本,才可能让消费者获得满意的价格,也才有可能获得较大的利润空间。

【微型案例 14-2】 日本的丰田汽车公司是这种思维方式的典型代表,他们把价格制定的权力交给了顾客,丰田只是在保证顾客满意的产品质量的前提下研究解决降低生产经营成本的问题,然后从价格与成本的差额中扩展利润空间。

3. 以消费者的便利(Convenience)作为建设分销渠道(Place)的出发点

企业在制定价格时需要考虑顾客购物时愿意支付的最低货币成本,在分销渠道建设时还必须考虑到顾客整体成本中的其他三项,即时间成本、体力成本和精神成本。

传统的购物过程需要花费大量的精力、体力和时间,而顾客在购买产品时,总希望在获得更多的利益和最大限度满足的同时,把包括货币成本、时间成本、精神成本和体力等成本降到最低。因此,企业必须以顾客的"便利"为出发点,构建一个既能将成本控制到最低,又能高效运行的新型渠道模式,切实为消费者的购物提供时间、地点及品种的便利。

4. 通过与顾客的沟通(Communication)实现促销(Promotion)

传统营销环境的强势促销不但花费大,而且容易引起消费者反感,促销效果较差。在网络环境下,顾客比以往有了更大的主动性和互动性,而且已不再满足于仅仅做一个消费者,企业可以借助网络通过增强与顾客的沟通来实现促销。例如网络广告就在交互性、灵活性和快捷性、成本、感官性、传播范围、受众针对性、受众数量可准确统计等方面呈现出与顾客沟通的明显优势,进而实现促销目标。

本章小结

4C 营销策略注重以消费者需求为导向,克服了 4P 策略只从企业考虑的局限。但 4C 策略立足的是顾客导向而未考虑到竞争对手,被动适应顾客需求的色彩较浓,没有解决满足顾客需求的操作性问题。

复习思考题

1. 选择题(有一项或多项正确答案)

(1)网络营销 4C 策略中的四个基本要素是指(　　)。

    A. 消费者(Consumer)　　　　　　B. 成本(Cost)

    C. 便利(Convenience)　　　　　　D. 沟通(Communication)

(2)网络消费行为理性化的主要表现是(　　)。

    A. 消费者主动性增强

    B. 消费者利用搜索引擎等工具搜索并筛选所需商品信息

    C. 消费者冲动购物突出

    D. 消费者对网络商品在更大范围进行质量、价格、服务、态度等方面选择比较

(3)网络消费者购物成本包括(　　)。

    A. 消费者货币成本　　　　　　　　B. 消费者精力和时间成本

    C. 消费者体力成本　　　　　　　　D. 消费者承担的风险成本

(4)卖方成本包括(　　)等。

    A. 顾客服务成本　　　　　　　　　B. 生产成本

    C. 配送成本　　　　　　　　　　　D. 网络推广成本和网络化建设成本

2. 判断正误

(1)4C 营销策略强调以消费者需求为导向。(　　)

(2)在网络营销中,经常是先满足了高层次的需求,然后再考虑低层次的需求,并且往往高层次的需求和低层次的需求同时考虑。(　　)

(3)网络环境下,以消费者的需求和欲望为中心的产品策略,可以增强和巩固企业与顾客的关系,使得营销的良性循环成为可能。(　　)

(4)4C 组合营销策略注重以消费者为中心,以消费者需求为导向,克服了 4P 策略只从企业考虑的局限。(　　)

3. 简答题

(1)4C 策略与 4P 策略相比有什么优越性?

（2）4C策略解决了什么营销难题？还存在哪些不足？

4．讨论题

综合分析比较4P、4C组合营销策略的基本特点、优势与不足，试结合企业实际，就网络环境下如何运用这些策略帮助企业开展网络营销谈谈你的想法，并分小组展开讨论。

二维码

（参考答案）

第14章选择判断题

第四篇 行业网络营销综合应用

不要过度承诺，但要超值交付。

——戴尔公司创始人：迈克尔·戴尔

第 15 章　旅游网络营销

教学目标

➤ 了解国内主要旅游网站及旅游产品进行网络营销的优势;

➤ 分析说明中青旅开展网络营销的基础、策略、方法及效果;

➤ 分析说明郑州方特主题公园应用微信营销的策略、所解决的问题及其营销效果。

 导入案例:穷游网的诞生与成长故事

穷游网于 2004 年诞生在德国汉堡一个中国留学生的宿舍里。当时刚开始在欧洲留学的方便面(肖异)无意中听说瑞士某四星酒店有一欧元一晚的特价促销,便抱着试试看的心态登录该酒店网站并成功预订酒店。这一回尝试让资讯的力量打动了方便面,他以自己搜集的信息为基础做了一个简单的网站和大家一起分享这些资讯。于是,穷游网便诞生了。

从诞生那天起,穷游就是属于全体穷游人的。刚开始,这个小小的网站只有方便面一个兼职员工,但它却吸引了众多热心的旅欧学生在这个平台上分享自己的旅行。分享和互助,从那时起就成为了穷游的基因。通过口口相传,大家帮助大家,很快穷游就在欧洲有了几万用户。

2008 年穷游的国内用户已经超过海外用户,穷游也顺理成章地回到了国内。今天,已经有近亿中国旅行者在穷游的陪伴下踏上旅途。17 年间,有数不清的穷游人为了她的成长做出了巨大的贡献,比如早期的版主和热心网友(kukugerman,vaquita,uglyqueen,蝎之传说),其中有些人还变成了现在的穷游员工;也有很多人在穷游这个平台上让自己为大家所知,比如大勇和小花、小欣、谢谢和菜菜、千里和左手、花甲背包客、小刀 MM、小墨阿猴等。经过十多年的成长,穷游有了很多改变:获得了投资,有了新办公室,建立起了团队,有了更多的产品,更好看的界面以及更多的用户;2019 穷游升级旅行兴趣社交产品"Biu!",以美图、声音、短视频等方式帮助用户记录、分享旅行瞬间;自 2020 年 8 月起,穷游网正式成为 JNE Group 核心品牌,并启用全新的 Logo。

现在,用户可以通过穷游网的兴趣社交产品"Biu!"、穷游锦囊、攻略社区、旅行问答等内容获得旅行灵感,分享旅行体验,并利用行程助手、穷游折扣等智能工具轻松制定并完成出行计划,满足自由行用户全方位的旅行需求。

(资料来源:https://www.maigoo.com/brand/36525.html,2021-7-15,编者有删改)

点评：分享和互助是一种美德也是"穷游"成长的动力源泉

分享互助、合作营销应该是穷游网能够不断成长发展的重要秘诀。根据资料显示，穷游网的用户有90％以上都是高学历高收入的80后群体，这部分人喜欢追求新鲜事物。穷游网顺应在线旅游行业的一些新潮流，通过与 Airbnb 和 Uber 这种外来的新兴产业双赢合作，让穷游用户更加依赖于穷游网平台，从而增加用户的忠诚度。

打造达人生态是穷游网成长发展的另一秘诀。穷游尊重和珍视每位内容创作者的付出，通过详尽的达人成长体系打造极具活力的达人生态。穷游网基于内容、大数据、科技算法三大抓手，通过用户内容赋能产品，产品惠及用户，最终实现为行业赋能。成熟的达人体系已成为穷游内容生态的核心之一，也是穷游内容生态赋能行业的重要组成部分。

随着物联网、5G 的普及，更多的人会选择在网络上选择其心仪的旅游产品，在线旅游以它方便、快捷的优势，会更加受到游客青睐。因此，开展旅游网络营销具有重要意义。

15.1 我国旅游网络市场发展概况

二维码
（知识卡片 15-1）
在线旅游

15.1.1 国内主要旅游网站

我国旅游业自 1997 年华夏旅游网创办以来，各种旅游网站发展迅猛。国内主要旅游网站名称及 logo 如图 15-1 所示，其中大部分网站的业务都涵盖了酒店、机票、旅游线路等较为全面的旅游服务。

（1）携程旅行网。旅游集团公司，创立于 1999 年，总部设在中国上海。携程整合了高科技产业与传统旅行业，提供集无线应用、酒店预订、机票预订、旅游度假、商旅管理及旅游资讯在内的旅行服务。

（2）去哪儿网。在线旅游平台，创立于 2005 年，总部位于北京。去哪儿网通过对互联网上的旅行信息进行整合，帮助旅行者安排旅行，产品与服务覆盖国内外机票、酒店、度假、门票、租车、接送机、火车票、汽车票和团购等多个领域。

（3）飞猪旅行。阿里巴巴旗下服务于年轻消费者的休闲度假品牌，是主要从事出境游及互联网创新的综合性旅游出行服务平台。

（4）途牛旅游网。休闲旅游预订平台，创立于 2006 年，为消费提供旅游度假产品预订服务，同时提供中文景点目录和中文旅游社区，隶属于南京途牛科技有限公司。

（5）艺龙旅行网。移动在线住宿预订平台，创立于 1999 年，通过艺龙旅行 APP 和艺龙网提供全球酒店、公寓、客栈、机票及火车票等预订服务。2018 年同程旅游集团旗下的同程网络与艺龙旅行网宣布正式合并为一家新公司"同程艺龙"。

（6）驴妈妈旅游网。综合性旅游网站，创立于 2008 年，提供景区门票、度假酒店、周边游、定制游、国内游、出境游、大交通等预订服务，拥有"先游后付"、"驴悦亲子"、"驴色飞扬"、"驴客严选"等深受年轻人和亲子家庭喜爱的品牌。

（7）马蜂窝。旅游社交网站，提供全球旅游目的地的交通、酒店、景点、餐饮、购物、用车、

图 15-1　国内主要旅游网站

当地玩乐等信息和产品预订服务。以理解年轻人的偏好为优势,让复杂的旅游决策、预订和体验,变得简单、高效和便捷。

(8)同程艺龙。在线旅行一站式平台,由同程集团旗下同程网络与艺龙旅行网于 2018 年合并而成。业务涵盖交通票务预订(机票、火车票、汽车票、船票等)、在线住宿预订、景点门票预订,及多个出行场景的增值服务。

(9)穷游网。始建于 2004 年,为用户提供出境游旅行指南、旅游攻略、旅行社区和问答交流平台,提供签证、保险、机票、酒店预订、租车等在线增值服务。

(10)猫途鹰。旅游网站,帮助全球旅行者规划和预订行程,内容涵盖住宿、餐厅、体验、航空公司和邮轮。旅行者都可通过猫途鹰比较酒店、航班和邮轮的更低价格,预订热门景点和玩乐体验,以及预订一流餐厅。

此外,旅游地所属政府组建旅游网站发展势头也很猛,很多省市都建立了专业的旅游信息网,或者当地政府在网络信息港上开设旅游频道。

15.1.2　旅游产品进行网络营销的优势

旅游产品与其他产品相比,似乎更适合采用网络手段进行营销,这是由旅游产品的特点决定的。

(1)旅游产品的无形性通过网络营销可以有效地有形化。旅游产品从消费者角度讲,体现为一种经历;从供给者角度看,最终体现为一种服务。网络与新媒体技术可以成功地使无形的旅游产品有形化,多媒体技术使声、形、光、色等都为展示产品而服务,全景透视等技术使消费者可以产生身临其境的感觉,这一切都决定了网络上获得的信息将比人员描述与静止的图片更生动。

(2)旅游产品异地交易的特点适合进行网络营销。旅游产品购买、消费常常异地进行,因而供求双方利用传统方式交换信息、达成交易的成本比较大。网络信息传输方式则比较廉价,相对于传统电话、传真的高额开支,降低了交易成本。

(3)旅游行业信息密集的特点适合进行网络营销。旅游产品是食、住、行、游、购、娱等诸多方面的综合产品,而且其生产消费同步进行,旅游者在消费旅游产品之前无法对所购买的旅游产品有实在的感受(物质产品则可以亲眼看到),所以在购买前都要搜寻尽可能多的有关产品的信息。同样,旅游企业为售出产品也必须要输出尽可能多的信息。而网络在传递信息方面具有传输量大、传输快速、价格低廉、信息准确的特点,因而是实现旅游业信息传输的最佳方式。

(4)旅游交易小额、多批次的特点适合进行网络营销。相对于普通物质产品来说,旅游交易更为琐细、复杂。由于人们需求的日益多样化和个性化,现在既存在人数众多的大团队旅游,也有人数很少的小团体或散客旅游;既有将旅游中所有服务项目全部购买的全包价旅游,也有选择部分服务或单项服务项目的旅游。这就导致了在旅游交易过程中,对信息的处理过程也日益复杂。计算机联网之后,可资利用的信息资源大大增加,信息处理速度大大加快,可以解决人工过程速度慢、易出错的问题,使旅游交易可以更好地完成。

(5)旅游交易中没有物流运输环节的特点也适合于采取网络营销方式。一般物质产品的网上销售过程中,在交易协议完成后,还存在着产品运输环节。旅游产品交易则不同,旅游产品生产消费同步,不需要进行物流运动而需要的是人流运动,人流运动要比物流运动简单得多。消费者在一地从网上购买了旅游产品,只需要到时如约到达目的地,就可以享受到其预订的服务。网络营销没有增加任何多余的环节,交易双方原有的权利、义务关系不变。

15.2　中青旅的网络营销实践

中青旅的全称是中青旅控股股份有限公司,由中国青年旅行社总社于 1997 年作为主发起者组建。2000 年 6 月中青旅设立旅游电子商务公司,创办并开通了综合性旅游网站"青旅在线"(www.cytsonline.com)。青旅在线主要经营旅游产品,同时依托互联网平台整合旅行社信息、人力、资金、物力资源,从事旅游市场调研、产品研发、接待等环节,由此形成利用旅游网站与旅行社业务互补的旅游经营新格局,并带动传统旅游产业的升级。

15.2.1　中青旅的网络营销基础

(1)在内部管理方面:中青旅为完善内部统一的网络化管理,建立旅游业务流程电子化处理系统和管理信息系统,构造数据库模型,与公司旅游业务各销售点进行数据处理交换,并与电子商务有限公司的站点和相关单位的网络终端实施联通,构建业务经营的后台智能化处理系统。通过对传统旅游业务的整体改造,中青旅在旅游电子商务和传统旅游业务之间构筑链接平台,同时开发旅游电子分销管理系统,在主要热点旅游城市设立配送与接待中心,建立覆盖全国的以各地代理点为载体、配送接待中心为主结点、公司总部旅游业务为总控的旅游电子分销网络。

(2)在信息提供方面:中青旅在传统产业资源基础上借助电子商务网络,变革传统旅游经营模式,在先进的网络通信技术支持下,使客流、信息流、物流在实时信息交互的基础上充分整合,实现资源的最佳配置,从而实现整体利益的最大化和内部运作效率的最优化,开辟了广阔的发展空间。

(3)在营销宣传方面:中青旅针对不同地区情况分别采取输出管理、品牌联合、兼容并购的组合策略来实现规模扩张和资源优化配置,增强销售渠道的影响力。"青旅在线"网站有中文、英文和日语三类语言版本,宣传内容有各类目的地资讯信息、中青旅门市经营信息以及推荐的参团游、自由行、周边游线路。此外,中青旅还通过量身定制和单项产品代办服务(机票、酒店、导游、租车等),努力满足游客个性化需求来提升品牌知名度。

15.2.2　中青旅的主要网络营销策略

1. 网络品牌策略

网络品牌的价值在某种程度上甚至高于通过网络获得的直接收益。2011 年中青旅从"配五句微旁白——赢北海道双人感动之旅",到"猜感动人物,赢乌镇浪漫之旅",再到宣传片获奖……中青旅在社交媒体等不同平台上持续发力打造品牌形象,目前已经成为一个在社会上具有广泛知名度的旅游品牌企业,其产业链也已经拓展到景区、酒店、旅游地产、网站等很多环节。中青旅更高的目标是让旅行走到更多人的身边,去改变、甚至去创造生活。

2. 中青旅的满意产品和服务策略

由于互联网具有很好的互动性和引导性,游客通过互联网在旅游企业的引导下对旅游产品或服务进行选择或提出具体要求,旅游企业可以根据游客的选择和要求提供及时服务。因此,旅游产品和服务必须以游客为中心,这要求旅游企业必须强化旅游产品的信息,为游客提供全面、详细、准确、及时的旅游信息,由于旅游行为日趋多样化,客观上要求供应商提供全方位的、详细的旅游信息。为此,中青旅及时提供包括食宿、风景名胜区、公园、博物馆、艺术画廊、旅游节目以及公共交通、天气情况等方面的准确信息,并帮助游客确定相应的旅游计划或完成预定的旅游活动。此外,中青旅还根据各类节假日和顾客需求推出各类特色游,比如香港海洋公园＋迪斯尼乐园四天双园亲子游、长江三峡"美维凯莎"五星游轮纯玩双飞五日游等。通过网络的良好互动功能,赢得游客的满意,进而建立游客忠诚,将旅游企业的知名度转化为满意度。

3. 中青旅的价格策略

价格对旅游企业、游客乃至中间商来说都是最为敏感的问题,而网络上信息自由的特点使这三方面对旅游产品的价格信息都有比较充分的了解。网络环境下旅游产品价格有两个特点:一是价格弹性化。由于网络营销的互动性,游客可以与旅游企业就产品价格进行协商,企业也可以根据每个游客对旅游产品和服务提出的不同要求来制定相应的价格。二是价格趋低化。由于网络营销使旅游企业和游客直接打交道,而不需要传统的中间人,使企业产品开发和促销成本降低,企业可以降低产品的价格;又由于互联网的开放性和互动性,旅游市场是透明的,旅游者可以就产品和价格进行充分的比较、选择。因此,中青旅以尽可能低的价格向游客提供旅游产品和服务,在营销中以游客能接受的成本定价。

4. 中青旅的促销策略

旅游网络促销的出发点是利用网络的特征实现与游客的沟通,使游客可以参与到企业的营销活动中来。这种沟通方式不是传统促销中"推"的形式而是"拉"的形式,不是传统的"强势"营销而是"软"营销,它的主动方是游客。由于游客通常会在个性化需求的驱动下到网上寻找相关的旅游信息,中青旅通过对网站受访情况的分析,及时了解游客的需求,实行有针对性的主动营销。例如,中青旅的"青旅在线"推出"马尔代夫4晚6天超值游",中青旅宁波公司针对散客以特价线路诸如"普陀山一日游"、"奉化溪口一日游"等各类形式推出特价游,以吸引更多顾客进行消费。

5. 中青旅的渠道策略

中青旅控股股份有限公司通过"青旅在线"网站,充分利用现代网络技术对传统渠道资源进行重新整合,开拓商务旅行、休闲度假、主题旅游等个性化服务领域,以客户需求为导向,提供旅游预订等全方位服务。

旅游网络营销中一个最重要的渠道就是会员网络,会员网络是在旅游企业建立虚拟组织的基础上形成的网络团体。中青旅通过会员制渠道,促进游客相互间的联系和交流,培养游客对该中青旅的品牌忠诚度,并把游客融入中青旅的整个营销过程中。

15.2.3　中青旅的网络营销方法

1. 中青旅的网站营销

中青旅是连锁型旅行社,旗下有天津、浙江、广州、重庆等省市几十个子网站,总公司建有"青旅在线"(www.cytsonline.com),包括中青旅中文网站遨游网(www.aoyou.com)英文网站(www.chinatraveldepot.com)、日文网站(www.rakutabichina.com)。

"青旅在线"的整体栏目设计简明使用,风格清新自然,网站的栏目分为首页、酒店、机票、出境游与国内游、目的地资讯、中青旅门市部、中青旅俱乐部、中青旅联盟等子栏目。青旅在线的主营业务分为三大块,即酒店业务、机票业务、旅游线路业务(出境游与国内游)等,它们是中青旅传统的经营业务在网上的有效延伸。中青旅不仅把有关旅游的信息放在了网络上方便消费者的浏览,而且让传统的预订机票、订房、独家预订等流程也可以在网上进行。除此以外,中青旅还通过网络更为详尽的了解不同顾客的不同需求,以此制定个性化、多样化的旅游方案。

2. 即时信息与电子邮件营销

即时信息等网络营销工具在中青旅主要用于在线客户服务和在线广告进行相关旅游产品推广。中青旅的在线客服人员通过即时通信工具(主要是QQ)、电子邮件将一定的服务信息传递给目标客户群,并主动跟踪服务,及时回复牢记的各种问题,有效地与客户沟通。从中青旅的QQ页面还可以进入到企业的空间页面。

15.2.4　中青旅的网络营销效果

中青旅是应用旅游电子商务较为成功的企业,"青旅在线"以强大的传统旅游资源为依托,实现了机票、酒店、旅游线路等传统业务在互联网上的有效延伸,并取得了较好的网上经营业绩。网络营销为中青旅建立和稳定顾客关系,提高顾客满意度和忠诚度提供了有效的手段。中青旅的网络营销效果可以在企业营业收入及营业成本的一些数据上体现出来(如图15-2所示)。

从图15-2中可以看出,中青旅的营业总收入从2016年到2019年都在逐年稳步增长,而且营业收入都大于成本。由此利用网络营销的优势可见一斑。2020年受疫情影响,营业

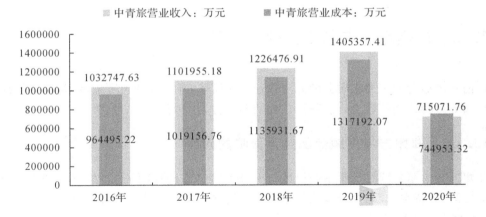

图 15-2　中青旅 2016-2020 年营业收入及营业成本统计

（资料来源：华经情报网，huaon.com）

总收入大幅下降，并出现营业成本高于营业收入的情况，这与实际情况相符合。

15.2.5　案例评析

旅游业发展网络营销具有两大优势：其一，旅游产品是一种特殊的服务产品，具有生产与消费同步、远距离异地消费、消费者无法对产品预先感知等特性，一般较少受物流配送的制约，成为最宜于网上查询、浏览、购买的产品类型之一；其二，网络拥有丰富的信息源，以及传递速度快、覆盖面广、自主性强、反应及时、营运方式更合理等优势，可以有效地降低旅游产品生产、营销、销售的成本，节约顾客精力、时间、资金成本。因此，大力发展网络营销是旅游市场营销模式的必然趋势之一。

1.中青旅开展网络营销的优势分析

中青旅在品牌、规模、资本、产品服务上优势明显。作为共青团中央的直属单位，经过三十多年的艰苦奋斗，品牌优势明显；在规模上，中青旅客户及服务分销支持网络遍布全国、延伸全球，已与近 60 多个国家的 1000 多家客商建立了稳定的合作伙伴关系；在资本上，中青旅是行业内第一家上市公司，资本实力雄厚；在产品服务上，中青旅不断创造精致完美的旅游服务产品，旗下遨游网是商务休闲、主题旅游的直接服务者，业务涵盖酒店、机票、商务、会议等全面旅游服务，能满足个性化多元化需求。

2. 中青旅网络营销发展建议

中青旅应在充分利用传统积累的优势资源的基础上，加强与航空公司、银行、电信公司、旅游景区等方面合作，争取更多的优惠，进一步降低成本，提升网上价格优势。此外，中青旅需要大力发展网银支付、邮局支付、手机支付等方式，强化与第三方支付平台，如财付通、支付宝的合作，并在此基础上充分利用人财物各种要素，不断提升与优化旅游服务产品的附加价值。

15.3 郑州方特主题公园的微信营销

目前我国旅游业中的主题公园处于快速发展阶段,郑州方特主题乐园积极运用微信、抖音短视频等多种营销手段进行品牌推广和活动宣传,收到了一定的效果。

15.3.1 郑州方特主题公园经营面临的问题

郑州方特主题公园位于距中心市区二十公里的位置,园内有三个区:方特欢乐世界、方特梦幻王国、方特水公园,每个园区是独立售票进出。园区的游客旺季主要是每年的 6 月到 9 月以及重大节假日,比如国庆节、元旦等。目前除了方特欢乐世界开园时间较长,方特水公园由于是水上项目,基本上就是旺季的三个月开园,园区的主要游客群体是大学生、带小孩儿的家庭、情侣。目前园区经营中存在的问题有以下几点:

(1)园区位置相对较偏交通不够便利。园区目前公交地铁都未通,这就不利于大学生结伴前往,很多游客都是家庭自驾游或者旅行社组团出游,由于 2019 年国庆节当天接待游客数量单日突破四万人,但是活动当天结束后,欢乐世界大门口聚集着大量的学生,排队等着打车,很多学生由于一直打不到车只能蹲在路边或者步行到人少容易打到车的地方,根据消费者"峰终定律"来说,游客游玩一天返程的感受会直接影响整个行程的体验感,同时也会直接影响到重游的选择。

(2)园区门票及园内商品饮食价格比较昂贵。目前方特欢乐世界成人票价 280 元,儿童票 190 元。如果是一家三口的话,仅门票市内交通费用就要将近 1000 元,再加上方特园区里卖的商品普遍定价过高,饭菜价格也偏贵,家庭出游的成本挺高;对于还在上学的大学生来说这个消费水平也是偏高的。相对而言,游客会选择其他花费较少的旅游项目,这样在一定程度上就会影响客流量。

(3)旺季入园时项目体验感较差。方特三个园区的项目种类较多,不管是梦幻王国还是欢乐世界,项目种类多,好玩刺激,但是游客旺季去游玩,往往会因为入园游客太多导致每个项目排队过长,尤其是一些网红项目,比如丛林飞越、极地快车等,有时候一排队就是三四个小时,基本上游客入园一天下来如果时间安排不当,也就只能体验几个项目,还有很多项目来不及玩,会让游客感觉门票买亏了,大大影响了游客的体验感。

15.3.2 方特主题公园利用微信营销的策略

针对方特园区存在的问题,方特园区利用微信营销加大宣传力度,完善微信公众号的功能,加强与游客的即时互动,提高游客入园率和重游率,进而提高了园区盈收。

(1)加大园区微信公众号的信息推送和服务推广力度。原微信公众号有游玩指南、最新活动、游客服务三大板块,"游玩指南"菜单包括门票信息、营业时间、交通指引、电子导游图、快速购票,"最新活动"菜单包括年卡和跨年卡,"游客服务"菜单包括停车缴费、酒店预订、客服热线、个人中心、我的年卡等。可以说整个内容已经很丰富了,虽然把方特主题公园的相关信息展示得很清楚,但往往需要顾客主动查询才能得知。改善后有微信公众号能够把园区的最新活动主动推给客户,经常性的展示在游客的面前,这样效果明显改观。同时,园区微信公众号加大了服务推广力度,让每一个入园的游客都能主动关注公众号,比如在停车场设置二维码提醒顾客关注公众号可以获取游玩攻略,这样对于第一次入园的游客来说,停好车准备进园时就会主动关注公众号去了解园区的基本情况和最适合的游玩路线,以后的最新活动也就能及时推送给游客,吸引游客重游。针对交通不便利的情况,园区在公众号上给游客规划了更多可能的路线,尤其是公共交通,方便大学生结伴出行,安全游玩。

(2)增强微信公众号与游客之间的互动。改善后的园区微信公众平台针对游客比较常见的问题或者需求在后台设置了多个关键词,让游客在关注公众号之后就能够随时找到解决相应问题的办法。例如,针对游客在园区内项目排队过长的问题,游客输入关键词"排队",公众号就能动态地给出各项目的排队状况,告知游客目前最优的选择并给出规划路线建议;游客如果想体验个性化项目,只需在微信公众号输入关键词"刺激"或者"有趣",公众号就会根据刺激和有趣指数给顾客推荐相应的项目。关于园区的配套服务设施情况,如果游客在游玩的过程中想去吃东西或者上卫生间,只要输入相应的关键词,公众号可以用步行导航指引帮助游客到达最近的地点。

(3)借助微信平台开展园区门票和园内商品价格优惠活动吸引消费。园区借助微信朋友圈推出集赞免费领门票活动,把园区近期的活动做成宣传小视频或者文案,然后让游客通过朋友圈转发集赞,规定集够 150 个赞可以领取一张成人门票一张,集够 100 个赞可以领取儿童门票一张,集够 50 个赞可以到园区领取方特纪念玩具一个等,而且领取的免费门票可以在淡季使用。活动推出后很快就通过微信朋友圈扩散开来,一个游客一旦领取了一张免费门票,往往会带着亲朋好友购买更多的门票一起来玩,尤其是年轻情侣更是如此。同时,园区的商品也参照此法通过朋友圈发布打折或优惠活动信息来促销。园区还通过微信公众号征稿来抽取幸运游客,游客可以把其在方特任何一个园区里游玩的经历写成文章向微信公众平台投稿,后台根据文章的真实性和宣传效果来确认有效投稿并从投稿成功的游客中抽取幸运游客,赠送年卡或者月卡等礼品,这在一定程度上又刺激了更多的游客写出宣传文章来推广园区的知名度和美誉度。

15.3.3　方特主题公园利用微信营销的效果

分析微信公众平台运营和粉丝互动的情况,可以发现园区微信公众平台功能改善后,园内游客游玩路线规划的合理性以及游客的体验感都要大大提高,园区内不同项目之间时间、人员和收益的不平衡状态也有了很大改观。

图 15-3 所示是 2019 年 1 月～6 月期间方特主题公园微信官方公众号平台粉丝增长情况。

图 15-4 所示是 2019 年 1 月～6 月期间方特园区微信官方公众号平台粉丝总质量分析值。

从图中可以清晰地看到,2019 年 1 月到 6 月期间随着微信公众号、内容和线上活动的更新,微信公众号每月的粉丝量以及活跃粉丝占总粉丝量都呈现上升的增长趋势。这意味着微信公众号上内容和线上活动的更新有利于促进粉丝数量和粉丝活跃指数的增长,而且这种增长的速度,也是比较快的,趋势非常明显。根据相关研究数据测算,当活跃率在正常水平即 15% 的时候,也意味着每天会有 7000 多人与公众平台进行互动。因此,园区微信平

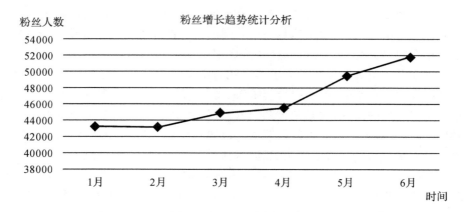

图 15-3　方特主题公园微信官方公众平台粉丝增长情况

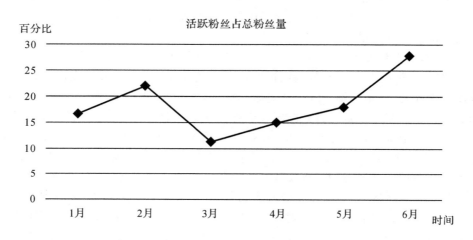

图 15-4　方特主题公园微信官方公众平台活跃粉丝占总粉丝量的比值

台改善后带来的积极的营销效应可想而知。

15.3.4　案例评析

郑州方特主题公园的微信营销实践启示我们：①微信营销在主题公园旅游项目的宣传推广、增强与游客的互动、改善游客的体验性、提升园区的知名度和美誉度等方面，大有可为。微信公众平台与主题园区的项目和自身文化之间有很大的融合空间。②在一些主题公园的开发建设项目过程中，设计园内新项目以及相关游乐产品时可以通过微信平台或者朋友圈让游客结合当下热点趋势参与设计产品和项目。例如，设计在不同时段开展适合家庭、情侣、大学生、旅游团队、企业团建等不同对象需求的各种活动，具体活动内容可由游客设计并开展网络投票，最终优化实施，这样不仅使园区自身形象在游客群体心目中得到强化，更能获得游客对园区品牌的文化认同，培养忠诚度客户，也有利于更好地增强游客体验感。

本章小结

本章介绍了目前国内主要的旅游网站以及旅游产品开展网络营销的优势、中青旅和郑州方特主题公园的网络营销实践。网络营销在实现旅游产品无形性的有形化、旅游产品异地交易、旅游行业密集的信息传递、旅游交易的小额与多批次进行等方面具有独到的优势；中青旅在内部管理、信息提供、营销宣传等方面有很好的网络营销基础，在运营实践中应用了多种网络营销方法、策略，取得了较好的营销效果；郑州方特主题公园成功地进行了微信营销的尝试，能给予我们诸多有益的启示。

复习思考题

1. 选择题（有一项或多项正确答案）

(1) 网络营销在实现（　　）等方面具有其优势。

　　A. 旅游产品有形化　　　　　　　　　B. 旅游产品异地交易

　　C. 密集的旅游信息传递　　　　　　　D. 小额与多批次进行旅游交易

(2) 下列属于国内主要旅游网站的有（　　）。

　　A. 携程旅行网　　　　　　　　　　　B. 去哪儿网

　　C. 猪八戒网　　　　　　　　　　　　D. 驴妈妈旅游网

2. 判断正误

(1) 网络与新媒体技术可以成功地使无形的旅游产品有形化。（　　）

(2) 旅游交易中没有物流运输环节的特点也适合于采取网络营销方式。（　　）

3. 简答题

(1) 旅游业开展网络营销分别有什么优势？试举例说明。

(2) 从本章导入案例你可以得到什么启示？

(3) 旅行社应该如何充分利用网络营销提升市场知名度和服务质量？

(4) 主题公园在建设与经营过程中，应如何利用网络营销方法加强与游客的互动和改善游客的体验感？试结合案例加以说明。

4. 问题研讨

(1) 设计一款定制旅游产品，结合课程所学知识进行网络营销策划，完成一份完整的定制旅游产品网络推广策划书，并在研讨学习小组内进行分享和讨论。

(2) 选择学校或家乡所在地的一家旅游企业，分小组进行实地考察后，结合课程所学知识，小组成员协作为其拟出一份完整的旅游企业网络营销运营实施策划方案。

二维码

（参考答案）

第 15 章选择判断题

第16章 食品网络营销

教学目标
➢ 理解食品网络营销的特点和作用;
➢ 分析说明"南国食品"案例中所使用的主要营销方法和策略;
➢ 分析说明"农批宝"以消费者需求为导向实施 4P 营销策略的具体做法和效果。

 导入案例:食物订购网站如何卖惊喜

　　Love With Food 是一家在线食物订购网站,它的用户每个月都会收到送上门的一个小盒子,里面会有各种供用户试吃的美味食品,而且会员可以享受到网站用限时折扣方式出售的完整美食。Love With Food 提供的食物很难在一般的食品店看到,所以用户每个月都可以享受到一次美味的惊喜。

　　想象一下,在 7 月炎热的天气里,假如你收到一个盒子里面有类似海苔、果汁等适合夏天食用的食物样品,有时候它还会猜中你喜欢的小吃,是否是一份惊喜?

　　如果想要这个盒子,步骤如下:在 Love With Food 的网站上按照每个月、三个月、半年、一年等不同类型订购盒子,通常一个盒子是 10 美元,下个月就会收到一个和当时天气、节日有关的食物样品,它们都是健康食品,并且在街角的超市里通常找不到。如果用户喜欢这些食物,可以再回到 Love With Food 的网站上购买,由食品厂直接配送。与此同时,每一笔订购 Love With Food 都会给 Food Bank 捐一笔钱用做慈善。

　　每个盒子都有个主题,这也是 Love With Food 的创始人 Aihui Ong 认为最花时间的地方。在 Love With Food 现在 10 个人的团队里有 3 个人都负责挑选食物,他们都有写美食博客、专栏的背景。但是想让每个盒子都能给用户惊喜,例如 5 月有母亲节、12 月是圣诞节这种常规的节日会让主题容易一些,其他的月份都会有不同的侧重,6、7、8 月是假期人们在度假,7 月的盒子里就是和海滩、阳光有关系的食物样品。9 月是开学季,就会不一样了。为了不要太仓促,Love With Food 通常是提前一个月准备好盒子的主题,例如 7 月的盒子,在 5 月就已经设计好了。

　　如果一个订户回到 Love With Food 网站上去购买食物,时间长了自然会留下其个人口味的数据。Love With Food 曾经根据这些数据在 Facebook 上做过预告,集中提供购买率高的食物,却收到了用户的反对,很多人在 Facebook 上回复说,"不要预先告知下个月是什么,我们就喜欢惊喜"。现在 Love With Food 会把数据的分析作的比较靠后,例如纽约的人更喜欢甜的,加州人则口味清淡。Aihui Ong 表示以后数据更多会有更多的调整,但是现在的数据已经对食品厂很有用了。

Love With Food 用户的转化率一直在 15%～20% 之间。Love With Food 的盈利模式是收取订阅费用和在线零售,现在已经有 200 个食品厂和 Love With Food 合作。Love With Food 90% 以上的用户都是女生,年龄范围在 25～50 岁之间。在自我推广上,Love With Food 还有一些符合零售规则的做法,例如订购越多的用户可以攒积分和礼品卡,可以获得更多的折扣也可以送给朋友。(资料来源:易观网 classroom. eguan. cn,编者有 删改)

📖 点评:生鲜食品电商巧用小众品牌"惊喜"促销

当工作了一天回到家,看到门口有个红色的盒子,里面有几样在超市里买不到的小吃,可能也正好符合自己的口味,是不是一件开心的事情? 案例 Love With Food 公司卖的就是这份惊喜,它颠覆传统零售模式,可以给予生鲜食品营销如下有益的启示。

(1)售卖用户体验而不是简单地卖产品。Love With Food 最大的不同首先是每个盒子里 8—10 种食物样品都是在美国最常见的超市 Safeway、Target 里找不到的品牌,并且保证健康;其次是每个月的盒子都会设计一个相关的主题。

(2)基于客户大数据分析挖掘客户偏好。当用户能在其网站积累足够多的数据,Love With Food 就会知道其口味是什么,从而能做到"猜中"用户喜欢吃什么。Love With Food 每个月在确定食物样品之前,都会要求食品厂先把食物样品寄到其办公室里,先试吃确定口味及品质。

(3)粉丝经济。Love With Food 90% 以上的用户都是年龄范围在 25～50 岁之间的女性,通过社交的方式做口碑推广。Love With Food 强调一定要小众的品牌,这样才有"惊喜"和鼓励消费者回到网站上购买的理由。

食品行业是对信任感要求最高的行业,做食品营销如果建立不起来消费者对产品或品牌的信任,这个产品或品牌注定是要被市场抛弃的。食品网络营销的最终目标是销售产品,而消费者购买产品首先需要对产品或品牌具有信任感。所以,食品网络营销的中心工作应围绕建立与提升消费者对产品或品牌的信任展开。

16.1　食品行业网络营销的作用

网络营销对食品企业的作用,可以归纳为以下几个方面。

(1)提升产品或品牌的认知度。网络营销的重要职能之一便是在互联网上为企业的商品建立并推广品牌,以及让企业的品牌能够在互联网上得到延伸和拓展。网络品牌的建设是以网站建设为基础,通过一系列的营销操作,达到顾客和大众对企业由认知到认可的复杂过程。提升产品或品牌的认知度是一个长期积累的过程,不可能一蹴而就。

(2)为网站引流以增加产品或品牌的关注度。通过网络推广可以提升网站流量,增加品牌在网络上的关注度。网站推广旨在通过各种渠道提高网站的排名,使用户更快更容易地检索到企业的网站。网站 SEO 是网站推广的主要方式之一,尤其对于中小食品企业而言,由于资源有限,传统意义上的市场营销策划企业资本难以承受,因此在互联网上进行网络推广便越发凸显其重要性。

(3)传播正面信息提升品牌口碑。网络营销过程中的信息发布,就是要挖掘与利用信息发布和传播的渠道资源,将企业营销信息以高效的手段向目标用户、合作伙伴、公众等群体传递出去。当大量信息布局到互联网上既可以提升品牌的认可度,也可以为品牌带来源源不断的流量,短期提升产品销量和企业知名度。

16.2 海南"南国食品"的网络营销实践

海南南国食品实业有限公司(下文简称"南国食品")是以生产、经营海南特色食品为主的海南本土企业,以海南独特的物产:椰子、咖啡、胡椒和苦丁茶等为原料,生产、销售"南国"牌椰子粉、咖啡、奶茶、椰子糖、咖啡糖、苦丁茶糖、调味品等七大系列三十多个品种近二百个规格的产品,并分别针对不同年龄段、不同受众群体、不同的性别爱好,研发生产了适合老年人、中年人、年轻人、小孩的各种口味,如时尚饮品、古典风味等类型,深受海南本地消费者和到海南的外地游客喜欢。

"南国食品"网站(www.nanguo.com)首页如图 16-1 所示。公司依托这些网站进行企业形象宣传、产品品牌宣传、提供产品和服务信息、进行在线直销,并借助网站平台选择招揽连锁店和经销商加盟。

图 16-1　南国食品网站首页

16.2.1 "南国食品"主要的网络营销方法

"南国食品"利用企业网站(店)、微博、论坛、搜索引擎、SNS、新闻、视频等多种网络营销工具,采用多种网络营销方法传播南国食品的相关营销信息。

1. 企业网站(店)营销

企业网站是最基础的综合性网络营销工具,具有自主性和灵活性,是主动性和被动性的矛盾统一体。海南南国食品实业有限公司依托自建的企业门户网站(www.nanguo.com)、南国食品网上商城"印象·南国"(www.yxnanguo.net)、阿里巴巴会员网站"南国食品"(nanguosp.cn.1688.com)、天猫商城"南国食品旗舰店"(nanguo.tmall.com)等平台,开展企业产品信息介绍、顾客常见问题解答、提供在线问题咨询服务和即时信息服务、以 B2B 和 B2C 模式开展网上销售、加盟招商等网络营销活动。

2. 微博营销

"南国食品"利用微博营销具有细分程度高、互动传播性强、信任程度高,口碑效应好、定向准确,能引导网络舆论潮流,并与搜索引擎营销无缝对接,整合效果好等优势,在 QQ 微博、新浪微博等平台都开有独立的微博和顾客进行交流和沟通,促进产品的销售。

3. 网络广告

"南国食品"在门户网站及其他相关网站平台,以广幅广告、图片广告等多种广告形式进行企业网络品牌形象宣传、产品介绍与推广、活动促销等一系列的网络广告营销活动。

16.2.2 "南国食品"的网络营销策略

"南国食品"通过整合优势资源,建立信息化体系和高效率运作团队,公司以品牌、品质、品味、平价为基调,推出免费加盟网站代理销售新模式,运用多种营销策略全方位地推进网络营销。

1. 促销策略

(1)网上折价促销策略。"南国食品"在自建网站等各种分销平台上采取数量折扣、季节性折扣、现金折扣等形式进行折价促销。

(2)网上联合促销。即"南国食品"的各种商家,包括其旗下的企业和加盟的经销商和连锁网店代理,联合做促销活动形成强大的营销影响力量。

(3)节日促销。以各种节日为契机开展的多种形式的促销活动,如国庆节、中秋节优惠活动以及"双十一"活动上的半价促销等。

2. 产品策略

"南国食品"以椰子、咖啡、胡椒和苦丁茶等海南特有的特产为原料,研发生产"南国"牌椰子粉、咖啡粉等固体饮料,椰子糖、咖啡糖、苦丁茶糖等硬、软质糖果,胡椒、辣椒等甜味品及椰香薄饼等五十多个品种近二百个规格的产品,分别针对不同年龄段、不同受众群体、不同的性别爱好,适合老年人、中年人、年轻人、小孩的各种口味。

3. 品牌策略

海南"南国食品"实业有限公司依托海南得天独厚的地域优势,致力于开发海南独具地方特色的热带作物资源,生产、销售高品质的"南国"牌系列产品,打造"南国"食品品牌,走规模化、标准化、集团化的现代企业发展道路。

4. 渠道策略

"南国食品"采取多样化的网络营销渠道策略,除建立公司官方购物网和在旗下企业网站上开展营销活动以外,还通过网店代销、网站加盟、批发团购等多种途径建立分销渠道。例如在淘宝网、拍拍网、有啊网等平台上选择网店代理;选择百货类网站、商城等选择网站加盟等。网店代销与网站加盟的合作流程如图 16-2 所示。

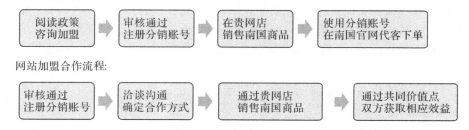

图 16-2　网店代销与网站加盟合作流程

网店代销合作流程：阅读政策，咨询加盟→审核通过→注册分销账号→在贵网店销售难过商品→使用分销账号在南国官网代客下单。

网站加盟合作流程：审核通过，注册分销账号→洽谈沟通，确定合作方式→通过贵为网店销售南国商品→通过共同价值点双方获取相应的效益。

16.2.3　"南国食品"的网络营销效果

海南南国食品实业有限公司的网上商城"印象•南国"销售量节节攀升，一跃成为海南地区 B2C 电子商务的代表性企业，这与其线上线下销售服务紧密结合的模式是分不开的。

"南国食品"充分利用自身原产地的优势，能够第一时间得到货源并且凭借庞大的物流网络发往全国各地抢占市场先机。同时，全方位开展网络营销也使企业节约了店面成本，可以更优惠的价格进行直销而将利益反馈给顾客。

16.2.4　案例评析

"南国食品"的网络营销在以下方面存在明显优势：

（1）品牌品质保障优势。"南国"食品品牌历经近二十年的打造，已经成为海南特产的代名词，在国内外市场享有一定的品牌知名度。2010 年上海世博会上，"南国"食品以原生态、纯绿色的高品质成为世博特许品，并赢得中外来宾的好评。

（2）产、销渠道优势。"南国食品"旗下现有七家商场、19 家专营店、50 余家加盟店实现线上线下销售服务紧密结合；同时，"南国食品"整合所有的海南特产，目前销售的产品品种共 1000 多种，品类齐全，能够满足各类消费群体的需求。

（3）广告支持优势。"南国食品"每年在全国各地、线上线下投入上千万的广告费，保持了"南国食品"种类网站（店）的访问量稳定。

当然，"南国食品"的网络营销也还存在诸多不足，有待进一步完善。例如，在线客服对相关商品问题的解答有时不到位，影响消费者的购买欲望；有些商品列表更新不及时，商品下架后列表还在的现象时有发生；有些在线销售的商品介绍很笼统，没有详细的产品规格、配送情况介绍等，不利于消费者深入了解商品进而产生购买行动。

16.3　深圳"农批宝"的鲜活农产品网络营销实践

深圳"农批宝"是从事新鲜有机蔬菜水果、山林散养畜牧家禽、深海捕捞水产海鲜以及各地名优特产等生态无污染食品的网络直销业务的电子商务网站和产品销售平台（网站首页如图 16-3 所示），可以为消费者提供 7 大类约 2000 多种食材，所销售的产品来自生态种养殖基地或者农家乡村、草原山林。

图 16-3　"农批宝"网站首页

"农批宝"坚持以消费者需求为导向，借助互联网平台，依托丰富的产品和生鲜配送体系，为个人家庭和企事业团体提供生态新鲜食品定制化专供服务。

16.3.1　"农批宝"的网络营销策略

1. "农批宝"的产品策略

（1）延伸产品线策略。为了满足不同顾客的差异化需求，"农批宝"采用了延伸产品线策略，即在现有农产品的基础上进行拓展和创新，实现了现有产品的增值服务。例如，"农批宝"的有机宅配套餐，这个产品可以实现 2～8 人在一个月、一个季度、半年、全年中所需要的优质有机农产品定期定量定点送货。"农批宝"的这个服务增量成本虽低，却既实现了产品的大批量销售，又为顾客提供了增值服务，顾客满意度很高。

（2）现有产品的更新策略。"农批宝"目前所销售的产品中，有一部分是公司养殖种植基地生产的，有一部分是通过与其他农产品基地、农产品大批发商合作以及吸纳加盟商实现的。企业还在不断地寻找供货商和加盟商，从而进一步丰富产品种类，不断推出新的产品。

2. "农批宝"的价格策略

网络环境下农产品定价需要考虑定价目标、产品成本、市场需求、竞争者的产品和价格等因素。"农批宝"主要采用了以下几种定价策略：

二维码
（知识卡片 16-1）
增量成本

（1）成本导向定价法。"农批宝"在线销售的农产品，具有多地区采购，一站式销售的特点。"农批宝"对同一种农产品，根据从不同的基地或农户处生产出来的不同成本，所定价格一定不会低于采购的平均成本。

（2）竞争导向定价策略。"农批宝"网站主要销售的是优质有机农产品，参考定价时选择的竞争对手也是销售优质有机农产品的，所以该网站上的农产品定价普遍高于市场上的普通农产品。但由于是线上销售，与实体店相比省去了中间环节，所以价格方面会适当低于优质有机农产品实体店的价格。为了保证核心产品的销售，"农批宝"还常常根据市场和竞争对手情况做出价格调整。

（3）需求导向定价法。由于多种因素促使了人们对优质有机农产品旺盛需求，"农批宝"趁势推出有机宅配套餐，为有特殊需要的顾客提供了便利。优质有机农产品优势明显，供不应求，线上交易方便贴心，这些都增加了顾客的感知价值，使得"农批宝"可以制定较高的定价。

（4）差别定价法。"农批宝"推出的批发产品，在限定最低一次性购买量如100、1000的情况下，给出一个很优惠的批发价，或者vip会员与普通顾客享受不同优惠和不同的服务。具体定价方法如下：通过注册成为普通会员，可以享受"农批宝"消费积分累积及相关优惠活动；消费积分累计达到1500分，或账户预存1500元（购买实体金卡也可），即可达到金牌会员资格，可以享受正常售价9.5折优惠，以及不定期提出的金牌会员优惠或礼品赠送；消费积分累计达到3000分，或账户预存3000元（购买实体钻石卡也可），即可达到钻石会员资格，可以享受正常售价9折优惠，以及不定期提出的钻石会员优惠或礼品赠送；消费积分累计达到5000分，或账户预存5000元（购买实体皇冠卡也可），即可达到皇冠会员资格，可以享受正常售价8.6折优惠以及名"农批宝"不定期提出的皇冠会员优惠或礼品赠送。

（5）地区定价策略。网络销售必将产生物流费用，而且鲜活农产品对物流配送在快捷、保质保鲜方面的要求更高，因此对于不同地区、不同距离的顾客，其配送方式和运费也不同。"农批宝"制定了详细的快递价格表以及预计到达天数，并公布在网站上，以方便顾客选择合适的快递，支付相应的运费。

3."农批宝"的渠道策略

"农批宝"实现了"农产品中介组织＋农户＋电子商务"的农产品网络营销渠道模式。即把农户集合到农产品中介组织，由该中介组织提供技术支持来实施农产品营销的电子商务化。

（1）"农批宝"的网上直销渠道。"农批宝"不仅有自己的种植基地，可以实现自产自销，还大量招募供应商和加盟商，为"农批宝"提供新鲜优质有机农产品。供货商大多是原料生产基地，加盟商可以是原料生产基地或大批发商。"农批宝"通过与供应商合作或者吸纳加盟商的方式来实现农产品集中，并通过网络平台来实现农产品销售。

（2）"农批宝"的分销渠道。"农批宝"除了通过网站直接销售以外，还以合同方式吸收个人或企业作为分销商，以实体店或网店的形式多渠道销售产品。当然分销商和各级经销商可以享受一定的价格优惠，从而赚取差价利润。"农批宝"的网店分销是通过建立企业或个人的销售网站来进行销售的，"农批宝"总部提供给分销商家一个独立的网站平台和一些技术、服务支持。例如平台培训、客服服务、商家宣传、供应信息和产品配送服务等，使得分销商能够在没有仓储配送压力的情况下，通过代销他人的产品获取利润。"农批宝"为经销商提供了创业获利的平台以及一系列的支持服务,因此经销商每年需缴纳一定的网站维护、服务费用给"农批宝"。"农批宝"还为企业和个人提供查看和发布信息的平台,提供技术、客服和宣传服务,并以会员制鼓励分销商进行产品推广。其会员有三个级别:铜牌会员(免费),银牌会员(300 元/年),金牌会员(500 元/年),会员等级越高,"农批宝"给予的服务支持项目越多。会员可以被允许每天在公司总站上发布免费信息,会员等级越高,每天可发的免费信息越多。银牌和金牌会员可以享受发布在"农批宝"总站上的信息置顶的宣传服务,金牌会员还可以要求"农批宝"把自己发布的信息显示在总站的首页上。"农批宝"所提供的支持项目,为会员提高了产品宣传力度,提高了客流量和成功交易的可能性,实现双方利润共赢。"农批宝"与分销商、加盟商合作流程如图 16-4 所示。

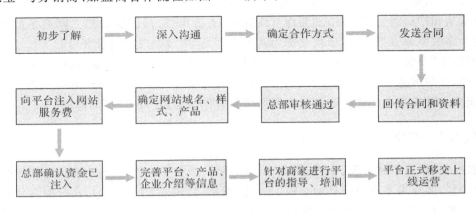

图 16-4　"农批宝"分销、加盟商合作流程图

4. "农批宝"的促销策略

在"农批宝"的网站首页上,可以看到新品上架、本月推荐、热卖商品、特价商品,图片、产品名称、价格等清晰明了的促销信息。此外,"农批宝"还会定期推出不同的促销活动。

5. "农批宝"的服务策略

(1)售前服务。"农批宝"网站页面的右上方为顾客提供了快捷服务,列出了资讯中心、合作登陆、积分商城、帮助中心、客户留言等几个链接,方便顾客迅速找到其想要的信息。例如,在帮助中心中,有"操作指南""支付方式""配送说明"等模块信息,解决来访者的困惑。批宝网站上清晰地列出了"农批宝"公司的地址、联系方式、订购热线,可以方便顾客针对疑点或遇到的问题在线上与客服沟通。

(2)售中服务。"农批宝"可以为顾客开立收款发票,一般随货送出,也可以按照顾客的需要以挂号信的方式寄往指定地址。顾客可以通过登录注册账户,了解自身的各种资料。例如,顾客可以查询自己的订单编号、支付方式、金额、订单状态和下单时间,也可以查询自己积分情况、优惠券、预付款情况、商品收藏与评论,还可以查看和修改个人资料等。

(3)售后服务。在顾客签收单笔订单七日内,"农批宝"可为其提供 1 次退换货的服务。食品如果有质量问题,"农批宝"免费为顾客退换。

(4)其他服务。"农批宝"网络平台上提供了大量的资讯信息,内容非常丰富。进入网站首页,就可以看到商品、资讯、产业、行情、报价、供求、养生六个模块的信息(参见图 16-3),每一个模块信息的内容都非常丰富和详细,且及时更新。

16.3.2 "农批宝"的网络营销效果

"农批宝"是个资源共享平台,其经营品种包括生鲜食材、新鲜水果、粮油副食、地方特产、食品饮品、卡券套餐、有机宅配、企业采购等,能够为有需要的人群提供全面的农产品供求信息,能够使供求双方跨越信息沟通不畅的障碍。对于普通的消费型顾客,"农批宝"网站提供7大类优质农产品的供应信息,包括相关农产品生产基地信息等,便于顾客了解或购买农产品;消费者也可以通过"农批宝"网站告知其需求。对于有合作需求的单位、家庭或个人,"农批宝"网站提供目前农产品市场的需求状况和需求结构,便于其有针对性地生产、配送和销售。"农批宝"的供货商可以享受"农批宝"的在线客服服务以及对其企业或生产种(养)植基地和产品的宣传服务;加盟商可以拥有"农批宝"总部提供的独立网站平台和所配套的绝大多数服务支持,包括依托总部为其配送产品、质量处理和商家宣传。

"农批宝"全面的信息服务带给了顾客便利,能使顾客提高网站浏览的深度,延长浏览网站的时间,让顾客感受到"农批宝"网站的专业性和完善性,提高了对该网站的认可度和满意度,进而激发顾客潜在的优质农产品消费欲望和合作与加盟"农批宝"的愿望。

16.3.3 案例评析

"农批宝"集农产品开发、生产、采购、批发、零售、服务于一体,充分利用网络平台扩大农产品的销售,实现供需双方信息的交换。通过"农批宝"网站,生产基地、农户拥有了更通畅的销售渠道,广大顾客也可以坐在家里享受健康新鲜的农产品送上门的服务,为供求双方都提供了便利。"农批宝"的网络营销实践,是我国鲜活农产品网络营销发展现状的一个缩影,取得了很大的成绩,也还存在很多有待进一步改善的空间,可以给予业界许多有益的启示。

(1)鲜活农产品完全可以有效地开展网络营销。销售商可以通过网络平台,及时了解农产品市场需求,实现农产品的在线销售,使消费者及时享用到新鲜优质的有机农产品。

(2)鲜活农产品网络营销可以加盟及合作的方式进行。通过吸纳经销商和供应商加盟合作,给予其既能独立运作,又与总部相联系的网站平台,实施品牌宣传、产品推广和销售,进从而实现渠道各个环节的利益共赢。

(3)鲜活农产品网络营销过程中要注重服务细节。农产品交易网络平台应加强对于网站的宣传力度,利用多种网络营销工具和营销手段实施品牌宣传,提高知名度。

(4)鲜活农产品网络营销需要多方通力合作。鲜活农产品网络营销涉及农产品供应商、电子商务平台、物流企业以及经销代理商,需要相互之间通力合作,特别应重视网站建设的专业性、内容丰富性,并不断完善售后物流等支撑性服务。

本章小结

本章介绍了食品网络营销的主要作用、"南国食品"与"农批宝"等企业的网络营销实践案例。食品网络营销的中心任务是建立与提升消费者对产品或品牌的信任。本章所选取的案例尽管有些还不是十分成熟,但对于食品行业的其他企业开展网络营销实践,仍具有一定的启发和借鉴作用。

复习思考题

1. 选择题（有一项或多项正确答案）

(1)网络营销对食品企业的作用可以归纳为（　　）几个方面。

  A. 提升产品或品牌的认知度   B. 增加销量

  C. 增加产品或品牌的关注度断 D. 提升品牌口碑

(2)本章案例中"南国食品"网络营销实践中用到的主要网络营销方法是（　　）。

  A. 企业网站营销   B. 微博营销

  C. 网络广告   D. 网络直播

2. 判断正误

(1)食品行业是对信任感要求最高的行业,做食品营销必须建立起消费者对产品或品牌的信任。（　　）

(2)食品营销注重的是品牌而不是目标用户的体验。（　　）

3. 简答题

(1)本章引例中的食物订购网站是如何售卖惊喜的? 收到了什么样的营销效果? 你从案例中受到了哪些启发?

(2)"南国食品"和"农批宝"开展网络营销的具体做法上有什么不同? 鲜活农产品营销需要注意什么问题? 结合教材所述案例加以说明。

4. 问题研讨

生产与经营绿色食品的企业应该如何开展网络营销? 试结合一家你所熟悉或感兴趣的食品企业,为其制作一份绿色食品网络营销策划方案,并与研讨学习小组的成员一起讨论其可行性。

二维码

（参考答案）

第 16 章选择判断题

参考文献

[1] 陈晴光,龚秀芳,文燕平.电子商务数据分析:理论·方法·案例[M].北京:人民邮电出版社,2020.

[2] 戴夫·查菲,菲奥纳·埃利斯-查德威克.网络营销战略·实施与实践[M].5版.北京:机械工业出版社,2015.

[3] 董岩,时光,时雨甜.线上营销对网络消费者购买行为的影响研究[J].经济问题探索,2020,(10).

[4] 菲利普·科特勒,凯文·莱恩·凯勒.营销管理[M].15版.何佳讯,于洪彦,牛永革,等译.上海:上海人民出版社,2016.

[5] 克里斯·安德森.长尾理论:为什么商业的未来是小众市场[M].乔江涛,石晓燕译.北京:中信出版社,2015.

[6] 李梅.人人都能做主播——网络直播、视频营销与推广一本通[M].北京:清华大学出版社,2020.

[7] 特蕾西·L.塔腾,迈克尔·R.所罗门.社会化媒体营销[M].3版.戴鑫,严晨峰,译.北京:机械工业出版社,2019.

[8] 吴雅琴,刘璐.低成本的企业微信精准社群营销创利模式研究[J].会计之友,2019,(17).

[9] 吴会朝.微信营销策略深度解析[M].北京:化学工业出版社,2019.

[10] 向登付.短视频:内容设计＋营销推广＋流量变现[M].北京:电子工业出版社,2018.

[11] 杨琨,杨伟.移动互联网影响下的品牌营销新模式[J].出版广角.2017,(10).

[12] 尹宏伟.直播营销:流量变现就这么简单[M].北京:机械工业出版社,2020.

[13] 朱迪·斯特劳斯,雷蒙德·弗罗斯特.网络营销[M].7版.时启亮,陈育君,译.北京:中国人民大学出版社,2017.